2023年重庆市教育委员会人文社会科学研究规划项目“中国故事的多模态话语叙事与传播研究”（23SKGH297）

中国故事的多模态话语叙事与国际传播

孙小孟——著

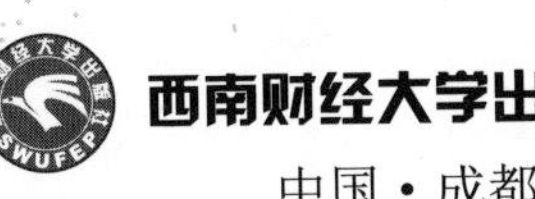

西南财经大学出版社
中国·成都

图书在版编目(CIP)数据

中国故事的多模态话语叙事与国际传播/孙小孟著.—成都:西南财经大学出版社,2023.8
ISBN 978-7-5504-5720-1

Ⅰ.①中…　Ⅱ.①孙…　Ⅲ.①宣传工作—研究—中国
Ⅳ.①D64

中国国家版本馆 CIP 数据核字(2023)第 067321 号

中国故事的多模态话语叙事与国际传播
ZHONGGUO GUSHI DE DUO MOTAI HUAYU XUSHI YU GUOJI CHUANBO
孙小孟　著

责任编辑:王　利
责任校对:植　苗
封面设计:墨创文化
责任印制:朱曼丽

出版发行	西南财经大学出版社(四川省成都市光华村街 55 号)
网　　址	http://cbs.swufe.edu.cn
电子邮件	bookcj@swufe.edu.cn
邮政编码	610074
电　　话	028-87353785
照　　排	四川胜翔数码印务设计有限公司
印　　刷	成都市火炬印务有限公司
成品尺寸	170mm×240mm
印　　张	14.5
字　　数	244 千字
版　　次	2023 年 8 月第 1 版
印　　次	2023 年 8 月第 1 次印刷
书　　号	ISBN 978-7-5504-5720-1
定　　价	68.00 元

前言

中国故事的多模态话语叙事与国际传播研究着眼于对外“讲好中国故事”、加强我国的国际传播能力建设、强化文化自觉与自信意识、提高文化形象和文化软实力等国家和社会需要，体现学术研究的社会服务意识。本研究的目的在于尝试建立多模态话语叙事分析框架，并将该分析框架用于对不同语篇类型（或话语类型）多模态叙事作品的分析。同时，建立一个中国故事的多模态话语叙事范式，为利用不同语篇类型的多模态叙事作品“讲好中国故事”和“传播好中国声音”提供基本的原理与机制，从而为进一步“讲好中国故事”“传播好中国声音”，加强“国际传播能力建设”“话语体系建设”和“叙事体系建设”提供具体的参考和借鉴。

本研究基于话语和叙事的内涵，梳理了话语分析和叙事分析的相关概念和理论，进一步明确了话语与叙事之间的内在关系，提出了“多模态话语叙事”的概念，搭建了多模态话语叙事分析的基本框架。本研究基于叙事传播的原理和媒介变化与叙事传播的转换关系，提出了“多模态话语叙事传播”的概念，并厘清了多模态话语叙事的国际传播机制。在明确“讲好中国故事”的内涵、意义、主要研究范畴和面临的主要问题的基础上，本研究提出了“讲好中国故事”的维度，构建了中国故事的多模态话语叙事范式和叙事传播机制，并结合实例分析了不同语篇类型的多模态叙事作品讲述中国故事的特点与优势，以及传播中国故事的路径与策略。本研究所构建的多模态话语叙事分析框架和中国故事的多模态话语叙事范式与传播机制对于深化和丰富多模态话语分析与叙事分析的理论、视角与方法，提高中国故事的讲述与传播效果，促进中国文化的传承、建设与对外传播等方面具有一定的参考意义。

孙小孟

2023 年 8 月

目录

上篇　理论部分

下篇　应用部分

上篇

理论部分

第一章　绪论

第一节　研究背景

改革开放40多年来，中国特色社会主义建设的快速发展既证实了马克思主义的科学性和先进性，又充分展现了马克思主义与中国实践相结合的合理性。中国特色社会主义建设所取得的伟大成就是马克思主义与中国具体实践相结合的成功典范，对社会主义的发展和人类文明的进步具有重要的指导意义。中国综合国力的全面提升提高了中国在世界上的影响力和国际地位，使中国逐渐走向世界舞台的中央。中国特色社会主义制度也具有了更大的吸引力，国际社会给予中国越来越多的关注。作为最大的发展中国家，中国日益肩负起与自身能力相匹配的国际责任。“一带一路”倡议的提出与建设实施是中国希望将优越的发展制度、理念与成果向广大发展中国家推广，带领更多发展中国家走向快速、稳定发展道路的伟大实践，也是全面提高广大发展中国家的国际地位，构建更合理的国际政治经济新秩序，推动构建人类命运共同体的现实路径。

然而，复杂的国际环境、紧张的国际局势，以及各国自身的历史、文化和现实情况使中国先进的发展理念、思想和经验不容易被更多国家的人们认识和接受。部分奉行二元对立、单边主义和霸权主义的国家或民族利用其强大的经济、军事、媒体实力，竭力遏制他国的发展，妄图继续保持对世界经济、能源的垄断，维护现有不合理的国际秩序。在此背景下，中国应加强国际传播能力建设，将人类所共有的价值诉求和更合理的发展理念、发展思想、政策主张等，以更易被国际社会理解和接受的方式对外进行传播。党的十八大以来，习近平总书记特别强调要大力推进国际传播能力建设，加强话语体系建设，着力打造能沟通中外的新概念、新范畴、新表述，“讲好中国故事”“传播好中国声音”。这里的“讲好中国故事”“传播好中国声音”具有丰富的内涵，需要广大政治家、思想家、理论家和各界学者进行深入研究，揭示其内涵、范畴和具体内容，并用新概念和新表述加以阐释和表达，探索出多元化的传播方式和传播路径，实现“中国故事”和“中国声音”的广泛、深入传播，让世界人民了解真实的中国，深化中国特色社会主义的影响力。

“讲好中国故事”“传播好中国声音”是向世界展示真实、立体的中国，实现中国国际形象的自我塑造与他者塑造的有效方式，也是将中国优秀的价值取向、发展理念、发展思想、政策主张等传播至世界各国，全面推进“一带一路”建设，共建人类命运共同体的现实需要。因此，“讲好中国故事”对实现中华民族复兴、推动人类文明进步具有重要的意义，引起了学者们的广泛关注。“中国故事”涉及范围广泛，领域众多，覆盖了中国的政治、经济、文化、社会、民族等各领域，没有哪个学者能够给出一个明确的界定。学者们多从对外传播层面，结合叙事理论、话语分析、传播学原理等，研究如何把中国发展的故事、奋斗的故事、现实的故事及其内含的文化内涵、价值观念、理论体系和思想主张等内容阐释并传播出去，突出了“讲好中国故事”的文化价值。笔者通过文献梳理发现，当前有关“讲好中国故事”的研究视角多从媒介传播出发，探讨通过电影、短视频、纪录片等媒介“讲好中国故事”，探索其对外传播的方式和路径。这些研究体现了中国故事国际化表达的重要性，推动了中国故事的多元化叙事与传播研究。然而，“讲好中国故事”重在“讲”，即用语言文字和其他符号把中国故事的内涵“讲”出来。“讲出来”“讲好”，是实现中国故事对外传播的前提。讲故事离不开话语与叙事，“讲好中国故事”也需要关注话语与叙事。目前有关中国故事的叙事研究主要涉及用不同体裁、不同形式的语篇叙述中国故事的模式、策略与范式，从话语的维度研究中国故事的意义建构、表达和认知机制的研究还不多，致使目前对“讲好中国故事”的研究在“讲”的方面研究得不够深入。这可能与大家对“中国故事”内涵的理解和挖掘不足有一定关系。此外，对基于叙事与话语视角的中国故事对外传播研究也比较匮乏。随着数字和全媒体技术的发展与普及，叙事研究的范围不断拓展，叙事与传播逐渐融合为叙事传播。有关中国故事叙事传播的原则原理等尚处于探索阶段。

故此，本研究提出以下三个命题：一是要深化对“讲好中国故事”的认识，深入挖掘和理解“中国故事”的内涵及范畴；二是从话语和叙事的双重维度探究如何“讲好中国故事”，采用语言学、话语分析和叙事学的相关原理，探究建构、表达、阐释和认识中国故事内涵的机理；三是从叙事传播的视角，探索中国故事对外传播的原则原理、传播机制和传播路径。通过对这三个命题的研究，从系统上建构“讲好中国故事”“传播好中国声音”的框架，再结合实例分析中国故事的话语叙事和对外传播。

一、研究目的与意义

（一）研究目的

本研究旨在基于话语、叙事与故事之间的相互关系，在明确“讲好中国故事”内涵的基础上，厘清“中国故事”的范畴和主要内容；探究中国故事的多模态话语叙事范式与策略；并从叙事传播的视角，探索中国故事的多模态话语叙事传播机制与路径，为更好地“讲好中国故事”，更有效地“传播好中国声音”，让世界更好地了解真实的中国，进一步提高中国的国际地位和国际话语权尽绵薄之力。

（二）研究意义

1. 理论意义

本研究在理论上具有以下研究价值：深化了话语叙事研究。一直以来，学界都认为经典叙事学是建立在语言学基础之上的。语言学的基本语法与叙事语法是异质同构的关系。语言学中话语的发展也从理论上推动了叙事学的发展。在叙事学中，故事是叙事的内容，话语则是指这些内容如何被表达和描述出来。然而，随着后经典叙事理论的领域不断扩大，文学作品、影视、广告、新闻、绘画、歌谣等都被纳入叙事研究的范畴，有多少种媒介，就有多少种研究叙事的角度。跨学科视角下的叙事研究似乎已经脱离了语言和话语的基础，过分关注叙事模式、叙事结构、叙事主体在叙述故事、塑造人物、呈现主题和情节设置等方面的作用，忽视了话语对叙事的基础性意义。本研究基于话语、故事和叙事的相互关系，梳理有关系统功能多模态话语分析、多模态隐转喻理论、多模态互动分析，有关经典和后经典叙事学的叙事结构、叙事视角、叙事空间、认知叙事、图像叙事等概念和理论，将多模态话语分析与叙事研究相结合，从跨学科的视角探索多模态话语叙事分析框架，研究中国故事的多模态话语叙事范式与叙事策略，有利于拓展多模态话语研究的范畴，为多模态话语叙事研究提供理论基础，也为中国叙事学研究提供新的研究增长点。此外，推进了叙事传播研究。本研究借助中国故事的对外传播，结合话语互动以及叙事学与传播学的相关原理，厘清数字时代叙事传播所涉及的讲者、故事内容、听者、传播媒介等因素及其相互之间的关系，探究中国故事叙事传播的原理、原则，进一步推进叙事传播研究的发展。

2. 现实意义

本研究的现实意义包括以下方面：首先，“中国故事”是以中国作为叙事主体的故事，涵盖了中国的政治、经济、文化、社会、民族等各个领域。“讲好中国故事”是加强我国传播能力建设的重要任务。本研究将进一步明确“讲好中国故事”的内涵与范畴，为通过多模态话语叙事“讲好中国故事”提供理论依据和具体方法，克服文字叙述与传播故事的局限性，为中国故事的叙述者和传播者充分利用不同语篇类型的多模态话语和媒介更好地实现中国故事的对外传播提供启示和参考。其次，本研究将进一步挖掘故事叙事的社会意义和传播价值，丰富叙事研究对现实世界的建构意义。对中国故事的叙事传播研究，不仅有利于更好地实现中国故事的对外传播，提高我国的传播能力，对于借助故事叙事和叙事传播来提高中国的软实力和国际话语权等都具有积极意义。

第二节　研究问题与研究对象

一、研究问题

针对目前叙事研究中话语维度的研究不被重视这一现象，基于话语在叙事中的基础定位，本研究借助中国故事的叙事与传播研究解决以下几个问题：第一，“中国故事”是有关中国的故事，但绝不是仅仅指一个个具体的故事。中国故事涉及领域和范围广泛，结合中国的国际形象塑造、“一带一路”建设和人类命运共同体建设等时代主题，厘清对外“讲好中国故事”的内涵和“中国故事”的主要内容有哪些，明确对外“讲好中国故事”的使命。第二，在数字技术和全媒体时代，“讲好中国故事”已远远超出口头和文字文本的叙述形式。结合多模态话语分析和叙事学的相关理论，分析不同体裁多模态话语的特征，探究中国故事在不同体裁的多模态话语中如何被更好地叙述，所涉及的叙述方式和策略有哪些。第三，基于不同类别的多模态话语和传播媒介的特征，结合传播学的相关理论和要素，探究中国故事的叙事传播原理和原则，探寻多模态话语叙事范式下中国故事对外传播的机制与路径有哪些。第四，结合具体案例，探究中国故事的多模态话语叙事与传播的现实意义体现在哪些方面。

二、研究对象

本研究从“讲好中国故事”“传播好中国声音”出发，将中国故事的范畴和主要内容以及中国故事的多模态话语叙事范式和叙事传播作为研究对象。其一，基于时代背景和中国文化对外传播等时代主题，结合新时代加强我国对外传播能力建设的具体要求，明确“讲好中国故事”的内涵，以及要对外传播的中国故事所涉及的范畴和主要内容。其二，通过梳理多模态话语的意义建构、表达、认知、多模态互动与感知分析等多模态话语分析理论，以及故事的题材选取、叙述框架、叙述视角等叙事学的相关理论，探究“讲好中国故事”所需要的多模态话语叙事方式与叙事策略。其三，厘清数字和全媒体时代叙事传播所涉及的讲者、故事内容、听者、传播媒介等因素及其相互之间的关系，揭示中国故事对外传播所需要的多模态叙事传播机制与传播路径。

第三节　研究思路与研究方法

一、研究思路

本研究按照如下思路进行研究：

首先，文献梳理。本研究采用文献分析法搜集、研读并梳理国内外有关话语和叙事研究的文献，厘清话语和叙事研究的理论、范式、路径和发展趋势，明确话语与叙事之间的关系。其次，界定核心概念。本研究利用后经典叙事理论的泛叙事性特征，结合多模态话语或语篇的意义建构与表意机制，提出“多模态话语叙事”这一概念，并深入分析多模态话语叙事与媒介之间的关系，探究全媒体时期多模态叙事传播的原理与机制。再次，搭建主体研究框架，开展主体研究。本研究结合话语互动与多模态叙事传播的原理，探究多模态话语叙事范式下中国故事的国际传播机制，并结合不同类型的多模态话语叙事案例，具体分析多模态话语叙事范式下中国故事的国际传播现状。最后，结论与启示及建议。本研究根据上述研究结果，阐释研究结论和研究得到的启示，明确研究存在的局限和有待进一步探究的问题，提出了进一步研究的建议。

二、研究方法

本研究将采用文献分析法、理论研究法、定性分析法、跨学科分析法和比较分析法等方法系统地研究中国故事的多模态话语叙事与对外传播。

（一）文献研究法

笔者购买和检索了大量有关语言和话语研究的著作，如《什么是话语研究》《话语与全球化》《语言符号学》《语言哲学研究》《多模态话语分析》《当代中国话语研究》、*Multimodal Theory and Methodology*；有关叙事研究的著作，如《叙事学》《叙事学研究：理论、阐释、跨媒介》《西方叙事学：经典与后经典》《叙事传播》《中国叙事学》《叙事与话语》等；有关传播学的著作，如《传播学核心理论与概念》《传播学概论》《视觉文化传播导论》《新媒体环境下的国际传播》等，以及大量相关的网络文献。在认真研读的基础上，笔者梳理出话语、叙事、叙事传播等核心概念的内涵及其相互之间的关系，提出研究的问题。

（二）理论研究和定性分析法

笔者查阅“讲好中国故事”的有关文献和文件精神，明确“讲好中国故事”的内涵，以及“中国故事”所涉及的领域和主要内容。笔者深入阅读系统功能语言学、认知语言学、社会符号学、多模态话语分析等领域的书籍和文献，梳理多模态话语研究的理论基础，明确多模态话语在意义建构、表达和故事叙述等方面的机制。笔者研读了叙事学中的叙述话语及其相关研究理论，从话语层面提出“多模态话语叙事”这一研究命题，将其与叙事理论相结合，开展多模态话语叙事的理论研究，并探究中国故事的多模态话语叙事范式，明确本研究的研究内容和价值所在，搭建研究框架，为研究奠定理论基础。

（三）跨学科研究法

笔者将来自语言学、符号学、叙事学、认知心理学、传播学、政治学及影视艺术理论的有关观点结合起来，探究它们之间的内在关系，并从跨学科的视角对其进行整合研究，探究中国故事的多模态话语叙事模式、叙事策略、传播机制和传播路径，并结合文化传播、话语权、软实力、国家形象等不同学科的概念探讨中国故事多模态话语叙事传播的意义。

（四）比较研究法

笔者根据文献检索，对研究广告、电影、纪录片、短视频、文化类节目与活动等各类动态语篇的特征、功能进行梳理和对比研究，明确它们之间的差异性，作为深入研究的铺垫，再从多模态话语叙事的视角分析这些动态语篇建构、表达、叙述和传播中国故事的原理、方式与路径，为构建中国故事的全方位、立体化传播格局提供参考。

第四节　研究内容安排

本书总共 12 章，第一章至第六章是理论部分，第七章至第十一章是应用部分，第十二章是总结部分。下面简单介绍一下各章节的主要内容。

第一章介绍了研究背景，明确了研究问题与研究对象，梳理了研究思路和研究方法，并简介了全书各章节的主要内容。

第二章至第四章是全书的理论基础。

第二章从话语的内涵、话语的类别与研究范畴、话语分析等方面综述了话语研究。本章从叙事的内涵和叙事研究的过程方面梳理了叙事研究的发展概况，并分析了叙事与语言的内在关系，明确了话语叙事的内涵和研究价值。

第二章探讨了多模态话语的缘起，综述了多模态话语的研究对象、多模态话语研究的理论基础、研究路径和研究方法。本章从叙事的多模态性出发，揭示了多模态话语叙事的内涵与类型，探讨了多模态话语叙事的体裁分类，并介绍了电影叙事、广告叙事、新闻叙事、纪录片叙事、短视频叙事和文化类节目叙事的基本特点。

第四章首先分析了叙事的传播特质、叙事传播的内涵和研究范畴、叙事传播的原理，探讨了媒介变化与叙事传播的转换；在此基础上，提出了多模态话语叙事传播的范式，并分析了多模态话语叙事传播的内涵和原理；最后，分析了故事叙事与国际传播，探讨了多模态故事叙事的国际传播机制。

第五章介绍了“讲好中国故事”的缘起、内涵和主要研究范畴，探讨了“讲好中国故事”的意义。本章结合实际，分析了“讲好中国故事”面临的现实困境和主要问题，提出了“讲好中国故事”的维度与举措。然后，分析了中国故事与话语叙事之间的关系，提出了用多模态话语叙事范式来讲述中国故事的观点。最后，简要分析了当前中国故事在电影叙事、纪录片叙事、短视频叙事、广告叙事和文化类节目叙事等不同语篇类型多模态话语叙事作品中的讲述情况。

第六章首先分析了中国故事目前的总体传播格局，探讨了中国故事在对外传播中面临的具体问题，从语境共通性的构筑、情感共通性的连接和多模态话语沟通能力的提升三个方面，分析了如何完善中国故事的多模态话语叙事范式。接着探讨了中国故事的多模态交互式国际传播模式的建构，并从优化中国故事的多模态话语叙事、整合中国故事的多模态话语叙事传播平台和拓宽中国故事的多模态话语叙事传播路径等方面，提出了多模态话语叙事范式下中国故事的国际传播策略。

第七章至第十一章是本书的应用部分。该部分分别梳理和分析了有关电影叙事、多模态广告叙事、纪录片叙事、短视频叙事和文化类节目叙事研究的概况，探讨了中国故事在这些语篇类型的多模态话语叙事作品中的叙事原理与传播机制，举例论证了这些不同语篇类型的多模态话语叙事作品对“讲好中国故事”的意义，并结合这些多模态话语叙事作品的叙事与传播特点，提出了通过这些不同语篇类型的多模态话语叙事作品推动中国故事更好地实现国际传播的策略。

第十二章是本书的最后一章，简要总结了研究结论和存在的问题。在此基础上，说明了通过本研究得到的启示以及未来需进一步深入研究的方面，提出了进一步研究的建议。

本章小结

本章为绪论部分，主要介绍了本书的研究背景、研究问题、研究对象、研究的基本思路与方法，明确了问题的缘起、研究的目的与意义以及研究内容的具体安排等。

第二章　话语与叙事

第一节　话语研究概述

一、话语的内涵

“话语”一词由西方学界的术语“discourse”翻译而来，与语言有着紧密联系。不同学派从不同的视角定义话语。结构主义学学派将话语视为社会语境中具体的语言运用，反映为言说者在会话或书面语中所使用的“句子以上的较大的语言单位”（Stubbs，1983），即语篇。功能主义学派从话语的社会功能出发，将话语视为在社会文化语境中，人类用来交流思想和表达情感的言语活动（Jesperson，1933），即实际使用中的语言。与结构主义学派强调语言的形式相比，功能主义学派更关注语言的使用及其功能。建构主义学派从社会建构的视角，认为话语是文本和生产实践（Phillips、Hardy，2002），即通过言语交际形成人们所说的话语对象的话语实践，还可以表现为交际事件（van Dijk，1997），人们通过话语实践来创造和改变社会（费尔克拉夫，2003），建构和改变社会关系。因此，话语具有社会属性，涉及话语者、话语方式、目的、情景等多方面，与认知密不可分。还有学者将话语看成社会文化中的符号体系（Gumperz，1982），能够反映和产生微观层面的人际意义和宏观层面的社会意义。社会学家认为话语是与社会实践关系密切的语言表达，话语秩序本质上就是社会实践在话语层面上的反映（Foucault，1972）。这种观点将话语与权力、政治和意识形态联系起来，认为话语可以作为政治实践去建立、维持或者改变权力关系（Fairclough，1992），从这个意义上讲，话语也拥有了权力。Lemke（1995）将话语看成知识，在形式上体现为语篇。Hodge 和 Kress（1988）关注语言以外的其他表意符号，并首次将研究意义的系统功能语法扩展到语言符号以外的其他表意符号研究（Kress、van Leeuwen，1996），创立了图像语法，将能够建构和表达意义的各类符号都纳入话语研究的视野。

由此可见，话语的内涵在不断扩展。在形式上，由表达意义的语言形式拓展到表达意义的所有符号形式，甚至实践活动；在功能上，由表达意义、传递思想，扩展到建构、维护和改变权力关系、社会关系，具有建构物质世界、政治、身份、意识形态等作用（Gee，2000）。因此，现在通常所说的“话语”一词不是纸质文本或语篇，而是包括以文字符号和其他符号构成的具有多重功能的文本和实践行为等。由此可见，话语是语言的具体使用形式，其与语言的根本区别在于：语言的研究范畴限于字、词、短语、句子等抽象层面的语言符号及句子以内的结构，话语是发生在具体语境中包括语言符号和非语言符号在内的大于句子的、完整的文本或非文本的语言使用形式和能够表达意义的行为活动和实践活动，社会实践性是其突出属性。相对于抽象的语言来讲，话语与人们的现实生活、工作有直接的联系，语言学界对于话语的研究热度已经超出对语言本身的研究热度。

二、话语的类别与研究范畴

鉴于话语对建构、维持和改变现实及各方关系等多方面的重要价值，不同学科、不同流派、不同学者对“话语”这个概念有着不同的解读和表述，这也构成了各种各样关于“话语”的话语。社会学、语言学、文化学、政治学等学科及其各自的流派都从自身的研究视角定义话语及其研究范畴。这些学科对话语的研究有一个共同的发展趋势，那就是各学科都从话语的基本表意功能出发，将话语研究从具体社会实践中的语言运用延伸到对与语言运用相关的其他社会因素的研究，并兼顾其对话语本身及其功能的影响。也就是说，各学科更注重从本学科的视角把话语与社会实践相结合，研究其在具体社会实践中的功能，挖掘话语主体借助什么样的话语形式来进行社会实践，以达到什么样的目的，于是便有了多重话语类别。例如，将“话语”与不同领域、不同主题、不同目的相结合，形成了代表确定主题，具有特定目的的话语类别，如女性话语、种族歧视话语、“一带一路”话语、人类命运共同体话语等。如果将话语与特定专业领域的知识、论述、观点等相联系，便形成了代表这一领域或专业主题的话语，如建筑话语、音乐话语、政治话语、能源话语、环境话语、经济话语、教育话语、文化话语、法律话语等。

由此可见，虽然话语研究最初是关注语言、交际和传播的学问，但是在实际应用中，它具有广泛的代表性和适用性，可以深入社会中的经济、政治、文化、历史、艺术、贸易、国防、教育、科技、医疗、科学、法律、体育等各领域、各专业。话语成为一个围绕语言使用者而存在的语言和社会诸多领域、诸多因素相互关联、相互作用的体系。话语研究也不是一个边界清晰的学术领域，它有不同学派和分支，甚至包括文化上的差异和纷争。多学科性是话语研究最突出的特性。但是，万变不离其宗，言语的使用始终是话语研究的核心（施旭，2017）。任何类型的话语研究都是在言语对意义建构和表达的基础上，结合其话语类别所代表的特定领域或专业知识、理论及其研究或分析方式来展开的，话语的总体研究范畴也随之不断扩大，跨学科研究视角明显。例如，电影、电视广告、艺术表演、纪录片等传统的电视节目，也是传播学意义上的传播媒介。传播学者往往将其视为媒介话语，结合符号学、传播学、艺术学、文学、文化甚至电影学的相关理论研究某一部影片、纪录片的话语特征、主题意蕴和现实意义（高尘镁、刘泽溪，2022）。再比如，有关能源话语的研究（赵秀凤，2018）可以就某些文本或话语实践，采用批评话语分析的范式，结合政治学、语言学、能源科学、话语权等多学科知识和理论展开分析。从总体来看，随着跨学科研究的发展，话语的研究范畴愈加广泛，涉及学科众多，所使用的研究范式与理论也在不断更新。

三、话语分析

上文我们讨论了话语的分类及其不断扩大的研究范畴，话语已成为众多学科学者们的关注焦点。那么，如何研究话语？一般而言，学者们从话语分析着手研究其所在学科或领域的语篇、话语实践和社会实践。话语分析所用的理论一般包括语言学的系统功能理论、概念隐喻等认知理论，以及特定话语类别所代表的学科领域的相关专业理论与概念。话语分析模式包括基于语言结构与意义建构和认知之间关系的分析（van Dijk，1997），基于话语交际和功能的，涉及话语者、语境、受话者三要素的分析（Beaugrande、Dressler，1981），基于话语事件与其社会文化语境之间关系的分析（Hymes，1972），基于话语本身与其所蕴含的社会关系和社会权力的分析（福柯，2007），基于语篇、话语实践和社会实践关系的批评话语分析（Fairclough，

1992），基于话语与叙事关系的叙事话语分析（Labov、Waletzky，1997），基于多模态符号与意义的建构与表达关系的多模态话语分析（Kress、Leenwen，1996、2006）等。如同话语本身的多学科性与跨学科性一样，话语分析也是基于语言学的形式与意义关系，延展到包括对与话语相关的其他各要素的分析。这些分析的共性在于通过话语分析来研究话语的各种社会文化功能，即通过话语分析来探究话语的建构、使用、目的和功用，从而更好地建构话语、使用话语，通过话语实现各自的目的。

话语分析涉及范围广，内容丰富，没有谁能够对话语分析进行全面的描述，学者们甚至不能就话语分析的核心内容达成共识。因此，话语分析又被认为是“透过杂乱的话语表面来探究话语的意义和规律”（van Dijk，1997）的方式，各学科学者就话语分析的视角和所使用的理论因学科和研究目的的不同而存在较大差异。

第二节　叙事研究概述

一、叙事的内涵

所谓叙事，就是用语言或其他媒介来叙述事件（申丹，2013）。从定义来看，叙事包括两个部分：“叙”和“事”。“叙”就是表达或再现事件的方式，“事”就是被表达或被再现的事件。叙事就是“叙述事件”。傅修延（1999）提出叙事具有动词和名词两个意思：作为动词是“讲述故事”，作为名词是“对故事或者事件的叙述”。“叙事”与“叙述”有时候可以交替使用，但一般认为叙事是叙述的形式，即用文本、绘画、口头表达等方式叙述事件，“叙述”指具体的叙述方法，“事”就是被叙述的故事。需要强调的是，这里的“事”所指代的故事或事件并不一定是真实发生的，也可以指虚构的事件，通常涉及两个或两个以上的事件。

二、叙事研究的发展

从上述叙事的内涵来看，叙事本质上就是讲故事，一般体现为具体的叙事作品，如小说、电影、连环画等，也可体现为口头闲聊。自人类发明和使用纸张以来，人类就用纸质文本的形式来记录事件，进行文学和艺术创作，形成了各种叙事作品。这些作品凝聚了人类的智慧，再现了人类历史与文明，具有重要的研究价值。此外，叙事一开始就与语言和其他表意符号有着内在联系，人们通过研究叙事文本、叙事所涉及的人物、时间、空间等相关要素来分析具体的叙事作品，探究叙事作品内部的结构规律和各要素之间的联系，挖掘作品所传递的意义与价值，逐渐形成了一门具有独立研究对象和理论体系的学科——叙事学。

从叙事学的起源和发展来看，学科意义上的叙事学诞生于20世纪60年代的法国。由于语言在叙事中的基础地位，叙事分析一开始就从语言符号和语言结构入手。早期的叙事学又被称为结构主义叙事学或经典叙事学，着力探讨叙事作品内部的语言元素、语言结构及其与人物、情节等各要素之间的关系。小说是经典叙事学的主要研究对象。经典叙事学的理论家们从不同侧面论述小说内部结构成分以及成分之间的关系，并区分了小说的故事层和话语层。在故事层面，理论家们聚焦于事件和人物的结构；在话语层面，主要关注叙述者与故事的关系，此外，叙事时间和叙事视角也是被关注的对象。经典叙事学的主体是叙事诗学，亦称叙事语法，对叙事作品的阐释较少，主要探讨的是叙事作品共有的结构特征，而没有考虑语境要素。20世纪80年代以来，理论家们发现结构主义叙事学理论难以更好地理解和解释很多叙事现象，尤其是非文字媒介的叙事。叙事理论家们开始借鉴女性主义、解构主义、精神分析学、修辞学、电影理论、计算机科学、语篇分析以及心理语言学等众多理论来对叙事作品进行分析，叙事学变得愈加泛化，经典叙事学逐渐进入“叙事研究”的时代，即后经典叙事学。经典叙事学与后经典叙事学的根本区别在于：前者将叙事作品视为独立的体系，没有探究作品与社会和文化环境的关系；后者则将叙事作品视为特定社会文化中的产物，关注叙事作品与其创作语境和接受语境的关联。但是，经典叙事学的概念和理论模式对后经典叙事学仍然有着基础性意义，并在后经典叙事学研究中进一步拓展了其应用的范畴。

后经典叙事学在西方形成了女性主义叙事学、修辞叙事学、认知叙事学等跨学科流派。女性主义叙事学从性别政治出发，主要研究女作家写的文学作品所使用的叙事结构和叙事技巧。修辞性叙事学从作者、文本和读者之间的互动关系出发，从作品的叙事策略或叙事技巧出发，将文本的形式研究与意识形态有机结合，探究作者如何通过文本作用于读者。认知叙事学基于叙事与思维和心理的关系，结合文本特征，从文本提示和文类认知框架等方面探讨叙事如何激发读者的认知思维，促使其采用特定的认知策略来推断和理解故事中所描述的人物心理和情感体验。当然，学者们在研究具体的作品时，这三种流派的理论和分析方法可能会被交叉使用，这也体现了叙事研究的跨学科属性，同时进一步丰富了叙事理论，拓展了叙事学研究的对象。叙事学中的一些概念和分析模式逐渐被应用到影视作品、绘画、戏剧表演等非文字形式的叙事或艺术分析中。进入 21 世纪后，经典叙事学和后经典叙事学的理论逐渐形成了多维互补与互动关系。随着数字媒体和全媒体技术的普及，研究者越来越关注非文字媒介叙事作品，有关电影、广告、纪录片、戏剧、音乐、绘画的叙事研究开始盛行。

中国的叙事研究引介和秉承了西方经典与后经典叙事研究的部分理论与分析模式，用于对西方的文学作品进行叙事分析。但是在分析中国的文学作品时，人们发现，西方经典叙事学的结构主义分析模式不太适合中国的文学作品，这与汉语的字词表达和句式结构的特殊性有很大关系。后经典叙事学的一些修辞和认知理论对中国的叙事研究有着更大的影响。当前，中国学者在探索普遍的叙事规律的同时，更注重对中国本土叙事理论和叙事作品的研究，形成了中国叙事学。中国叙事学并非一个独立的学科，而是以“中国叙事”为研究对象的学问（傅修延，2021），探索适合中国叙事资源的叙事理论与模式，并用于分析中国的叙事作品。从历史角度看，中国叙事学的出现也符合中国的社会文化语境和中国文学的内在发展逻辑。中国学者们从追寻中国本土叙事的史学渊源、传统、模式与特点（傅修延，2021）开始，立足中国现实，结合中国的神话、传说、史诗等体裁作品，旨在探寻中国叙事学的创新之路。目前，中国自己的叙事理论体系尚未形成，学者们在分析中国叙事作品的时候，西方叙事学的理论、方法与分析模式仍被广泛采用，尤其是在分析非语言类或者说多模态符号组成的叙事作品时。这类叙事作品具有国际通用的叙事模式和话语特征，西方叙事学的分析方法和视角对其具有有效的指导和应用意义。西方的叙事学理论、观点与分析方法对中国的叙事研究仍具有重要且长远的指导意义。帮助人们更好地理解千姿百态的叙事作品和日益复杂的叙事行为是叙事学或叙事研究的应有之义。从这个意义上讲，学科意义上的叙事学虽兴起于西方，但叙事学并不独属于西方，东西方叙事研究的理论成果都属于全人类，为各国学者所共享。就叙事理论而言，中西方叙事学研究者正在共同丰富叙事理论，促进叙事研究的深入发展。中国的申丹、赵毅衡、王丽亚等叙事研究者在叙事学研究方面做出的突出贡献，已被国际叙事学界高度认可。傅修延、臧国仁、蔡琰等推进了中国叙事传播理论研究的创新发展。就研究对象而言，从目前来看，排除经典的文学叙事研究，多模态符号组成的叙事作品，如电影、纪录片、连环画、戏剧表演等已成为叙事界的热门研究对象。

第三节　叙事中的话语

一、叙事与话语的关系

在上节中，我们提到叙事学一开始就与语言和话语有着内在联系。叙事作品中的故事需要话语来表达和再现，故事与话语构成了叙事研究的两个基本层次（Shen，2002），故事是话语的表达对象，话语是故事的表达形式。早期的叙事学基于结构主义语言学，甚至将叙事视为一种语言现象，将叙事文本看成一种扩展了的句子（托多罗夫，1989）。结构主义叙事学把叙事分为三个层次：语义、句法和词语。可见，语言学的基本语法与叙事语法是异质同构的关系。热奈特甚至认为一切鸿篇巨制都是“一个动词的扩张”（热奈特，1990）。巴特认为叙事与语言存在相通之处，语言元素与其他元素联系起来，构成一个系统的整体，具有了叙事意义；叙事文本中的各层次只有相互联系，并与整部作品联系起来才能被人理解（巴特，1989）。因此，早期叙事学的很多概念都来自语言学的基本范畴，谈论的出发点和落脚点也与语言学相关。早期的结构主义叙事学者甚至想基于语言结构，依仗语言学模式，总结出一套适用于叙事学的叙事语法。但是，随着叙事学的发展与进步，脱离社会语境的结构主义叙事学逐渐失去了学术推动力，迫使叙事理论逐渐走出语言结构的窠臼，进入后经典叙事学阶段，语境、认知、修辞等要素，以及跨学科、哲学、历史等研究方法均被纳入叙事研究领域。然而，叙事学从来就没有脱离过语言，与语境相连的语言的具体使用形式——话语，成为后经典叙事学的重要研究对象。叙事理论从结构主义语言学研究范式进入基于话语研究的跨学科研究范式，话语层面的研究依旧是叙事学中的热门研究范畴。

二、话语叙事

我们在本章第一节谈及不同学科的学者结合自身所研究学科的特性和

学科需要来定义话语。尽管话语的定义多样，但其出发点基本都来自语言学或符号学意义的建构与表达，以实现交际需要为目的。在此过程中，语义、语境、话语结构、话语方式、话语功能以及其他要素也被纳入话语的研究范畴。随着跨学科研究的发展，话语的研究范畴不断扩大。叙事学中的话语研究也始于语言学，索绪尔的语言系统是经典叙事学的理论起点。巴赫金在对话层面上的话语研究和福柯在意识形态与权力层面上的话语研究，为后经典叙事学的话语研究提供了理论依据。

受结构主义语言学的影响，经典叙事学中故事或事件的讲述是基于结构主义语言学脱离语境的语言结构的。后来，巴赫金从文本产生的社会语境出发，强调文本的社会指向，以及意识形态对文本的支配作用（钱中文，1998）。他从语言交流和对话的视角来定义话语，他所提出的对话理论赋予了话语以交流的内涵，推动了结构主义叙事理论向后经典叙事理论发展。后经典叙事学中的话语指故事内容被表达和描述出来的方式（Chatman，1978），于是便有了叙事话语，又称话语叙事。话语叙事侧重于从话语的角度来研究叙事作品和叙事理论，探究话语以及跟话语相关的语境、叙述者、叙述行为、叙述视角等要素对叙事作品的影响和意义。故事和话语是叙事学研究的不同层面，也是叙事研究的主要对象，而故事又是由话语以不同的方式、不同的视角、不同的人来表达和叙述出来的，于是话语成为叙事研究的核心。在泛叙事时代，话语甚至被认为是叙事（李勇忠，2017），研究故事即可从研究叙述故事的话语着手。只不过这里的话语研究包括话语的形式、意义建构、语境、叙事运作机制以及所叙述故事的其他各要素。否则，对叙事作品进行单纯的话语研究就失去了后经典叙事研究的性质和意义，或者回到形式主义的老路上去了。概言之，叙事就是用话语来讲故事，研究叙事作品就是研究话语叙事。随着后经典叙事理论所涉及领域的逐渐扩大，叙事研究愈加泛化，歌曲、笑话、新闻、广告都被纳入了叙事研究的行列。泛叙事性成为后经典叙事理论的普遍特征（马婷，2017），这与话语研究日趋泛化的发展趋势比较一致。在此背景下，话语叙事具有了更加广阔的研究前景，将话语研究的理论与叙事学的理论相结合对于实现理论创新，拓展叙事研究范围，深入研究叙事作品，更好地打造和利用叙事作品等具有重要的理论价值和现实意义。

本章小结

本章我们首先分析了话语的内涵、类别和研究范畴，明确了话语分析的本质与目的。然后，介绍了叙事的内涵以及中西方叙事学的发展过程和主要流派。在此基础上，探究了叙事与语言之间的关系，并得出叙事就是用话语来讲故事，研究叙事作品就是研究话语叙事这一结论。最后，结合后经典叙事理论的泛叙事性这一普遍特征及其与话语研究日趋泛化的一致性，提出话语叙事具有广阔的研究前景，应将叙事学理论与话语研究理论相结合来深入研究具体的叙事作品，以进一步实现理论创新，拓展叙事研究的范围，充分开发和利用叙事作品这一研究命题。

第三章　多模态话语叙事

第一节　多模态话语

一、多模态话语的缘起

在第二章里，我们基于话语的多重定义总结出话语的内涵是以文字和其他符号共同构成的具有多重功能的文本和社会实践行为。Kress 从社会符号学的视角将所有表达意义的符号资源统称为“模态”（Kress，2010）。要理解不同符号的意义，需要使用不同的感知器官。比如，视觉符号需要眼睛来感知，声音符号需要耳朵来感知，所有的符号都需要大脑的思维来理解。结合人体感知系统对符号的认知功能，当前学界统一将模态视为基于具体感知过程的可阐释的符号系统，具体体现为图像、文字、口头符号、声音、手势、气味、味道、接触和音乐，共九类（Forceville，2009）。在现实生活和工作中，随着多媒体技术和通信技术的发展，人们往往同时采用多种符号来表达意义，交流信息，多个感官系统同时参与信息的认知和处理，由此产生了“多模态”这一概念。所谓“多模态”，就是人们在交际中同时使用的多种符号系统。不同的模态符号具有不同的意义潜势。在社会交际中，人们利用各种感官，把多种符号资源按照一定的组织原则，以协作互补的方式来建构意义的过程，就形成了一种新的话语样态，即多模态话语。

虽然多模态话语的概念在近 20 年才被学者们正式提出（Kress、van Leeuwen，2001；朱永生，2007；张德禄，2009），但实际上，对多模态话语的使用可追溯到几千年前。5 000 年前埃及的图形文字和 3 000 多年前中国的壁画和雕刻，本质上都是用多模态话语来表达意义的。近现代学科意义上的话语研究来自语言学，而语言学和符号学本身都属于同根同源的表意符号系统。语言符号和其他非语言表意符号的交叉使用是多模态话语产生的渊源。早期语言学家们（索绪尔，1980；莫里斯，1989；巴赫金，1998；巴特，1999）的语言观往往是基于语言符号学思想或者符号语言学思想的。符号和语言互相隶属，又彼此交叉。此外，哲学、人类学、文化学、建筑学、音乐学等学科的学者们也从各自的学科视角来研究语言和符号，语言和符号又具有了哲学、文化和艺术色彩，并在不同的学科内扮演着重要角色，成为各学科自身发展的利器。随着通信、网络技术的发展，用语言和符号来体现的不同学科的作品被同时呈现在电视机、电脑屏幕等同一个平台上，学科交叉和跨学科研究的兴起使语言和符号又开始被同时放在一个层面来使用和研究。全媒体和融媒体技术的普及改变了人们以语言文字为主的交流模式，取而代之的是由文字、声音、图像、动态影像等多模态符号共同构成的多模态话语交流模式。多模态话语已经成为人类工作、生活中最普及的话语形式，具有广泛的应用和研究价值。语言学界以研究文字为主的系统功能语言学、会话分析、认知语言学等流派不约而同地从文字语篇研究范式转向多模态话语研究范式。多模态话语被正式纳入学理层面，多模态话语研究也如火如荼地开展起来。

二、多模态话语研究概述

（一）多模态话语的研究对象

多模态话语研究始于多模态话语分析。传统的话语分析是对由纯文字构成的语篇的分析，其土要研究对象是针对不同类别的语篇，采用语用学的言语行为理论、系统功能语言学的语言元功能理论等，探究话语和语境之间的关系，分析话语的意义建构、表达、认知，并从社会文化的视角分析话语所隐含的思想观念和价值立场。批评话语分析还将话语与意识形态和权力关系相联系，以探究话语主体如何通过话语活动来维持和改变权力关系、社会关系，通过话语来实现对现实的建构等。多模态话语分析是纯语言层面话语分析的拓展和延伸，其所用理论和分析对象更为丰富，跨学科性是其最显著的属性。目前，多模态话语研究所涉及的语篇类型有漫画、海报、绘本、电视广告、新闻报道、电影、纪录片、短视频、舞台表演、课堂教学等。在具体的研究内容上，多模态话语分析延续了纯文字话语分析的研究内容，采用基于系统功能语言学的视觉语法理论、多模态隐转喻理论等分析不同语篇类型多模态话语的意义建构、表达和认知过程，采用多模态认知批评话语分析的范式，探究多模态话语对社会建构的意义等。此外，学者们还将多模态话语中各模态之间的关系、多模态隐喻的表征类型和特征、多模态隐转喻之间的关系、多模态互动分析、多模态感知分析、多模态话语教学、多模态话语与文化建设、多模态话语与话语体系建设等纳入研究范畴，以探究和挖掘多模态话语对建构形象与身份、宣传产品和观念、改进教学、传播文化、建构话语体系、开发人工智能等方面的价值。由此可见，多模态话语的研究对象愈加广泛，研究路径进一步拓展，研究视角和所使用的研究方法也更加丰富。下面我们将分别探讨多模态话语研究所涉及的理论基础、研究路径和研究方法。

（二）多模态话语研究的理论基础

多模态话语研究始于多模态话语分析，是多模态话语分析的深入和拓展。上文我们提到多模态话语分析是话语分析的多模态转向，也是当今语言学研究的热点，其所采用的理论主要是基于系统功能语言学的社会符号学思想和认知语言学的概念隐喻理论。在这两大理论的支撑下，探索多模态话语分析的理论模型、具体的分析方法以及其潜在的社会文化功能，以丰富其理论研究价值和社会应用价值。

首先，多模态话语研究开始于基于系统功能语言学的社会符号学思想。这与语言和符号最初的表意功能有关。索绪尔将语言学视为符号学的分支（Saussure，1983），并将语言符号从其他符号中分离出来，单独进行研究，探究适用于语言符号研究的理论与方法，提出了基于语言符号内部结构与语义关系的结构主义语言学思想，形成了人类如何使用符号来创造意义的社会符号元理论。他的结构主义语言学思想与乔姆斯基的转换生成语法和韩礼德早期的系统功能语法都是探究句子内部语言符号之间的关系和语义生成的理论依据，为结构主义语言学的发展奠定了强大的理论基础。后来韩礼德扩大了系统功能语法的研究范畴，将语言符号与其他符号同时放在社会实践中进行研究，结合社会语境来探究语言和其他符号在现实实践中的意义和交际功能，并发现非语言符号与语言符号都具有建构和表达意义的功能。在此基础上，韩礼德提出了社会符号学思想，创立了社会符号学（Halliday，1978）。系统功能语言学是社会符号学思想产生的渊源，社会符号学是系统功能语言学研究范畴的扩展，故又称之为系统功能语言学的社会符号学。韩礼德的社会符号学思想彻底改变了以结构主义思想为基础的对语言内部结构过分关注的“语言”研究，转而关注符号系统在现实中的使用和情况，即“言语”研究。这里的“言语”包括语言符号和非语言符号在交际实践中的应用情况，并明确了语言符号和非语言符号一样，都具有意义潜势，话语就是人们在具体的语境中，根据交际需要从所有符号系统中进行选择的结果。自此，语言符号、非语言符号和语境都被纳入了话语的研究范畴。话语研究也从对超越句子的语篇的研究，进入多模态动态语篇研究时代，即多模态话语研究时代。韩礼德的系统功能符号学思想也成为多模态话语研究的重要理论基础，其系统功能语言学有关语言的三大元功能思想也被拓展到所有的表意符号。Kress 和 Leenwen（1996、2006）在韩礼德的系统功能语言学和社会符号学思想的启发下，把非语言符号纳入社会符号学的相关理论，在系统功能语言学有关语言的概念功能、人际功能和语篇功能这三大元功能的基础上，创建了视觉语法理论，将视觉符号的意义系统分为再现意义、互动意义和构图意义，分别对应语言意义系统的概念意义、人际意义和语篇意义，形成了分析视觉图像中各视觉符号的意义建构机制和分析框架，成为后期多模态话语研究的重要理论。

多模态话语研究的另外一个重要理论是基于认知语言学的概念隐喻理论。话语既需要符号来建构和表达意义，又需要认知思维来理解其意义。基于系统功能语言学的社会符号学思想为多模态话语的意义建构和表达提供了理论依据，基于认知语言学的概念隐喻理论则从认知上为人们提供了识解多模态话语的机制。20 世纪 80 年代，认知语言学研究的发展彻底打破了隐喻作为修辞方式的传统观念。Lakoff 从身体对外界事物的体验和感知过程出发，探索出人们对事物的认知图式，并在此基础上提出人类的思维具有隐喻性。人们在社会实践中通过身体体验来感知事物，并将具体的事物通过认知思维来形成抽象的概念，再用语言将概念表达出来，这便是概念隐喻。因此，认知性和概念性构成了隐喻的本质。思维是隐喻性的，认知是隐喻性的，那么语言表达概念的过程也是隐喻性的（Lakoff，1980）。后来，Forceville（1996）从非语言符号对意义的建构和表达出发，发现只基于语言符号的概念隐喻理论不全面。他通过图像隐喻证明非语言符号对概念也具有建构和表达意义的功能，并结合 Lakoff 和 Johnson 概念隐喻的双域映射框架，进一步提出并论证了隐喻中从源域到目标域的映射关系可以由不同的模态符号来实现，由此产生了“多模态隐喻”这一概念。多模态隐喻能够更全面地诠释概念隐喻的本质，弥补了概念隐喻理论在概念建构、意义表达和认知上的不足。多模态隐喻也以多模态话语的意义为研究核心，只不过相对于系统功能语言学更关注话语的意义生成而言，多模态隐喻更关注话语的意义表征和识解。因此，多模态隐喻理论为更好地理解多模态话语的意义提供了认知理论依据，也为多模态话语研究提供了新的视角。

在具体的多模态话语研究中，基于系统功能语言学的社会符号学理论与基于认知语言学的概念隐喻理论具有语言学上的连接性和理论建构上的互补性（张德禄、郭恩华，2013）。社会符号学思想从社会文化的视角研究多模态话语的组织和功能，多模态隐喻理论从个体的心理与认知过程分析多模态话语的意义建构和认知，两者都关注特定语境中多模态话语的意义，前者偏重意义建构，后者偏重意义认知。符号学思想为概念隐喻意义的建构提供了理论阐释，概念隐喻理论为社会符号学思想背景下多模态话语意义的识解提供了认知理论依据。因此，将这两个理论进行整合能够为多模态话语研究提供更为全面的理论支撑，也为多模态话语更广泛的应用提供了启示。已有学者（冯德正，2011；潘艳艳，2019）构建了基于社会符号学思想和概念隐喻双重视角的多模态话语分析框架，为更全面地分析、设计、建构和应用电视广告、宣传海报、漫画和电影等不同语篇类型的多模态话语提供了适用的理论框架。

（三）多模态话语的研究路径

多模态话语涉及多个学科，领域繁多，研究路径也自然多样。语言学范围内多模态话语的主要研究路径大致分为三个流派：基于系统功能语言学的多模态话语分析、基于互动社会语言学的多模态互动分析和基于认知语言学的多模态隐喻研究。这三种流派也是多模态话语的三种研究路径。此外，还有与语料库相结合的多模态语料库分析，以及与神经科学和人工智能相结合的多模态感知分析等。下面我们简要介绍一下多模态话语的主要研究路径。

1. 基于系统功能语言学的多模态话语研究

基于系统功能语言学的多模态话语研究属于符号学属性的多模态话语研究，是系统功能语言学语言的元功能思想在多模态话语中的延伸。Kress 和 Van Leeuwen（2006）基于视觉语法所构建的多模态图像分析框架为二元多模态话语的意义和功能研究提供了理论基础和具体的分析框架。中国学者张德禄（2018）在此基础上构建了一个包括语境系统、意义系统、词汇语法（符号）系统、媒介系统和实体系统在内的系统功能视域下的综合型多模态话语分析框架。该框架体现了特定语境下从交际需求到话语设计、生产、表达和具体分析多个层面在内的系统的多模态话语研究路径，对全面系统地研究不同语篇类型的多模态话语提供了分析框架。该路径也是目前适用性较强、研究案例较为丰富的多模态话语研究路径。

2. 基于互动社会语言学的多模态互动分析

多模态互动分析以Scollon（1998、2001、2004）的中介话语分析和互动社会语言学的交际互动为理论基础，将多模态话语视为中介行为（mediated action）。这种中介行为包括社会交际中人与人之间的互动行为和人与物之间的互动行为。中介行为又可从层次上分为高层中介行为和低层中介行为。中介行为是多模态动分析的基本单位，通过分析互动行为中多模态符号的使用情况，根据模态密度和模态配置来判断行为者注意力的分配，以此探究行为者的意图、情感、态度等信息。Norris（2011）构建了一个“模态密度/注意力或意识的前景背景连续体”分析框架来对交际中同时进行的几个高层行为进行综合分析。中国的张德禄和王正（2016）改进了该框架，将其应用到大学英语课堂教学的多模态互动分析中，验证了这一多模态互动分析框架的适用性。后来，Norris（2020）又进一步完善了该分析框架，将具体的高层行为置于抽象的社会实践层和社会话语层，形成一个介入点。介入点把三个话语层联系起来，使系统的多模态话语分析成为可能（孙小孟，2023）。通过该分析框架还可以分析互动行为中行为者的身份建构和身份变化情况。多模态互动分析丰富了动态多模态话语研究，为从互动的视角研究多模态话语提供了理论依据和分析框架，有利于优化多模态话语设计，扩大多模态话语的应用范围。

3. 基于认知语言学的多模态隐喻分析

多模态隐喻分析是认知视角背景下符号学属性的多模态话语研究。Forceville（1996）基于社会符号学和概念隐喻理论有关意义的建构和认知机制，提出了图像隐喻（pictorial metaphor），并以广告图画为例论证和分析了图像隐喻的分析模型，并在此基础上将图像隐喻延伸至其他符号隐喻，最终提出了“多模态隐喻”（Forceville，2009）概念。多模态隐喻是源域和目标域分别由不同模态表征的隐喻。Fauconnier（1997）的概念整合理论为多模态隐喻中多个空间的映射与意义整合提供了理论分析模型，符合多模态隐喻的动态性和复杂性。中国学者结合不同语篇类型的多模态话语，对多模态隐喻的建构与分类（冯德正，2011；赵秀凤，2013）、多模态隐转喻之间的关系（钟书能、李丹婷，2014）、不同语篇类型中多模态隐喻的特点与功能（王扬、向恩白，2016；孙小孟，2019、2020）等方面进行研究，扩大了多模态隐喻的研究范畴，深化了多模态隐喻的理论研究，提高了多模态隐喻对分析和建构具体多模态话语的适用性。

4. 多模态语料库分析

多模态语料库分析是用语料库的方法检验并利用多模态符号对意义生成的假设（潘艳艳、李战子，2017），以进一步探索更有效的多模态话语和使用模式。因此，多模态语料库分析也是以系统功能语言学的社会符号学思想为理论基础的，用语料库的方法和分析软件来采集多模态话语中的各类多模态符号，再对其进行标注和加工，并用适当的分析框架加以分析（Knight，2011；Adolphs、Carter，2013）。例如用软件 ELAN 来分析文本类的线性多模态话语，用 GeM Framework 软件分析网页、电视广告等非线性多模态话语。国内学者王正、张德禄（2016）使用语料库软件 UAM Image Tool 2.0 建立了期刊封面的语料库，并对其进行标注和统计分析，优化了二维模态话语的设计和分析模式。多模态语料库分析具有强大的统计和分析功能，对研究新媒体中海量的多模态话语具有潜在的巨大价值。此外，对语料库中不同模态的检索与分类标注有利于促进视听识别系统的研发，从而对开发人机智能对话具有现实意义。

5. 多模态感知分析

多模态感知分析是利用神经科学的相关理论，通过具体实验来考察语言的产出、理解和大脑的不同区域在交际中的功能。该流派基于多模态话语的组构机制，结合认知理论、神经感知和注意力理论，通过眼动跟踪和脑成像图来分析人们对多模态话语意义的感知（Holsanova，2014）。多模态感知分析具有广泛的现实意义，可用于研究如何优化或改善语言障碍者和智力减退人群的交际模式，对于现代信息技术的研发、人工智能开发以及拓展信息交流渠道也具有潜在的应用价值。目前，多模态感知分析已被用于开发人工智能，提高机器对不同模态信息传入的检测与识别能力，甚至使机器具备了对表情、声音、动作等模态的综合分析和认知能力，使机器能够与人类进行语音、表情和动作交流。此外，中国学者还将多模态感知分析用于多模态教学研究（张德禄，2012；黄立鹤，2014），通过分析学习者大脑对不同模态的认知规律来探究学习规律，再借助多模态互动技术进行多模态教学，以提高学者学习的专注度和学习效果。

除上述主要的五个研究路径之外，多模态话语研究还涉及多模态会话分析、多模态民族志分析和符号学视角的多模态符号研究，如对跨模态符号使用规则的研究和特定社会中包括品牌标志、告示和路标等公共语篇的设计与应用研究等。在这些研究路径中，基于系统功能语言学的多模态话语分析和基于认知语言学的多模态隐喻分析具有较为系统的理论分析模型，并对不同语篇类型的多模态话语分析和应用都具有较强的适用性。因此，这两条研究路径在语言学和传播学界深受欢迎。多模态语料库分析和多模态感知分析对当代信息技术研发和智能化人机交互系统的研究具有启发意义，在医疗、教育和各类服务行业具有巨大的应用潜力。

（四）多模态话语研究的方法

就多模态话语的研究方法而言，不同的研究路径有不同的研究方法。语言学范围内的系统功能语言学多模态话语分析和多模态隐喻分析主要以理论探索、建构和对特定语料进行定性分析为主。目前这两个路径已经形成比较系统的多模态理论分析框架，并被用于定性分析各语篇类型的多模态语篇。然而，一方面语篇类型繁多，另一方面同一语篇类型的多模态语篇更是不计其数。针对同一语篇类型的多模态语篇来构建语料库，并对这些语篇类型进行定量分析，总结其语篇特征，进一步验证所用理论的适用性和普适性，对完善多模态理论分析框架，优化特定语篇类型多模态话语的设计与应用都非常有必要。此外，除了理论研究，还要加强多模态话语的应用研究，总结特定语篇类型多模态话语的特征和基本功能，采用跨学科的研究方法，进一步挖掘不同语篇类型多模态话语的社会文化功能，使多模态话语更好地发挥其对社会建构的价值。

（五）多模态话语的研究价值

综上所述，总体来看，多模话语研究视角愈加开阔，所涉及的研究领域逐渐扩展，研究对象从纸质文本的漫画、绘本、宣传海报等二维模态话语增加到由新媒体、多媒体甚至全媒体承载的电影、短视频、纪录片、电视广告、文化类节目、电视新闻等三元以上多模态动态语篇。理论研究更加深入，跨学科研究趋势愈加明显，多条研究路径同时进行，多模态话语的功能正在被充分挖掘，已由普通的交际功能延伸到对社会各领域的多种价值。语言学与传播学、文化学以及影视艺术理论相结合，使多模态话语研究具有了广泛和深层次的社会意义。由多模态话语所承载和表征的文化内涵、思想理念、道德伦理、价值诉求、制度规范等抽象意义，通过先进的通信技术和电视机、电脑、智能手机、QQ、微信、网络等媒介实现快速传播，对于公民的价值塑造、行为规范以及国家和民族的形象建构和文化传承等都具有更为深远的意义。概言之，多模态话语研究整合了语言学、传播学、哲学、政治学、社会学等不同学科意义上的“语言”或“话语”研究，其跨学科的研究范式有利于促进学科融合和理论创新，对于通过多模态批评话语分析来反映并消除不良社会现象、解决社会问题、更好地建构现实等都具有不可估量的价值。

第二节　多模态话语叙事概述

一、叙事的多模态性

从第二章我们对话语和叙事的分析来看，叙事的本质是用话语的形式来讲故事，叙事与话语有着天然的联系，早期的经典叙事学研究甚至依赖于语言的表意机制和语法结构。随着通信和媒介技术的发展，纯语言文本的叙事形式逐渐转向文字叙事、图像叙事和听觉叙事共同存在的多模态叙事形式。事实上，如同多模态话语一样，多模态叙事一直存在。在人类漫长的历史发展中，最早用来表达意义、交流思想、实现基本交际功能的不是语言符号，而是表情、手势、声音、动作、图像等非语言符号。最初这些非语言符号在参与交际的同时，也作为讲故事和描述事件的基本方式存在。只不过，在结构主义语言学和经典叙事学早期，语言文字被最早赋予了学理层面的研究价值。非语言符号显得没那么规范、正式和严谨，因此，尽管法国学者罗兰·巴特在 1966 年就强调叙事在人们生活中无所不在，是人们认识和理解世界的手段，叙事既可以以书面的文字和有声的语言来实现，也可以用手势、静止或活动的画面等方式来实现（张寅德，1989），但是，很长一段时间以来，非语言符号难登学术研究的大雅之堂。进入 20 世纪 80 年代以后，随着通信技术的发展和普及，连环画、电影、电视广告、电视剧、海报、戏剧、节目表演等由多模态符号共同建构的话语形式和叙事手段日益深入人们生活。在此背景下，自 20 世纪 90 年代起，非语言符号研究开始受到学者们的关注，语言学和符号学研究有了更多交汇，并产生了用于分析和研究多模态话语的视觉语法（Kress、Leenwen，1996），在叙事学领域，也产生了相应的视觉叙事语法（Painter et al.，2013），非语言符号开始进入学术领域。进入21世纪以来，随着电脑、网络、多媒体、智能手机和数字技术的发展与普及，人类社会进入读图时代，多模态话语和多模态叙事的使用频率和应用范围大大提高，已经超越了纯文字话语形式和纯文本叙事形式的应用范围。图像和声音的具象性、动态性对受众的文化素养要求较低，适读性更强，更富有感染力和说服力。与文本叙事相比，多模态叙事具有更广泛的适用性和社会功用，多模态叙事研究也正式登上学术研究的大雅之堂。

综上所述，叙事自产生之日起就具有多模态性。只不过学科意义上的叙事学发轫于语言学的文字叙事，并在很长一段时间内都局限在文学领域。人类社会的发展与科技的进步逐渐将叙事的多模态性展现出来，多学科和跨学科研究的需要进一步使多模态叙事研究的价值得以体现。在这样的形势下，叙事的多模态性也日渐受到学者们重视，甚至出现在文学叙事里面。

二、多模态话语叙事的内涵与类型

在第二章里，我们分析发现话语与叙事本身具有同根同源的关系。人类进入多媒体和数字时代以来，话语和叙事的范畴不断扩大。绘本、电影、短视频、电视广告、舞台表演等都可称之为话语形式，也可称之为叙事作品。话语和叙事研究日益泛化，目前，多模态话语和多模态叙事研究已成为学术界研究的热点。在叙事学发展的过程中，话语层面的叙事研究始终占据着重要位置。无论是经典叙事学中的结构性话语，还是后经典叙事学中的叙述话语，话语始终是叙事研究的核心。鉴于话语与叙事之间的内在关系，我们将多模态叙事称为多模态话语叙事，即用多模态话语配合相应的叙事模式和叙事策略来讲故事。多模态话语叙事研究涉及多模态话语叙述故事的原理、方式和认知机制等要素。

从本质上看，多模态话语是由语言符号和非语言符号共同构建的语篇或社会实践来实现意义表达、情感传递、思想交流、关系建构、价值传播等交际目的和社会文化功能的。多模态话语叙事用多模态话语的方式来建构故事情节、塑造人物形象、表达故事主题、进行情感渲染等。多模态话语是实现多模态话语叙事的话语方式或手段。从这个意义上讲，多模态话语是多模态话语叙事的重要组成部分。不同类型的多模态叙事作品由不同的多模态话语来建构。一般而言，多模态话语通过视觉叙事和听觉叙事的方式参与多模态话语叙事，具体体现为图像叙事、文字叙事、声音叙事等多模态叙事模式。

（一）视觉叙事

视觉叙事的意义建构和认知原理是在 Kress 和 Leenwen（1996）视觉语法基础上延伸出来的视觉叙事语法。视觉叙事语法是建立在多模态话语分析理论基础上的叙事理论。Painter et al.（2013）依据 Kress 和 Leenwen 的视觉语法理论中图像的再现意义、互动意义和构图意义提出了视觉叙事的表征意义、人际意义和组篇意义，初步形成了通过多模态话语来建构和解读叙事作品的理论依据。

1. 视觉叙事的表征意义

就多模态叙事的表征意义而言，该意义基于视觉语法的叙事再现理论（Kress、Leenwen，1996），Painter et al.（2013）在视觉叙事的表征意义中主要探讨不同图像类别或图像中不同元素之间的关系，以此来呈现故事的人物表征、事件关系、场景变化和发展过程。人物表征是通过多模态符号呈现的故事中人物的外部形象特征，也包括用多模态隐喻或转喻的方式来塑造和丰富人物的角色形象，透露作者的表现意图。事件关系可通过多种手段来呈现，可以通过画面或镜头的数量和切换速度来控制故事的发展节奏，也可以通过人物动作变化的前后画面来反映事件之间的因果关系，映射人物心理和情感，调整故事的叙事节奏等。场景变化主要通过镜头切换或者同一镜头内角色视角的变化，或者通过同一镜头的移动来实现场景转换，以此来表现故事的发展过程。发展过程指故事的发展进程，可以通过角色的行为动作、心理活动和人物感知来推进。这些行为动作、心理活动和人物感知主要通过人物的动作过程、反映过程、言语和心理过程来表征。表征方式包括人物的动作矢量、眼线矢量、思维气球或者有声思维（Kress、Leenwen，1996）等。此外，镜头或者画面中人物的附属物、道具等所在的位置、所发生的变化也可以再现人物身份，体现故事发展进程。总之，视觉叙事的表征意义是通过叙事再现的方式来反映事件之间的关系，体现故事的发展过程。同时，多模态话语叙事还通过多模态隐转喻等概念再现的方式来描写故事中人物的特征，凸显人物情感和心理状态。

2. 视觉叙事的人际意义

视觉语篇中的人际意义源于 Kress 和 Leenwen（1996）视觉语法的互

动意义。Painter et al.（2013）认为图像叙事的人际意义主要可从两个方面来考量：一是受众与画面中角色之间的关系，主要通过聚焦系统、氛围系统、情感系统、代入性和从属地位来反映；二是画面中故事参与者之间的关系，主要通过亲近感、社交距离和方向站位来考察角色之间的关系。聚焦系统通过图像要素来表现角色的视角。例如，镜头或画面中的人物是否跟受众有目光接触，目光接触可以把受众带入故事情景。冯德正（2015）按照视角标准，把图像分为无中介和有中介两种表现方式。有中介的可视为主观视角，主观视角可以让图像中的人物与受众产生互动关系，从而让受众参与到故事叙事中，并在故事中产生情感共鸣。如果镜头或图像中的人物没有与受众发生目光接触，受众就作为旁观者来阅读或理解故事，不会在故事中投入多少个人情感。氛围系统主要通过图像叙事的色彩设置来引起受众在故事中产生情感介入，不同的颜色代表不同的情感，构建不同的情感氛围。自然色给人以熟悉、亲近之感，能够拉近与观众的情感距离；单一颜色则相反，难以拉近与观众的情感距离。Painter et al.（2013）认为利用色彩搭配的原理可以调控故事中的情绪，从而对受众产生相应的情感暗示，引发其情绪波动，将其带入故事之中。情感系统是作者通过图像风格调控受众对图像人物的情感投入情况。不同的图像风格对情感系统产生不同的影响，从而影响受众的参与感。鉴赏类图像属于最简风格，较为抽象；移情类图像属于类化风格，容易识别人物情感，但无法确定具体人物；个体类图像为自然风格，往往以真实人物照片的形式出现，最容易引发观众情感。Unsworth（2014）发现，相对于漫画而言，电影的情感介入度最高。这与电影话语的动态性有关。代入性通过视觉角度来判断受众与故事角色的心理距离。画面的平行透视更容易让受众内心贴近故事，如果画面呈现的是有角度透视，受众就与故事相脱离（Kress、Leenwen，2006）。从属地位主要表现受众与图像中人物之间的地位关系。当受众与画面呈现俯视视角时，表明受众地位高于图像人物的地位；反之，亦然。从属地位的分析框架同样适用于判断故事中人物之间的地位关系和态度变化。

亲近感主要通过画面中人物之间位置的变化来传递。面对面传达了交流、亲密或对峙的关系，背对背则代表疏远或分离的趋向。社交距离由镜头的远近来体现。远景镜头体现了人物与周围环境之间的关系，中景镜头可呈现人物之间的关系，近景或特写镜头能够凸显人物的表情和动作细节，有利于受众产生与图像中人物互动的感觉（佩里·诺德曼，2018）。方向站位通过画中人物所占据的位置和运动趋势来判断事件的发展情况。按照从左向右的观看习惯，左边表示已经发生过的事件，向右表示将要发生的事件或事件下一步的进展。当图像中的人物突然向左运动，暗示有困难或危险出现，增加了故事情节的神秘感（佩里·诺德曼，2018），从而调动受众的观看节奏，影响受众的情感和情绪。综上所述，视觉叙事的人际意义主要是通过目光接触、图像色彩、风格、图像拍摄视角、人物之间的位置变化、镜头的远近以及人物或物体的移动方向等多模态要素来反映人物关系、影响受众的情绪和情感、调控受众的故事参与感、增添故事情节的曲折性或神秘感等。

3. 视觉叙事的组篇意义

视觉叙事的组篇意义源自视觉语法的构图意义（Kress、Leenwen，1996）。在 Painter et al.（2013）的视觉叙事中，组篇意义由图像中不同要素的分布情况及其所建构的图文空间来实现。具体来看，图文空间的建构主要与图文分布、取景和聚焦有关。视觉空间的构成主要关注图像与文字的布局框架（祁芬芬，2022），可分为互补与融合两种图文关系。图像与文字相互补充、融合、拓展来建构和传递叙事意义。取景主要通过版面布局、边框、背景、留白等方式来设计图像布局，以达到调节叙事节奏，更好地展开故事的目的。聚焦就是画面的视觉聚焦点。画面或镜头中聚焦元素所处的位置、大小都会影响某些视觉元素的凸显程度，以此暗示故事的发展动态，吸引或操控受众的注意力。通常情况下，具有突出重要性的元素被放在画面的中间位置，也是聚焦元素。此外，动态影像中有时候会出现多重聚焦元素，重要元素会重复出现，或者交替分散布局，以制造视觉惊喜或故事悬念。可见，视觉叙事的组篇意义主要是基于单个画面或镜头的整体性，通过图文分布、图像的整体设计、图像在整个画面中的位置、聚焦点的特点与分布情况等来建构意义，突出重点，预示故事情节的发展方向，吸引受众的注意力。

综上所述，我们发现，正如故事叙事依靠话语叙述来完成，无论是语言文本类叙事，还是多模态话语叙事，本质上都是以话语叙述的方式来讲述故事。多模态叙事研究也需要借助话语分析的理论来进行。最初的经典叙事学研究依赖于结构主义语言学，后经典叙事学的多模态话语叙事同样继承并延伸了语言学的话语分析理论。起初，源于系统功能语言学的系统功能语法理论被多模态话语研究者（Kress、Leenwen，1996）继承并修改为视觉语法理论，以适应多模态话语分析的需要。后来，视觉语法又被图像叙事学研究者 Painter et al. 加以改进，用来进行视觉叙事研究。Painter et al.（2013）的《解读视觉叙事》一书中的视觉叙事理论是对视觉语法理论的创新与发展，为多模态视觉叙事作品研究提供了理论工具。

（二）听觉叙事

在视听时代，除了视觉叙事，听觉叙事在人们的生活和工作中也占有很大比重。多模态话语叙事研究离不开听觉叙事研究。虽然在视听时代，随着互联网、智能手机和影视传播的快速普及，视觉占据了人们大部分的感官注意力，但录音或随同影像的声音对人们感知外界意义仍具有不可替代的作用。人们通过听觉感知，将外界的声音与社会现实中的某些场景联系起来，形成一系列的听觉形象，这些听觉形象对人们的内心产生直接影响。因此，声音也可用来叙事，即听觉叙事。听觉叙事具有丰富的表现力，能够形成生动的画面，在表现人类情感、民族身份等方面具有独特的优势。听觉叙事研究能够发掘视觉叙事研究之外的文化、伦理、美学等价值，形成新的叙事理论（曾斌，2019），与视觉叙事一起，构成丰富立体的多模态话语叙事的理论范式。然而，听觉叙事研究长期以来在西方叙事史上处于被忽视的状态。中国叙事学研究者傅修延较早从事听觉叙事研究，并取得了重要成果。他在对应视觉的“观察”概念的启发下，创造性地提出了对应听觉的“聆察”概念（傅修延，2016）。傅修延、刘碧珍（2017）认为听可以分为因果倾听、语义倾听和还原倾听三种模式，这三种倾听模式分别关注声音发生的原因、意义和声音本身。这三种倾听模式也可以用来倾听叙述声音。人类依靠声音去感知并把握世界，正所谓因声而听、因听而思、因听而悟（傅修延、邱宗珍，2019）。叙事作品中用多模态话语所描述的幻听、聆听、偶听及其声音特征会形成不同类别的听觉事件，也使得故事情节具有了曲折多姿的色彩，从而给受众带来更大的想象空间和回味意趣（傅修延，2017）。视听模态共同构成的偷听更是能够为故事的发展和转折提供暗示和动力，并在人物形象塑造上突出人物的性格。还有学者从听觉与声音、听觉与政治（历史）、听觉与文化等视角研究听觉叙事的社会文化价值（王敦，2016；冯樨，2019）。这些学者从中国叙事学出发探究听觉叙事的原理，是对中国叙事学本土化建构的探索。当然，与图像的直观性、具象性不同，声音的不确定性给听觉叙事理论的建构增加了难度。

Van Leeuwen（2018）从社会符号学多模态话语分析视角讨论了音乐符号能够表征的概念意义，主要包括真实、激情、力量、自信、压抑等，以及通过颤音和换气等方式表达的喜、怒、哀、乐等意义。秦勇、丁建新（2019）借用认知语言学的事体（figure）、背景（background）、场（field）（Talmy，2000）来分析音乐话语的人际意义。声音可通过音量的强弱拉近或疏远听众与声音所表征事件之间的距离。用较大声音将听众的注意力引向要突出的事体，用较小的声音代表背景，用最小的声音表征的是观众能感觉到的场。同时，声音的大小还能表征话语者对事体的态度、立场和观点，即人际意义上的评价功能。因此，可以通过提高或降低音量的方式来影响受众的情感态度。此外，van Leeuwen（2018）将音乐视为话语，并从社会互动的层面讨论了音乐的节奏、旋律、音色、和声等多模态符号所表征的意识形态，但没有说明特定的多模态符号能够表达哪些意识形态。秦勇、丁建新（2019）在 van Leeuwen 所提出的音乐话语能表征意识形态这一观点的基础上，结合社会关系、男（女）权主义、（非）个人主义、身份、阶级和权力等不同的组织形态，从和声是否和谐、节拍是否有规律、音程的长短及其所代表的能量值、单音音乐演奏的一致性、支声复调组合是否和谐等方面探讨了声音系统作为能指的符号系统所表征的具体思想系统，如个人主义、集体主义、男（女）权主义、是否平等的社会地位等。上述音乐话语的概念意义、人际意义及其意识形态本质为听觉叙事分析提供了理论基础。

综上所述，有关叙事作品的研究离不开话语理论的支撑。一方面，随着叙事研究领域的不断扩大，研究对象更加多元化，传统的基于结构主义语言学的叙事理论不能适应多模态话语叙事作品研究的需要；另一方面，多模态话语研究的兴起促使话语分析理论不断延展，形成了适用于多模态话语分析的视觉语法理论。视觉语法的进一步延展满足了视觉叙事的需要，成为视觉叙事的基本理论依据。当前，视觉叙事理论已经形成，并得到验证与应用；听觉叙事理论也基本形成，可整合中西方学者的理论并将其运用到具体的听觉叙事作品中，以进一步验证和完善理论的应用框架和机制。一般而言，视觉叙事和听觉叙事常常同时存在于特定的多模态叙事作品中，如影视作品、戏剧、文化类节目表演、电视广告等。因此，可以结合中西方学者对听觉叙事的理论研究，根据多模态叙事所涉及的要素，从图像与文本、图像与意义、声音与意义、声音与文本、声音与图像等方面整合国内外视觉与听觉叙事理论，对多模态叙事作品进行综合分析。需要注意的是，在此过程中，我们不能把现有理论当成已完备的准则，将其简单地套用到各种多模态语篇中。要拓展分析对象，将视觉叙事和听觉叙事理论加以整合，将其运用到更加复杂的多模态叙事语篇中，并根据语料分析对现有叙事分析理论框架进行完善和创新。

第三节　多模态话语叙事的体裁分类

在人类历史进程中，叙事存在于一切时代、一切社会和一切地方，体现为多种形式，如寓言、小说、史诗、戏剧表演、广播、绘画、电影、神话、纪录片、微视频和各类文化节目。在不同的时代，叙事作品的主要表现形式各异，从20世纪早期的文学作品和戏剧表演，到20世纪中后期的连环画、电视剧、电影，再到21世纪初期的微视频、文化类电视节目等。随着时代和科技的进步，叙事作品的种类越来越多，不同类型的叙事作品在不同时代的影响力各异。20世纪80年代以前是纸质类文学作品和连环画的时代。进入20世纪90年代以后，随着电视机、互联网的广泛应用，以电视机和网络为载体的电视新闻、电影、纪录片、电视广告、文化节目表演等多模态叙事作品的影响力日益增强。进入21世纪以后，随着数字技术和融媒体技术的发展，人类社会进入视听时代，多模态话语叙事逐渐取代纸质类文本叙事，广泛深入人们的生活、学习和工作中，其影响力快速提升。由于兼容性更强、受众面更大，多模态话语叙事甚至已经超越纸质文本类叙事，成为应用范围最广、影响力也最大的叙事形式。网络、电视机和智能手机的普及让视频新闻、电影、视频广告、纪录片、微视频和文化类节目表演等具有广泛群众基础的多模态话语叙事作品的影响力得到极大提升。在本节，我们将主要介绍这些不同体裁的多模态话语叙事。

一、电影叙事

电影叙事主要借助电影这一物质媒介以多模态话语叙事的方式建构和叙述故事。电影叙事的最明显特征是综合了视觉叙事和听觉叙事的各种要素，将字幕、影像、有声语言、音乐、色彩等多模态符号整合起来，形成多模态话语，结合相应的叙事结构和叙事策略，来还原一个或几个历史事件，或形成一个虚构的故事。电影叙事具有很强的弹性，可以根据叙事需要，调整和使用多模态话语叙事策略来建构和再现叙事对象与叙事客体，并将文学叙事很难有效叙述和呈现的空间与时间信息生动、具象地呈现出来，从而有效地再现事物，包括还原历史事物和呈现虚拟、想象中的事物。电影叙事还可以通过造型技术，以多模态要素来建构历时性叙事或共时性叙事，实现时间和空间的灵活转换。电影叙事通过画面和镜头的切换与组合来实现场景变化，体现事件关系和故事发展进程，同时配合声音和音乐来调动观众的视觉和听觉感知顺序，激发观众的情感系统，将观众带入情节之中，使故事人物与观众之间形成有效互动，并对观众产生情感、心理和思想等各方面的影响。不同题材的电影采用多模态话语叙事手段和多元叙事策略，既能够实现文学叙事的人物塑造、情节建构、主题阐释、形象建构和时代再现等叙事意义，又能够体现电影叙事的美学价值，实现价值传递和意识形态表征等社会文化功能。

二、广告叙事

这里的多模态广告叙事特指电视广告、网络广告等视频类广告叙事，以及二元模态构建的宣传性文本类广告叙事。根据广告的性质和目的的不同，广告可以被分为商业广告和公益广告。商业广告是以宣传和推广商品和服务为目的的广告；公益广告则是以宣传某种价值理念和人文精神为目的的广告。前者是营利性的，后者是非营利性的，两者都有劝说和诱导的性质。依据广告自身短小精干、主题明确、宣传性强的特点，广告叙事在非常有限的时间和空间内，充分利用影像、图片、文字、声音等视听类多模态符号，以较快的镜头切换和简练的语言表达来说明其所宣传商品的主要功效，或者传递其所推广的价值观念、思想品德、行为规范等公益信息。因此，相对于以前的报纸、杂志和宣传栏上的纯文字类广告而言，多模态符号构建的广告语篇不仅能够更直观、更生动地呈现其所宣传商品的特性和功能，或者传递其所推广的价值观念、思想品德、行为规范等公益信息，还能够将其构建的几个场景、人物、情节以镜头切换的方式形成简单的故事，通过故事化表达来传递深刻的主题信息或人文精神。商业广告的故事化表达和多模态动态叙事淡化了其商品宣传和营销色彩，赋予其情感、理性、道德等人文属性，增强了广告的劝说和推广功能。公益广告则通过多模态话语将抽象的人文精神以故事叙事和多模态隐转喻（孙小孟，2020）等方式表征出来，再通过网络、电视机、智能手机等媒介传播出去，以实现价值传承、行为规范和公众教化等社会功能。

三、新闻叙事

多模态新闻叙事主要指电视新闻叙事和网络新闻叙事，这两类新闻叙事大都是多模态叙事，与新闻这一体裁相结合，便形成了多模态新闻叙事。相对于电影叙事和广告叙事而言，新闻叙事可谓是多模态话语叙事的典范。这主要是因为新闻叙事用多模态话语明确地交代了故事或事件发生的时间、地点、涉及人物、环境、主要过程、发展走向甚至结果。新闻属于现实性语篇类型，排除其所叙述事件本身发展的不确定性以后，新闻叙事一般是线性叙事，且没有情节上的跌宕起伏，旨在让所有观众了解其事件所包含的信息。为了在有限的时间内实现这一目标，新闻叙事往往采用主持人讲解、图像展示、字幕提示、事件原场景镜头同步播放的方式对其所报道事件进行全方位的呈现和阐释。传统的以报纸为载体的新闻语篇靠图像和文字二元模态相互配合，以实现意义建构和事件描述。受版面所限，报纸类新闻以文字为主要模态，图片辅助文字，突出事件的主要人物和主要情节。因此，报纸类新闻叙事对读者的文化层次和认知水平有一定要求。视频类新闻则充分利用图像、影像、文字和声音模态更直观、更全面地呈现所述事件的信息，且叙事结构多是直陈式、直白式的表达，多模态符号资源的灵活运用让这类新闻叙事带有一定的趣味性。综合来看，这类新闻对读者或观众的文化层次和认知水平要求较低，更易被读者或观众接受。在如今的新媒体和全媒体时代，随着微博、微信、手机等信息传播媒介的普遍化，视频类新闻具有得天独厚的播放和传播优势，已经成为新闻传播的主流形式。

四、纪录片叙事

纪录片叙事与电影叙事具有很大的相似性，都是用多模态话语叙事来讲述一个或几个故事。所不同的是，一方面，纪录片可以按照历史或事件的发展阶段分为若干集，以还原故事或历史的发展过程；而电影对故事的叙事一般被压缩为一整块，即一般在一个半小时至三个小时之内将故事完整地呈现出来。另一方面，纪录片的故事叙事是建立在真实事件基础上的，通过对事发地的拍摄、原始照片的剪辑和后期制作，依照故事本身的特点，以第一人称或第三人称作为故事的讲述者，配合同期声等适当的叙述策略来叙述故事。多模态叙事增加了故事的真实性和趣味性，使故事叙事具有很强的代入感，吸引和调控观众的情感系统。影像、图片、声音、文字、解说等多模态元素构建并还原了事件发生的时间、空间、场景，使观众获得沉浸式体验，犹如身临其境。纪录片以此来实现对观众情感、思想和行为上的影响。电影叙事则常常是虚构性的，为突出其艺术效果，经常使用多模态元素来制作特效。当然，有些电影取材于历史上发生的真实事件或传说的可能真实的事件，借鉴纪录片的多元化叙事视角、多维度叙事素材、线性化叙事时空和“伪真实”的人物角色来实现故事叙事的“真实性”或“半真实性”，以使电影叙事兼具真实性、诗意化和艺术美于一体。故这类电影又被称为“纪录电影”或“电影纪录片”。在此特别要说明的是，本书所说的纪录片是有别于电影的普通纪录片，如历史人文类纪录片、社会现实类纪录片、政论纪录片、自然地理类纪录片、发展成果类纪录片、少数民族类纪录片、对外传播类纪录片等，以区别于电影叙事和纪录片叙事。

五、短视频叙事

短视频叙事是融媒体和全媒体时代出现的新型多模态话语叙事方式，其典型的特征是创作碎片化、故事内容简单、语言生动、叙事主题丰富、叙事结构比较单一，适合人们在碎片化时间内观看或学习。短视频利用视频剪辑等方式将故事碎片化，并在很短的时间内播放完毕，这在一定程度上会消解故事背后的哲理。但是，短视频所叙述的故事大都来自生活本身，主题较为鲜明，开门见山的主题切入使其叙事更为直接，直奔主题。接地气、大众化的拍摄场景和人物形象，简单粗糙的语言和个性化表达，辅之以字号较大、色差显著的字幕，以及应景的背景音乐等。这些多模态要素的整合运用使短视频叙事不需要遵循传统视听叙事那样完整的起承转合式流程，而更倾向于抽离前后语境，通过具有冲击力和吸引力的影像画面在第一时间抓住观众的注意力（胡岑岑，2022）。观众通过认知思维将短视频的叙事主题与自身的生活体验迅速结合，在妙趣横生的影像和声音叙事中领会故事所折射的哲理和启示。与此同时，短视频叙事内容的浅表化、叙事语言的多元化和叙事主体的去中心化使故事叙事不需要遵循严谨的情节结构，也不需要保持平衡。这些特征决定了短视频的创作门槛低、大众化参与度高，一部智能手机终端即可迅速完成。这种大众化生产和即时上传与转发的便捷性使后现代语境下的观众易陷入“幻像”的多重空间和“信息茧房”之中，难以认清真实的世界（赵志明、朱丽萍，2021）。因此，如同视频广告、电影、纪录片一样，短视频也影响着人们的生活方式、思维方式和价值追求。

六、文化类节目叙事

文化类节目是一个十分宽泛的概念，一般是以知识普及、文化传承和道德教化为主要功能取向的电视节目（孙保国，2011）。我国的文化类节目诞生于20世纪80年代，随着电视机的普及和改革开放的开展，以启迪国民思想、普及文化教育为目的的电视文化类节目开始出现在电视机荧屏上。文化类节目的题材广泛，可以分为讲座类、科普类、访谈类、综艺类等。随着融媒体时代计算机、网络、智能手机的普及，文化类节目开始通过电脑、手机端，以微博、微信、抖音等APP小程序广泛播放。这些都是典型的视频类文化节目。除此以外，还有在特定场合进行现场表演的非视频文化类节目，这类节目在电视机出现以前就在民间广泛流传，通常是在节庆日进行。时至今日，在中秋节、春节、元宵节等重要的节日期间，带有节日色彩的优秀传统文化类节目仍在大街小巷中上演着。文化类节目以受众为主体，为扩大受众面，最大范围地实现其文化价值，如今比较流行的文化类节目一般同时具备文化性和娱乐性两种属性。多模态故事叙事成为文化类节目的常用表现形式。比如《国家宝藏》《见字如面》《经典咏流传》《朗读者》《典籍里的中国》等近年广为流行的文化类节目一般采用多模态故事叙事的方式，将历史、文物、汉字、文章背后的故事用多模态话语的形式演绎出来。

相对于21世纪初的《百家讲坛》《今日说法》等以专业主持人口头讲座式讲述经典和法律故事的文化类节目而言，《国家宝藏》《经典咏流传》等后期的文化类节目将舞台表演、主持人主持、嘉宾点评、视频播放甚至道具展示等多模态元素整合为一，创新叙事模式，调控叙事节奏，融入流行趣味，构建多重叙事空间，使观众获得身临其境的观感体验（范玉明、杨晓茹，2020）。镜头对史料影像的切换配以古今音乐的转换拓展了叙事的物理空间；解说、音乐、字幕、特定镜头等多模态话语符号将观众带入节目预设的富有想象力的心理空间和情感空间；视听模态还原历史画面，构建历史场域，形成历史空间；影像切换、道具展示、主持人引导和嘉宾解读提高了观众对故事叙事的认知层次，扩展了记忆空间。这些叙事空间相互联系、相互支撑，使整个节目形成立体化叙事，观众获得了沉浸式体验，并在感知和愉悦中思考、理解每个故事及其人物形象，实现情感共鸣和心灵震撼。在全媒体技术的加持下，文化类节目将严肃甚至对普通人来说陌生的主题、事件以多模态创新性叙事的方式演绎出来，充分实现节目的人文价值。

本章小结

本章我们探讨了多模态话语的缘起、多模态话语的研究对象、理论基础、研究路径、研究方法和研究价值，基于第二章探讨的话语与叙事的内在联系和叙事本身的多模态性，提出了“多模态话语叙事”的概念。根据模态的分类将多模态叙事分为视觉叙事和听觉叙事两个基本类型，并基于视听语法理论，阐释了视觉叙事和听觉叙事的原理和意义建构。然后，探讨了时下最为流行的、兼具视觉叙事与听觉叙事的电影、视频新闻、纪录片、短视频、视频广告和文化类节目共六类多模态话语叙事体裁的叙事特点和意义指向。本章和第二章对话语和叙事的关系、话语叙事以及多模态话语叙事的研究为后面几章奠定了理论基础。

第四章 多模态话语叙事与国际传播

第一节 叙事传播

一、叙事的传播特质

从传播的定义来看，“传播是人类赖以生存和发展的机制，是一切心灵符号及其在空间上传递、在时间上保存的手段”（Cooley，1909）。传播是人类生存和交流的基本方式，是人与人之间、人与社会之间通过有意义的符号进行信息传递、信息接收或反馈的活动。在整个人类历史进程中，一切社会交往都需要传播，传播是人们参与沟通的方式和过程。这一过程由信息发送者、媒介和信息接收者三个基本要素构成，信息传播者和接收者之间便形成了信息的传递关系或交换关系。可见，处理信息就是传播的实质，信息也是传播的基本内容。信息是个极为宽泛和抽象的概念，可以包括有关衣、食、住、行等一切生产与生活的交际内容，也可以包括天文、地理、人文、政治、经济、科技、生物、文化、军事等各专业领域的知识，还可以包括一切社会形态中的情感、心理、思想、观念、意识形态层面的抽象信息。总之，任何信息的传递和交换都可以被看成传播（谢柯、刘安洪，2014）。

了解了传播的内涵，我们再来看叙事与传播有何关系。结合叙事的本质来看，叙事就是讲故事或者说故事，讲故事要有故事讲述者、故事内容、传播媒介和听众，即是说，叙事涉及故事的叙述者、故事的内容、故事的传播媒介和故事聆听者。由此看来，叙事具备了传播的特质。任何故事都是讲故事者从真实世界里感知、获得、挑选并重组某些信息之后，再在头脑里对信息进行加工，结合个人联想、推理和想象，形成完整的故事，最终以语言符号等形式，通过书籍、报纸等印刷品，以及计算机、网络、广播、电视机等媒介传递出来。可见，叙事并非静态的文本类故事，而是一个讲述故事和传播故事的动态过程。在经典叙事学研究领域，叙事学主要对文学文本类叙事进行理论探索和文本分析，偏重于叙事的静态研究。所述故事也主要限于通过纸质文本类文学著作这一媒介进行故事传播，叙事的传播特质体现不明显。在融媒体时代，随着信息传播平台和渠道的数字化，多模态叙事成为故事叙事的主要方式。多模态叙事的最显著特点就是叙事的动态性、立体化，且更适应全媒体和融媒体时代各种传播媒介和传播平台传播信息的方式，叙事的传播特质也得以充分体现。

那么叙事是否等于传播？显然不是。传播包括人类社会一切信息的交流与转换，甚至发生在人体内部的信息交流或者内向传播，如思维、意识和个体对外界事物的感觉和理解等都是人的内向交流（董璐，2010）。这种内向交流是主我与客我进行自主沟通，实现自我内部调节的思维活动。换句话说，内向传播的核心是自我调节与管理。除了内向传播，其他传播方式都是外向传播，如人际传播、大众传播、组织传播、国际传播等。总之，传播强调信息的流通。而叙事则可以理解为人们通过语言符号和其他表意符号来建构和表达真实或虚构故事的行为，强调的是讲故事的方式和故事的内容。只不过，但凡是讲故事，都是讲给人听的，这其中就涉及信息的流通，使叙事也带有信息传播的色彩。因此，叙事不等于传播，但是叙事和传播具有共性，二者都涉及信息的流通。叙事是建构、描述、改编和叙述真实或虚构事件的行为过程，这一过程是特定信息传播中的一个环节，使叙事具有传播的特质。

二、叙事传播的内涵和研究范畴

我们在上段分析了叙事不等于传播，但叙事具有传播的特质，叙事本身也可被视为信息加工和传播的一个过程。那么，传播对叙事是否有影响？我们先回到叙事的本质上来。叙事的本质是用表意符号来建构和表达故事，故事形成之后便通过书籍、电影、连环画、纪录片、广播等媒介实体承载和传递出来，让广大读者、观众、听众能够了解和欣赏该故事。在此过程中，同一个故事可能会以不同的媒介实体承载和传递出来。比如文学著作《乱世佳人》《简·爱》《傲慢与偏见》《西游记》《水浒传》《红楼梦》，以及科幻著作《流浪地球》《星河战队》《银河帝国》《哈利·波特》等都被拍成了电影或者电视剧，通过视听叙事的形式“讲述”原著作中的故事。还有些著作，如《西游记》《红楼梦》，以及一些传说，如后羿射日、沉香救母等，又被改编成连环画或画册，以图文的形式展现故事内容。这些原本以著作或传说的形式传播的故事，随着科技的发展和媒介技术的日益发达，被转换或改编成影视作品或儿童画册的形式，通过影院、电视机、手机终端等路径进行再传播。在此过程中，故事内容和情节也可能被改编和再创造，以适应新时代读者或观众的审美和价值取向。有些故事甚至被改编成在线游戏，进入全新的传播模式。这种由混合媒介承载的故事叙述、传播、改编、再述、再传播的现象远远超过我们对一般叙事和传播的理解，因此，这种现象被人们称为“叙事传播”现象（臧国仁、蔡琰，2019）。

叙事传播不仅包括故事的叙述、传播、改编、转译、再创造、再传播这些核心概念，跨媒介的符号转换，参与者的能动，转述、改编过程中人性、思想与情感的角色，创意与想象在叙事传播中的地位，传播中各方（讲者、听者、旁听者、观者等）的特质、互动进而创造新故事的行为，以及彼此之间的相互影响和对整体社会环境的影响等要素也是叙事传播所涉及的范畴。叙事传播概念的产生引发我们思考叙事行为中的传播现象和传播行为中的叙事本质。在叙事传播中，自述、转述与他述的故事影响和改变着个人思想、行为及其与他人之间的互动关系，透过文字、影像、声音等意义符号所建构的话语及其在各种媒介载体中的意义呈现，让人们重新体验生活、人生，咀嚼情感并寻求智慧。如此看来，叙事传播整合了故事叙述与传播的各要素，将故事讲述者、故事内容、传播媒介、听者、故事转述者、故事改编、故事创新、新故事的载体和传播媒介、各方的互动与彼此的影响，以及故事在循环中对个人和社会的影响等要素全都涵盖在内，形成了一个更为系统完整的研究框架。

三、叙事传播的原理与机制

叙事传播体现了故事与体裁、媒介、传播的勾连。也可以说叙事传播实际上是故事穿越媒介进行循环传播的现象。叙事传播关注故事如何透过不同媒介再述、转载、流传，进而影响个人、群体甚至整个社会等命题。

这种以故事为传播活动核心的观点最早由文学批评与小说研究领域引入（Cragan、Shields，1995）。在大众传播领域，叙事理论约在20世纪90年代前后，随着后经典叙事学的兴起和叙事研究的泛化而逐渐被传播学研究者接纳。当前，叙事理论已经被来自大众传播、文学、话语分析、语言学等众多学科的学者关注，成为举足轻重的学术研究方向（Bird、Dardenne，2009），研究对象包括小说、诗歌等文学作品，童话、连环画等儿童作品，电视广告、电影、纪录片等视频叙事作品，以及广播等听觉叙事作品。叙事学成为典型的交叉学科，在不同专业领域，其研究的侧重点不同，也因此出现了很多类似但内涵有差异的概念，如"传播叙事""视听传播""叙事传播"等。本节的"叙事传播"从叙事的视角探讨故事由不同叙述者叙述、改编、创造，由不同媒介呈现和传递，以及不同的叙事现象如何被叙事研究者和传播者所用，以实现故事传播的最佳效果和最大影响力。下面我们就叙事传播的原理与机制进行简单介绍。

传统的文学叙事研究关注叙事原理、故事情节的建构、叙事模式、叙事空间等元素，属于学术层面的研究，不涉及文学作品中的故事传播。文学作品成为人们欣赏和品味故事、陶冶情操、提高涵养、丰富精神和情感、拓宽视野等满足个人精神、心理和思想需要的精神食粮。如果某一部文学著作或小说受到更多人欢迎，该著作或小说就销量更大，就会多次印刷，继续销售。在这一过程中，著作中的故事经由出版商到读者，实现单向传播，故事传播到此为止。叙事传播则始于叙事，终于传播。故事叙事和故事传播整合在一起，形成一个整体、系统的研究范式，关注故事叙事、故事传播、故事影响等各个环节的多个要素。我们还以文学叙事为例。一个作家完成一部文学作品，就是讲了一个情节复杂的故事。作品出版之后被出版社或书商售卖，读者买到书后，就自己阅读、欣赏、品味故事。有些读者对故事非常感兴趣，并且自己也有写作方面的天赋，就会尝试把故事中的某些情节融入自己的作品中，最终形成新的作品，重新投入市场，形成二次传播。有些著作因受到广大读者的热烈欢迎，会被不同的编剧加以改编、增添、拼装、挪用，拍成电影、电视连续剧、动画片等，通过电视机、网络、手机终端等媒介实现故事的多次传播。在整个过程中，叙事到传播不再是线性的、单一的，而是非线性的、交叉的、多元化的，叙事与传播紧密相连，形成一个系统的叙事传播网络。整个叙事传播的过程体现了叙事传播的原理和机制：叙事者所述文本自产出并刊出的那一刻起，首先传播到来自各方的读者（包括一般读者、编剧、文艺创作者等），一些读者将原故事改编、挪用、拼装成电视剧、电影、连环画、网络小说等新的叙事样态，再经由电视机、网络、电影投屏等媒介形成分享机制，使其持续在不同媒介与社群媒体转载、改造、增添、反拼装、再挪用、重新配置，甚至盗版，实现多次传播。在此过程中，原纸质文学作品中的故事最终以不同的叙事样态、不同的传播媒介、不同的话语方式呈现给更多的读者、听众和观众，实现了互动、交叉、循环式传播。

总结以上叙事传播的流程，叙事传播的原理和机制可以归结为：故事叙述→出版/广播/电视/网络→读者/听众/观众→故事重述、增添、改编、更新→再次出版、转载、视听播放→更多读者/听众/观众→……以此循环，原始的故事在不同体裁和媒介之间形成“互文性”“互媒性”“多媒性”甚至“跨媒性”（Grishakova、Ryan，2010；赖玉钗，2015；石安伶、李正忠，2014；江静之，2014；唐士哲，2014）等现象。在全媒体时代，不仅文学著作，其他叙事形态，如新闻、传说、人物传记等各种纪实类或虚构类故事都遵循上述叙事传播的原理与机制，以不同的话语样态和媒介实现反复重述与交叉循环传播，以不同的方式影响着人们的思想、情感、生活、工作等方方面面（关于其具体影响，我们将在本书的下篇“应用部分”予以讨论）。

第二节　多模态话语叙事传播

一、媒介变化与叙事传播的转换

传统的叙事与传播属于两个学科，传统的叙事学主要是文学叙事，传播主要是纪实类信息流通，二者似乎没有明显的交叉点。当然，传统的文学叙事也存在故事的单向、线性传递，但这不属于传统意义上的信息传播。随着叙事研究范畴的不断扩大，以及现代通信技术和媒介技术的进步，叙事样态日渐丰富，且逐渐与传统的广告、新闻等信息传播媒介融为一体，形成了如今广泛存在的多模态叙事样态，如电视新闻、视频广告、纪录片、电影、文化类节目、短视频等，在网络、电视机、智能手机、电脑、APP 等媒介技术和通信终端的支撑下，这些多模态叙事样态实现了海量视听故事叙事的广泛传播。在此情况下，叙事与传播原本独立的两个概念逐渐合二为一，形成了“叙事传播”这一新概念。我们在上文阐释了叙事传播的内涵、研究范畴和原理。分析发现，叙事传播与媒介有着千丝万缕的联系。确切地讲，媒介是连接“叙事”与“传播”的纽带，将这两个概念整合为一，形成“叙事传播”这一新概念。作为信息传播的渠道，媒介是各种传播工具的总称（董璐，2008），包括传统的报纸、期刊、杂志、图书、广播、电视机、电影等大众媒介，也包括以数字化形式传递信息的数字媒介，如光盘、数字电视机、智能手机、APP 应用程序等新媒介。新媒介是音频、视频技术与网络、手机等数字通信技术的结合（董璐，2008）。在电脑软件和手机应用程序的加持下，新媒介将传统媒介能够传递的信息实现数字化传播，并且将现实与虚拟时空的各种超文本连接起来，实现了信息的即时和互动传播。在此过程中，媒介会发生转换、融合，使传统的由“故事”与“论述”建构的叙事结构发生转变，也使叙事传播的原则、模式、路径、效果等发生变化。

那么媒介变化与叙事传播是如何转换的呢？在电视机出现之前，传统的文学叙事、新闻叙事、广告叙事主要靠刊物、著作、报纸等印刷媒介来传播。故事叙述遵循传统的、静态的文字叙述模式，故事中的人物对话、情节建构、形象塑造、时空建构、主题呈现、思想观点等一切要素都靠文字来建构和表达，再通过印刷媒介进行线性传播。随着印刷术的进步，后期的文本类叙事由纯文字叙事转向图文并存的二元话语叙事，其传播媒介仍是印刷媒介。后来，电影和电视机的出现改变了文本类叙事模式和信息传播方式，出现了超文本叙事，即用图像、影像、声音等多模态符号共同建构动态语篇，实现故事的动态叙事，并通过电影和电视机播放出来，实现更广泛的非线性传播。彩色电视屏幕和彩色电影银幕技术的出现增加了参与故事叙事的表意符号，使故事叙事更接近现实。20 世纪晚期以来，随着网络技术和计算机的逐渐普及，原本由电视机屏幕和电影银幕来承载和传播的故事开始出现在电脑屏幕上。传播媒介的发达使叙事实现了“跨界”移动及流变。同一个故事可以在漫画、小说、电影、新闻、广告、动画、游戏等多种叙事载体中出现，且在不同体裁甚至同一体裁内被改编、移植、转嫁。在此过程中，原始故事被一再颠覆或重新演绎和诠释，甚至形成了新故事，新故事有多个创新或可追溯的旧故事来源。这种现象使传统的以结构主义为基础的经典叙事在日益强大的传播能力和加快的传播速度的推动下必须重新定位。网络和计算机将世界各国、各地区的不同文化群体连接起来，来自各国各地区的影视作品、漫画、动画或游戏作品无论是出自历史、小说、童话还是新闻报道等原始素材，都能够集跨文化、跨时空、跨媒介于一体（Jenkins，2006），甚至并存和互文。讲故事者跨界成为听故事者，听者亦可能变成讲者，使得传统叙事理论的角色概念逐渐模糊。叙述与模仿相互影响，故事叙述与语言使用在快速的跨文化、跨媒介、跨文本类型背景下，远远超越了传统的叙事学、传播学、结构主义语言学的典范。社会进入了“后传播文化时代”（臧国仁、蔡琰，2019）。故事的内容和传播形态也成为流动的、无远弗届、追求速度的，并因以读者、观众和听众为主体而历久弥新。

总之，媒介的变化使经典叙事学所惯称的“静态叙事文本”（Ryan，2006）转向后经典叙事学的“动态过程”（Sommer，2012）。而且，这一动态过程是多向互动的，同一故事在多向互动中实现叙事创新。当然，媒介的丰富和媒介技术的日益发达加快了故事的传播速度，丰富了传播方式，扩大了故事的受众面，提高了传播效果。在当前的数字技术、融媒体技术和全媒体时代，叙事传播研究将进一步深化有关故事叙事与传播的研究主题，扩大叙事传播的研究范畴，探索和丰富故事建构、叙述、创新在不同文化和不同语境中的传播机制、路径及其社会文化价值。

二、作为大众叙事传播典范的多模态话语叙事传播

（一）多模态话语叙事是最普遍的叙事范式

叙事传播关注故事叙事与传播的系统性与完整性。在当今的融媒体和大众化传播时代，多模态话语叙事是故事叙事的普遍方式，加之全媒体传播技术的普及，多模态话语叙事传播成为大众叙事传播的典范。早期，叙事学与传播学都曾受到语言学和符号学的影响。经典叙事学初期甚至以语言学结构主义的语法为基础，因此，又被称为结构主义叙事学。结构主义叙事学企图基于语言学模式总结出一套具有普适意义的叙事语法。然而，叙事本质上是讲故事，讲故事便涉及具体的社会文化语境。叙事学的应有之义还在于通过叙事研究帮助人们更好地理解社会文化语境中的各种叙事现象。而当初结构主义语言学研究往往脱离真实语境，从语言结构本身研究纯语言符号的表意机制。这固然有助于推进叙事作品中的话语研究，以及如何更好地利用话语来实现故事的理想叙述效果。但是，随着叙事学研究范畴的扩大，尤其是进入 20 世纪 80 年代以来，很多西方学者热衷于文

学批评和文学作品的意识形态研究，那种基于结构主义语言学纯理论层面的叙事理论不能满足这种研究的需要。叙事学理论不得不借鉴女性主义理论、巴赫金的对话理论、修辞学、语篇分析、精神分析、心理分析等众多理论和研究视角。在此背景下，经典叙事学逐渐进入后经典叙事学时代，研究范畴进一步扩大，研究理论更加丰富。加之媒介技术和数字网络技术的发展，视频类多模态话语叙事作品，如电影、电视剧、视频广告、短视频、文化类节目等逐渐取代印刷类叙事作品在叙事界的主导地位，多模态话语叙事成为应用最为普遍的故事叙事范式。

（二）新媒体适用于多模态话语叙事作品的建构、改造、更新和传播

相对于传统文学作品对印刷媒介的绝对依赖和单向传播而言，多模态叙事作品更依赖于数字技术、网络、计算机和智能手机等新媒介来实现多向传播。其主要原因在于新媒介具有强大的兼容性、智能性、便捷性和可操作性。就兼容性而言，新媒体可以兼容电子文本类叙事和视频类叙事。传统的印刷类文学作品、儿童连环画、小说等可以被电子文本取代，以电子书的形式出现在计算机、手机终端上，读者可随时联网阅读。电影、电视剧、视频广告、纪录片等多模态话语叙事作品都可以通过网络整体搬迁至电脑和手机屏幕上，用户可以随时点击播放、回放。有些电视机甚至可与网络连接，既可以作为电视机，又可以作为电脑显示器，以方便用户随时切换使用。曾经遍及千家万户的电视机有的已被电脑取代，在一些年轻人家中，几乎看不到电视机的影子，即使能看到，也多是作为摆设而存在。智能性和便捷性较强的当属智能手机，它不仅拥有电脑的绝大多数功能，在视频播放和阅读方面更是比电脑还智能、方便。用户可以随时、随地连接网络，打开网页或应用程序，阅读美文、欣赏视频，进行工作和学习。海量的电子书和视频资料都可以通过网络实现云存储或在线观看。不仅如此，来自世界各地的读者或观众还可以就其所阅读的文学作品或观看的视频节目展开在线交流、讨论，互相推送，加快故事的横向和纵向传播。此外，随着软件的升级换代，智能手机的易操作性不断增强。它不仅兼容了电脑和电视机的播放功能，还兼容了照相机、录像机、录音机等录制功能。一个人就可设置好手机，进行视频录制，再自行进行编辑处理，将发生在身边的故事即时上传至网络，实现故事的“病毒裂变式”传播。

大量的多模态话语叙事作品经由新媒体呈现，然后故事被改编、嫁接、补充和更新，形成新的版本或全新的故事，甚至以另一种体裁类别的

多模态叙事作品形式出现，然后继续被改编、复制和转发。这种非线性传播不可避免地使得初始故事产生形变、量变甚至质变。这种大众化参与故事叙事与传播的态势使整个社会都在参与非线性的故事叙事与互动传播，进而直接冲击了传统媒体组织的结构与再造议题。传统的报纸、广播、有线电视甚至大量印刷体小说开始销声匿迹，逐渐被新媒体取代。多模态话语叙事与传播媒介之间形成相互适应、相互补充、携手创新的互动关系。一方面，海量多模态叙事作品经由新媒体呈现和传播，促进了新媒体的更新换代，使之更适应不同类别多模态叙事作品传播的需要；另一方面，新媒体的升级与创新以其强大的功能推动了多模态叙事类型的更新和多模态叙事作品的互动，其所引发的非线性互动加快了叙事元素的流动、迁移、借用和变形，进而引发了多模态叙事类型的混合和新的叙事类型的诞生。多模态话语叙事与新媒介的互动关系推动了多模态话语叙事传播的普及和进一步发展。

（三）多模态话语叙事传播的原理与机制

从故事叙事与传播的顺序来看，先有故事叙述，后有传播，多模态话语叙事传播也是如此。所不同的是，多模态话语叙事传播在故事叙事与传播之后，故事原型会因非线性的多元传播而实现更新、再造，形成新版本或新故事而再次经由媒介进入大众传播中，继续影响读者、观众和听众。因此，相对于传统印刷媒介背景下故事的线性传播而言，故事的多模态话语叙事传播更为复杂，影响范围更大，影响力更为深远。下面，我们介绍一下多模态话语叙事传播的具体原理和机制。

第一步，故事的建构与表达。各种事实的、虚构的、初始的或更新的故事以电影、电视新闻、短视频、电视广告、童话、连环画、小说等体裁类型，通过多模态动态语篇实现故事建构，再通过智能手机、数字电视机、电脑等媒介屏幕，以多模态符号实现意义表达和传递。这一阶段主要是故事的叙述和表达阶段，涉及故事讲述者、建构故事的多模态符号和呈现故事的媒介。第二步，故事的初次传播。故事无论是通过哪种体裁如二元或三元及以上的多模态话语来建构和表达，其目的都是实现传播。故事在叙述完成之后，通过各种媒介实现多元传播。故事接收者通过不同的媒介，以读者、观众或听众的身份来接收故事、欣赏故事。这一阶段主要是故事的传播与接收，涉及故事的传播渠道、媒介实体和故事接收者。第三步，故事的转载、再造、更新和再传播。在初次传播过程中，故事的观看者、阅读者或听者会通过媒介平台参与对故事的评价、讨论、转载，甚至利用新媒体技术对故事进行改编，从而以不同的方式参与到故事的再建构与再传播中。如评论电影、新闻或小说，撰写文章或评论，拍摄纪录片或短视频，制作绘本或连环画，创作艺术表演或电子游戏等，只要这些行为是基于对其所听、所看到的故事而为，就是参与故事传播的行为。

以上三步就是多模态话语叙事传播的基本原理和流动机制。前两步与传统的文学叙事传播基本一样，是单向的、线性的，比较容易理解。第三步是多模态话语叙事与传播的复杂系统，所包含的各类互动关系难以厘清，也不宜得出简单的结论。初始故事要么在非线性、多元化、多模态话语的叙事与传播中失去新意，最终消失，要么在不断的改编、更新、嫁接中形成新的故事主题，继续传播下去，进一步影响人们的生活和工作，对人类社会产生更深远的影响。在多模态话语叙事传播中，故事传播的目的、意义、符号与类型在连续变化中体现了多模态话语叙事传播的机动性和随时更迭的能力。多模态话语叙事传播在不断的整合中也体现出其不同于传统的叙事和传播行为。因此，多模态话语叙事传播可被视为具有生机与活力的动力系统，具有自我参照、自我再造和他者辅助再造的能力。此外，多模态话语叙事传播因涉及不同民族、不同文化、不同语境中的故事讲述者和故事接收者，因而包含了更为丰富的文化元素和情景元素。比如，中国的花木兰替父从军的故事流传到美国之后，被融入美国文化元素，改编成完全不同的故事主题和情节内容。美国版的木兰从军故事又以电影的叙事形式在中国的媒体上出现，影响着中国观众的认知、思想、情感和生活。

综上所述，多模态话语叙事的非线性传播和交互机制不仅对信息和故事本身具有强大的传播和重建功能，还会推动媒介的转型、重组和更新换代，并使得那些具有创意的且能重组初始故事元素者创造出新的带有异域文化特色的故事，这将对初始故事本身和其所内含的价值观念、思想理念及意识形态产生冲击。从这个意义上讲，多模态话语叙事传播可能会涉及不同文化之间的较量，对文化软实力和文化话语权产生影响。我们将在第五章进一步讨论该话题。

第三节　多模态话语叙事的国际传播

一、故事叙事与国际传播

讲故事的直接目的是以故事的方式传递某些信息。有些故事是个人见闻或个人趣事，仅限于以口头方式讲给家人、熟人等少量的人听。在自媒体、新媒体和全媒体共存的时代，那些个人见闻或个人趣事也会被拍成视频，通过网络和数字媒介进行广泛传播。有些故事涉及集体、组织甚至国家大事，要用多种方式和多种路径实现广泛传播甚至国际传播。有些故事是作家虚构的带有文学性质和意义的，以文学作品的形式存在的小说或鸿篇巨制，旨在向更多人传播，包括国际传播。还有些故事，真实的、半真实的、虚构的，往往具有深刻的主题、人文性、娱乐性，这些故事经编剧编写或改编，再通过电影、电视新闻、短视频、视频广告等方式多模态动态语篇和各种传播路径、传播平台实现最广泛的传播，以实现其商业价值或人文价值。可见，故事叙事往往不限于小范围内的流传，而是有目的、有组织的向外传播，甚至要实现跨境传播、国际化传播。

那么故事叙事一般怎样实现国际传播呢？我们来梳理一下叙事传播的发展轨迹。在进入印刷时代以前，故事叙事完全依赖口头传播。一传十，十传百，百传千……如果故事的趣味性强或有很大实用价值，便可以实现更大范围内传播，甚至漂洋过海，慢慢实现跨境传播和国际传播。这种传播方式的时间往往很漫长。如公元 13 世纪的意大利旅行家、商人马可·波罗，曾在中亚、西亚、东南亚的很多国家旅居，在中国待的时间最长，长达 17 年，最终形成了著名的《马可·波罗游记》。他在游记里介绍了很多东方世界的情况，尤其是当时中国元朝的故事，包括商家贸易、居民风俗、宗教信仰、朝章国故以及国家的琐闻轶事等。欧洲人通过他的游记开始了解中国，有关中国的故事也是自那个时代开始以口头和印刷媒介在欧洲传播的。然而，从马可·波罗对书中故事的见闻到故事的国际传播，时间跨度长达几十年。马可·波罗 1271 年到达中国，1298 年他口述其在亚洲的故事，由比萨人鲁思娣谦笔录成书，《马可·波罗游记》才得以问世。也就是说，14 世纪的欧洲人通过游记了解的中国其实是中国 13 世纪后期的中国。可见，以口头形式实现故事的国际传播花费的时间长、传播的效果差。当然，这也是当时交通不便、印刷术出现之前传播技术落后等客观现实造成的。

随着印刷术的普及和交通的逐渐便利，以印刷媒介进行故事传播，大大提高了故事的传播效率。最典型的是在印刷媒介时代，故事通过书籍和报纸广泛传播，并通过人工翻译转换成不同语言的版本，继续在世界各地印刷出版。因此，印刷时代的故事传播开始具备真正实现国际传播的条件。但是，故事通过印刷媒介进行国际传播明显受到时间和空间的限制。一本文学著作或者小说首先要被翻译成他国语言，然后再出版，再流通，继而才能真正实现国际传播。这期间的时间和空间跨度往往比较长。在人类社会进入电视和广播时代以后，信息传播的速度大大加快，尤其是卫星广播和卫星电视的出现大大加快了信息传播的速度。一些文学著作可以以听觉叙事的方式，通过卫星广播实现国际传播，也可以被拍摄成电视剧或者电影，以多模态话语叙事的方式实现国际传播。进入计算机和网络时代以来，叙事、媒介与传播融为一体，故事的国际传播几乎不受时间和空间限制，传播速度呈几何速度增长。时至今日，随着数字媒介技术的发展，智能手机、网络电视机、数字电视机、数字网络与计算机将所有信息传播媒介融合在一起，人类社会已经进入融媒体和全媒体时代，故事叙事与国际传播几乎同步进行，故事叙事全面进入国际传播的新时代。

二、多模态故事叙事的国际传播机制

从故事的国际传播机制来看，在全媒体时代，多模态故事叙事主要依靠网络和数字技术为支撑的融媒体来实现故事的国际化传播。首先，多模态话语叙事的最佳国际化传播效果依赖于网络和数字技术。因为多模态话语叙事主要以电影、纪录片、视频广告、短视频、视频新闻、绘本、连环画、海报等由二元和三元模态建构的语篇进行故事叙事。其中，由三元以上模态构成的多模态话语叙事作品是受众面最广，也是最为流行的故事叙事样态，这些多模态叙事作品的国际化传播对网络和数字技术的依赖性最强。其他由二元模态建构的多模态话语叙事作品也可以以电子文本的形式，通过网络和数字技术实现国际传播，其传播速度远胜于纸质媒介的流通对故事的传播速度。其次，多模态故事叙事需要融媒体来实现故事的多向、交互、裂变式传播。任何故事的最初叙事形式不外乎口头叙事、文字叙事或多模态符号叙事。并且，同一故事可以在这三种叙事形式之间转换。故事的口头叙事可以转换成文字叙事，文字叙事也可以转换成多模态话语叙事。叙事样态的转换需要相应的媒介来承载和传播。比如，将故事的口头叙事转换成文字叙事，就需要印刷媒介来承载和传播；如将故事的文字叙事转换成动态的多模态叙事，就需要电视机、电脑、网络等能够承载视频类叙事作品的媒介来实现故事的国际化传播。此外，故事在传播过程中会被一些故事接收者改造、增添、删减、拼接、重新配置成新的故事内容和叙事样态。正如廖冠智、薛永浩（2013）所认为的："网络媒体让传统故事的呈现形态有了不同风貌与变革，结合多元媒介素材形成丰富多元的叙事空间，突破传统线性的阅听形态，让作者、读者与文本产生微妙的变化。"如今的网络媒体在数字技术的加持下形成了先进的融媒体，不仅丰富和拓展了故事的叙事空间，还使故事在改造、更新中伴随着故事讲述者、故事承载和传播媒介以及故事接收者之间的互动与角色转换，使故事实现二次甚至多次传播。可见，多模态话语叙事的国际传播机制也是故事的"分享"和"改造"机制。

显然，多模态故事叙事的国际传播是由多模态话语建构和叙述故事，并借助网络、数字和全媒体技术实现跨界流动、更新、转换和交互式传播的过程。值得注意的是，在网络和数字技术支持下的全媒体时代，计算机、数字电视机和智能手机几乎吸纳和支撑了一切信息及其流通。这些信息通过各种网络连接、电视机、手机 APP，最终被使用者接收、改编、嫁接或直接转载，最终实现循环流通或者销声匿迹。故事是这些所有流通信息中的一部分，也是最博人眼球的一部分。正如列夫·托尔斯泰所言，故事总是传达着具有感染力的情感（转引自 n. d. Banach，2015）。叙事就是情感的外显符号形式（刘大基、傅志强、周发祥，1991）。在融媒体上流通的信息，除了纪实类、学术类、职业类和专业类等信息以外，绝大部分信息是与情绪和情感有关的故事叙事。多模态话语叙事作为最为普遍的叙事范式，具有理解上的通约性，最适合于国际传播。电影、视频广告、纪录片、短视频、文艺表演等多模态叙事作品能够超越语言本身的局限性，将故事内容、情感、情绪等一切感性和绝大多数理性信息传递给受众，兼顾了受众对喜怒哀乐、爱恨情仇的敏感性，满足了受众对兴奋、快乐、享受、焦虑、成就感、趣味、慰藉、羞愧、窘迫、蔑视等情绪和情感的内在需要。换句话说，多模态故事叙事以国际化叙事方式反映了人文情感，尤其是人类社会的共识性社会情感，在融媒体和全媒体时代，具有国际传播的先天优势。

可以说，文字印刷术解决了人类通过语言文字来学习文化知识，进行信息交流和情感交流的基本需要。网络、数字技术和全媒体加快了信息流通速度，便捷了人们的学习和交流，更重要的是，满足了普通大众和社会精英们的情感和情绪需要。各民族、各地区的人们可以随时随地通过网络和全媒体了解异域文化，开展互动交流，不再完全被动地依赖传统的印刷媒介和官方的电视新闻来了解世界。多模态故事叙事和国际传播使人类社会真正形成了一个全球化交流的共同体。

本章小结

本章我们首先基于叙事和传播的关系，明确了在融媒体时代，叙事和传播实际上是一个有机整体。同一个故事可以由不同的媒介承载和传播，并在跨界叙事与互动中实现创新、改编和再传播。我们将故事的叙事、传播、改编、再传播……如此循环的过程称为叙事传播。作为一个新的研究方向，叙事传播包括了故事叙事与传播的各要素，将讲故事者、故事内容、故事传播媒介、故事接收者、故事转述者、故事的改编、新故事的载体和传播媒介以及故事在循环传播中对社会的影响等要素全都包括在内。因此，我们提出，叙事传播是一个系统的研究课题。其次，我们分析了媒介变化与叙事传播的转换。在网络、数字技术和融媒体时代，多模态话语叙事传播已经成为大众化叙事传播的典范。其主要原因有两点：一是多模态话语叙事是最普遍的叙事范式。二是新媒体适用于多模态话语叙事作品的建构、更新和再传播。在此基础上，我们分析了多模态话语叙事传播的原理与机制。分析发现，多模态话语叙事传播是一个具有生机与活力的动力系统，具有参照、更新与再创造的能力，对社会文化具有深远影响。最后，我们探讨了多模态话语叙事的国际传播。在当今的信息化、数字化和全媒体时代，多模态话语叙事克服了语言文字的局限性，具有理解上的通约性，因而，具有国际传播的先天优势。在多模态话语叙事传播中，多元媒介元素本身影响并改变着故事的呈现样态，丰富和拓展了叙事空间，也使故事传播者和故事接收者的角色在故事传播中发生转换。人类社会也因多模态故事叙事与国际传播而形成了一个真正意义上的全球化交流共同体。

第五章　中国故事的多模态话语叙事

第一节　“讲好中国故事”概述

一、“讲好中国故事”的缘起和内涵

近代以来，中国遭受了多次外敌入侵，常年的战争使国家千疮百孔，民不聊生。最终，在中国共产党的领导下实现了民族独立，中国开始走上独立自主的发展道路。改革开放40多年来，尤其是党的十八大以来，我国的经济社会发展取得了巨大成就，综合国力、在世界上的影响力和感召力也不断提升，国际地位得到大幅度提高。在此背景下，中国在各类国际事务中发挥着越来越重要的作用。并且，中国在5 000年文明发展史中形成了天下大同、仁义礼智、和谐共生、和而不同、己所不欲勿施于人等思想，赋予了中国人民爱和平、崇正义、尚和合、求大同等特质。复兴中的中国希望与其他发展中国家分享发展经验，将本国先进的发展理念和发展模式推广至其他国家，旨在帮助更多发展中国家实现快速发展，提高广大发展中国家的国际地位和国际话语权，改变不合理的国际政治经济秩序，构建人类命运共同体，为人类进步和世界和平发展做出更大贡献。

然而，面对中国的日益崛起和中华民族的伟大复兴，世界各国对中国持不同的态度。有兴奋、欣慰，也有顾忌、怀疑，甚至还有敌意和对抗。这与各国对中国的了解不够，部分发达国家以强欺弱的霸权主义思想，以及此起彼伏的区域动荡有关。要解除一些国家对中国的误会，消解部分敌对势力所宣扬的“中国威胁论”“中国傲慢论”“中国债务陷阱”等的负

面影响，让世界了解真实、立体的中国，推进人类命运共同体的实现，必须要加强国际传播能力、思想理论体系、话语体系和叙事体系建设，改变长期以来作为“他者”被塑造的国际形象和“失语”状态，解构西方的话语霸权，实现中国国际形象由“他塑”到“自塑”。要实现这些目标，需要全国各族人民，各行各界人士，以及海外华人，以多种话语方式、叙事模式和传播媒介，向世界介绍中国。以往的官方宣传往往语言正式、严肃，甚至刻板，受众面有限，传播效果不佳。因此，必须改变话语方式和宣传模式，以生动的故事叙事来表达丰富的中国文化、思想价值、理论体系，解释中国的历史、现在和未来发展理念。因为，相对于说教和官方的正式宣传而言，人们更喜欢听故事。讲故事和听故事是全人类共同的爱好，也是全人类共享的交流模式。因此，以故事叙事的方式来介绍中国、展示中国，具有最佳的传播效果和更大的国际意义。

早在 2013 年的全国宣传思想工作会议上，习近平总书记就提出了要创新对外传播方式，“讲好中国故事”“传播好中国声音”。“讲好中国故事”的表述首次被正式提出。2016 年，第十二届全国人大四次会议审议通过了《中华人民共和国国民经济和社会发展第十三个五年规划纲要》，在纲要中提出了“中国故事”这个时代命题，“讲好中国故事”成为时代使命。2017 年党的十九大报告指出：“推进国际传播能力建设，讲好中国故事，展现真实、立体、全面的中国，提高国家文化软实力。”2021 年 5 月 31 日，习近平总书记在中共中央政治局第三十次集体学习时强调：“要加快构建中国话语和叙事体系……更加充分、更加鲜明地展现中国故事及其背后的思想力量和精神力量。”不难看出，这些纲领性文件和国家领导人的正式讲话使“讲好中国故事”的内涵和宣传理念被不断明确、扩展和深化，逐渐深入到社会的各个层面。“讲好中国故事”成为对外展示中国，传播中国文化、思想、价值、理论和精神的重要方式。

综上所述，“讲好中国故事”不是一般意义上的讲故事，“中国故事”也并非中国文化中的神话、民间故事和个人趣事。“讲好中国故事”是以各种有效的话语方式、叙事模式、叙事策略、传播平台和传播媒介将中国丰富的社会文化、经济、政治、制度、军事、外交、环保等各方面的历史与现实情况，及其所涉及的相关思想主张、理论体系、价值理念和精神追求传播至世界各地，并且实现最大范围内的传播和最佳的传播效果，以此让世界认识真正的中国。由此看来，“讲好中国故事”本质上是以讲故事这样生动的方式来描述中国，阐释中国思想、理论和精神，传递全球治理中的中国智慧和中国方案。“讲好中国故事”是国家层面的发展战略，是时代使命。因为，中国故事不仅包括中国自身的历史、现实和未来，更关系到中国在世界上的形象和影响力，以及中国与世界各国共同发展等重大主题。从这个意义上讲，“讲好中国故事”是一个事关中国发展与世界各国和平、发展、共赢的宏大主题。

二、“讲好中国故事”的主要研究范畴

目前，“讲好中国故事”已经成为具有时代使命的重要课题，引起了来自哲学社会科学、艺术、传播等各领域学者的关注，研究范畴也不断扩大。根据其内涵及时代使命，“讲好中国故事”包括以下几方面研究主题：

一是“中国故事”的范畴。我们要“讲好中国故事”，首先要明确要讲什么故事，即中国故事本身包括哪些范畴，所涉及的领域有哪些，层次有哪些，主题和主要内容是什么等。从范围上看，中国故事包罗万象，包括中国经济故事、文化故事、政治故事、制度故事、军事故事、外交故事、环保故事等。正如习近平总书记2016年2月在党的新闻舆论工作座谈会上高度概括的：“要讲好中国特色社会主义的故事，讲好中国梦的故事，讲好中国人的故事，讲好中华优秀文化的故事，讲好中国和平发展的故事。”我们要通过上述不同领域的具体故事来体现中国特色社会主义的优越性，体现“中国梦”的美好愿景，体现中国人的真实形象，体现中国优秀文化以及和平发展的理念与实践。这些也是世界上所有国家都关心的领域，与一国自身的发展、人类的进步都息息相关，容易引起故事接收者的关注。从层次上看，中国故事包括中国的历史、现在和未来发展走向。一个国家的历史代表该国的文明根基，预示着该国的发展走向。中国有5 000多年不间断发展的文明史，具有丰富的文化思想和璀璨的文化底蕴。但是，现在世界上很多国家对中国历史的了解主要停留在部分西方传教士、西方政治家和西方媒体对中国片面和主观的描述之上。虽然早在13~18世纪，很多西方国家通过利玛窦等传教士和航海家了解了当时处于鼎盛时期的中国文化、科技、制度，中华民族一度被认为是全世界最聪明、最礼貌、最发达、治理最好的民族（伏尔泰，1991），但是从18世纪后期到20世纪前期，随着西方工业革命的开展，资本主义快速发展，其政治制度有了进步，并且通过对其他国家的掠夺和侵略，使包括中国在内的很多国家

走向衰败。一些西方学者、政治家，如孟德斯鸠等，为了证明资本主义三权分立的优越性，夸张描述中国封建社会的专制、封闭、愚昧和落后。尤其是1840年鸦片战争以后，中国陷入了近代民族屈辱的泥潭，从“东方睡狮”到“东亚病夫”。一些西方人把中国的落后归因于中国政治的专制顽固、中国文化的腐朽和国民性的低劣，于是便出现了“支那”“华人与狗不得入内”“黄祸论”等贬低中国人的说法，并借助于与资本主义经济、技术同步发展的传播媒介，将这些负面标签传播至世界各地，中国在国际上的形象一落千丈。可以说，中国近代的国际形象完全由“他塑”形成。在相当长的一个时间，中国在国际上没有话语权。中国的这些负面形象成为很多国家几代人根深蒂固的偏见的来源。因此，我们必须对外讲好中国的历史故事，让世界人民了解真实的中国历史及其发展和演变过程。同样，我们应借助现有的比较发达的传媒技术和传播机制，讲好当下的中国故事和未来的发展理念、发展趋势，向世界人民展示发展中的中国。从维度上看，中国故事是中国文化的外在表现，包含话语体系、思想逻辑和价值意蕴（佘双好、郭维，2022）。要借助中国故事的具体内容，通过多元话语、叙事策略以及广泛的传播媒介来建构和表达相应的话语体系、思想逻辑和内在的价值意蕴，并借助中国故事传播，提升我国的文化软实力、展示国家形象、彰显中国价值。概言之，中国故事本身具有很广泛的研究范畴，从纵向的有关中国的过去、现在和未来的故事，到横向的各领域建设中的故事、故事的多个维度和多样化的故事选题，以及具体的故事内容等，都是“讲好中国故事”需要研究的范畴。

二是如何“讲好中国故事”。“讲好中国故事”需要恰当的话语与叙事，这就涉及故事讲述者、故事内容的呈现、故事接收者和故事传播。首先，“讲好中国故事”需要研究中国故事的话语建构、话语表达和话语传播。“讲好中国故事”不仅是对外的命题，也是对内的命题。并不是每个中国人都了解自己的国家，都善于讲故事，或者都愿意讲故事。让本国民众深入了解中国，树立民族自信、文化自信，提高话语建构能力和故事表达能力，是“讲好中国故事”的前提条件。因此，要培养大批能“讲好中国故事”的人，要关注中国故事的话语传播，包括传播路径、传播实践和传播效果的研究。其次，要注重故事主题的挖掘和故事内容的叙事。要实现中国故事最大范围的传播和最佳的传播效果，必须提炼故事主题，丰富故事内容，既要研究严肃主题和国家故事的宏大叙事，又要关注轻松话题和民间故事的小微叙事。再次，要加强对故事接收对象的研究。没有听众的故事不是好故事，讲了没人听的故事更不是好故事。要“讲好中国故事”必须了解故事接收对象，根据故事接收对象的文化背景、思维模式、语言风格、知识水平等要素来确定讲故事的话语风格和叙事模式。最后，对故事内容及其内含的思想理念和精神价值的呈现方式的研究，也是“讲好中国故事”的重要研究内容。尤其是对外“讲好中国故事”的研究，语言障碍和文化障碍在故事理解中是不可避免的因素。采用什么样的话语方式、何种话语媒介、哪种传播平台进行中国故事的话语建构、表达和对外传播，都需要进行全面探究。

三是“中国故事”的对外传播问题。虽然，在通常情况下，讲故事与传播故事往往是同时进行的，但是，如果要实现故事的最佳传播效果，尤其是故事对外传播的最佳效果，就需要整合故事叙事与国际传播研究，探究中国故事的传播方式、传播平台、传播策略和传播路径等要素。在中国近代史上，中国国际形象不佳很大程度上要归因于中国的国际传播实力弱，中国的国际形象在西方强大的媒介传播和舆论引导中被“他塑”起来。如今，中国已经发生了翻天覆地的变化，经济、文化、军事等各方面实力得到极大提升，但是，中国的对外话语权仍没有得到应有的提高，国际形象也没有得到明显改善，这与长期以来我们的传播能力不强，在国际上“说了传不开”有很大关系。因此，加强国际传播能力建设已经成为党的十八大以来的重要使命。“讲好中国故事”，实现中国故事的最佳、最广传播效果，必须加强国际传播能力建设。在此情况下，有关中国故事传播的媒体、媒介、平台、策略、机制、路径等方面的研究成为中国故事传播的主要研究内容。

三、“讲好中国故事”的现实意义

前文我们谈及“讲好中国故事”的缘起，以及“讲好中国故事”对中国、对世界都具有重要意义。概括地讲，“讲好中国故事”既连接着中国自身的历史、现在和未来，也关系到中国与世界各国共同发展这一重大主题，“讲好中国故事”是一个事关中国和平发展，以及中国和世界各国合作共赢的战略性问题（徐占忱，2014），对中国未来发展和人类进步都具有重要意义。下面我们具体探讨“讲好中国故事”的意义有哪些。

（一）“讲好中国故事”是向国际社会呈现中国真实形象的有效方式

前文结合历史，谈及近现代中国的国际形象主要是“他塑”形成的，带有极大的主观性、误导性、偏激性，甚至带有污蔑的色彩，致使近百年来，中国的国际形象并不符合事实，这严重损害了中国人民的利益，阻碍了中国的发展和中国与他国建立国际关系、开展国际合作的进程。我们要通过“讲好中国故事”来向世界人民讲清中国的历史传统、现有的基本国情、经济发展、制度优势、民主政治、文化思想、外交原则、中国人民的美好意愿、中国未来的发展理念等，同时也不讳言中国发展所面临的问题和困难，甚至存在的亟待改善的方面。总之，要通过“讲好中国故事”，向世界展示真实、立体的中国，纠正传统上西方世界对中国的“片面化”“歪曲化”“碎片化”的形象塑造，还给世界一个真实、完整的中国图式，使国际社会重新认识中国。

（二）“讲好中国故事”有利于提升中国的文化软实力和国际话语权

当今世界，一国的国际地位和国际话语权除了跟其经济实力和军事实力这些硬实力相关以外，软实力也同样发挥着重要作用。自从美国哈佛大学的约瑟夫·奈教授提出“软实力”这一概念以来，“软实力”受到国际社会的广泛认可。毕竟，科技的发展让世界各国越来越紧密地联系在一起，和平与发展已成为世界主题，侵略和战争不得人心。靠发动军事行动来彰显自己的实力不仅不能提高自己的国际地位，反而会受到国际社会的抵制。软实力来自一个国家的文化思想、政治理念和政策主张等方面的吸引力。一国的价值观念、文化思想、政治立场和政策主张若得到国际社会的普遍认可和接受，该国在国际上便具有了更大吸引力、影响力和感召力，其软实力和国际话语权就会得到提高。当前，中国的经济和军事实力已经得到极大提高，国际上有目共睹。但是中国在国际上的影响力和话语权仍没有得到相应的提高。加之，西方一些反华势力长期不间断地宣扬“中国威胁论”“中国债务陷阱”等负面言论，中国自身的思想理论体系和价值体系未能实现有效的国际化表达和传播，致使中国的文化软实力和国际话语权未能实现大幅提升。“讲好中国故事”是增强价值认同的重要手段（蔺叶坤，2022）。通过讲故事这种国际化表达方式能够全面、生动、委婉地展示中国文化、中国思想、中国价值和政策主张，并将中国悠久的历史、深厚的文化积淀、平等的处事态度、雍容大度的民族品质、民主和法治的日益完善，以及充满活力的社会风貌通过真实的故事和人物体现出来。这种有事实、有真相、易理解的中国故事及其所内含的文化思想和价值精神更容易被国际社会理解和接受，有利于重塑中国的国际形象，提高中国的文化软实力和国际话语权。

（三）“讲好中国故事”能够更好地解答国际社会对中国在当下国际格局变化中扮演角色的追问

近年来，全球经济重心向东移动，以中国、印度、韩国为代表的新兴经济体群体崛起，这逐渐改变了长期以来西方主导和支配世界的国际格局，也让那些老牌发达国家感到不安。此外，新兴经济体的崛起也可能带来地缘政治和国家利益的重构，使西方老牌发达国家忌惮中国，开始重新审视中国的发展模式和中国的走向问题。在这种情况下，中国不能置身事外，自顾自地走自己的路，对国际上的一些恐惧和怀疑不管不问，那样只会让“中国威胁论”“中国责任论”“中国债务论”等负面言论在反华势力的推波助澜下愈演愈烈，一些不明真相的外国政府和民众会因此而本能地抵制中国，中国与一些国家本不稳定的关系可能会走向恶化。因此，我们要“讲好中国故事”，向世界传递中国声音，让世界知道中国是什么样的国家，中国人是什么样的人，中国要走何种道路，中国要给世界带来什么，中国要在世界上扮演怎样的角色。唯有如此，中国才能让国际社会认识中国、理解中国和支持中国。

（四）“讲好中国故事”是增强国际社会价值认同的重要手段

人类社会的所有文化都是建立在适应自然环境，进行社会生产，繁衍和哺育后代等基本社会实践基础上的。虽然由于地理环境、历史发展轨迹的不同，世界各国形成了具有民族特色的文化，但是这些不同文化的基本成分都形成于相似的生产和生活实践，因而必然都蕴含着人类共同的、普遍的价值需要。基丁人类文明的这一共性，中国从璀璨多样的人类文明中提炼出和平、发展、公平、正义、民主、自由等全人类共同价值。西方世界所倡导的“普世价值”是建立在西方资本主义制度之上的价值体系，并把资本主义视为人类最美好的制度，否认其他文明存在的合理性及其优秀成分，并企图向全世界推广这一制度下的价值体系，结果却加剧了不同文明之间的冲突。中国提出的共同价值承认文明的多样性，提倡不同文明之间相互尊重、相互借鉴、和谐共存，并在具体的国际事务中，责任共担、权利共享，共建人类命运共同体。然而，由于国际社会对中国不够了解，仅通过文字表达不足以区分“共同价值”和“普世价值”的本质区别。加之，中国长期以来被“他塑”和污名化的国际形象，致使“共同价值”理念不能很好地得到国际社会的理解和认同。因此，我们必须通过“讲好中国故事”，通过有效的话语叙事手段，讲好中华文化的故事、和平发展的故事、人民友好交流的故事、“中国梦”的故事和民族复兴的故事，并借助这些故事生动地诠释中国奉行的核心价值和提倡的共同价值的内涵，逐步促进国际社会对我国核心价值的理解、对共同价值的正确认识，形成广泛的价值认同。

四、“讲好中国故事”面临的现实困境和主要问题

“讲好中国故事”超越了一般意义上的讲故事，要对外“讲好中国故事”存在中西方文化差异、语言差异、思维方式差异、认知方式差异、话语体系差异和话语表达差异等多方面的差异。这些差异会造成故事接收者在对中国故事的理解、认知、接受、传播等各方面存在一定的障碍甚至抵触情绪，从而影响中国故事的传播效果。因此，明确“讲好中国故事”所面临的问题，有针对性地采取措施解决问题，是对外“讲好中国故事”的必要条件。具体看来，目前对外“讲好中国故事”面临以下困境：

一是中国与外部世界在思维对接中存在的普遍性和特殊性差异。即如何看待中国发展道路、发展模式和发展经验的普遍性与特殊性问题，并以此为基础延伸出来的中国与西方在中国的国际定位和价值取向方面理解上的差异性问题。中国的发展模式、发展经验和发展道路是人类文明进步的成果和体现，既具有基于中国国情的特殊性，也具有一定的普遍意义。中国基于构建人类命运共同体的理念，想把自身比较优越的发展模式和发展经验分享给其他国家，尤其是那些发展相对缓慢的发展中国家。但是，一些西方发达国家在意识形态上存在根深蒂固的单边思维，并对中国快速发展的态势感到不安，于是便有意无意地宣扬“中国威胁论”等负面言论，弄得很多其他国家有点无所适从，对中国的态度也摇摆不定。因此，“讲好中国故事”首先要明确中国故事本身蕴含着人类发展的普遍性和中国实践的特殊性关系，要讲清楚中国故事所体现的内在逻辑和价值取向。

二是中国与西方话语体系之间的差异问题。中、西方处于不同的话语体系中，双方在一些概念、范畴和表述上还存在一些差异，且没有实现有效的对接和融合。中国近年来提出的“一带一路”“构建人类命运共同体”“共同价值”等概念及其相关的思想理论体系和价值体系还未能通过各种语言全面地阐释和传播开来。而一些国家囿于自我的认知框架和意识形态，往往片面地、失真地理解这些概念，并基于自己的理解构造出一些与

中国实际不符的“中国故事”“中国理论”。此外，我们在哲学和社会科学上的一些学术研究还未脱离西方学术体系的分析框架，不能给出基于学术概念和创新性逻辑的更为科学、规范和严密的阐释与论证，也未能基于中国社会实践产出足够多的、有分量的、有国际影响力的研究成果。因此，相对于西方的学术影响力和强大的话语体系而言，中国的学术体系和对外话语体系还在建设中，还有很大的提升空间。

三是当代国际传播形式复杂，中、西方国际传播实力存在明显差距。近年来，随着博客、播客、微博、微信、社交网络等自媒体的快速兴起和全媒体技术的普及，很多年轻人开始加入社交媒体和自媒体传播。一些西方媒体增加了对网络信息的引用量，在官方媒体还没有就某件严肃的事件发声时，它们就到微博和社交网络上引用自媒体言论，甚至会到微博、社交网络上找到反面证据来驳斥官方的说法。这导致外国媒体对中国的二次传播鱼龙混杂，普通大众对传播信息的真实性难以鉴别。这种情况如果被一些秉持“冷战”和反华思维的人所利用，就会借机夸大或渲染所谓的“中国人权”“政治体制”“官僚腐败”“环境污染”“食品安全”等问题，从而进一步破坏中国的国际形象和中国故事的传播效果。虽然新华社、人民日报社、中国日报社、CCTV 和 CGTN 传播账号的数量很多，但是在国际传播体系中，其影响力还不能与美联社、路透社、BBC、CNN、《纽约时报》、《华盛顿邮报》等这些国际主流媒体和通讯社抗衡。因此，必须进一步改变我们以“外宣”媒体主导的单一传播模式，在增加对外传播媒体数量和扩大覆盖面的同时，适当开放我国的信息源，加强与国际传播信息流的对接，丰富中国故事的传播路径、方式和媒介。

四是故事的讲述方式、知识和技能不足。从认知心理学来看，人类的认知模式具有群内和群外的二元区分性。相对于群外成员而言，人们对群内成员易于形成正面判断，对群外成员的特殊性往往有偏见，甚至会视其为异类。目前，中国故事的讲述方式还是以自上而下的官方宣传话语为主，话语表达具有一定的宏观性、抽象性甚至突兀性，宣传味道较浓，受到国外一些主流媒体的抵制。以李子柒为代表的民间故事叙事，话语表达具体、形象、生动，受到国外媒体和大量民众的欢迎。因此，要“讲好中国故事”，需要寻找不同文化之间的共性，利用好同理心和共情心，丰富故事的表达方式，增加小微叙事者的知识储备和叙事技能，增强故事的真实性、可理解性，提高故事的表达效果和叙事效果。

五是传播渠道有待丰富、传播能力有待提高。与西方强大的媒体系统相比，我们的智库建设、技术装备、信息采集和传播能力等还有不小差距。虽然我国的智库总数很多，但高层次智库较少，对互联网、社交媒体和媒体技术的掌握与运用，以及对外公关等方面都比较弱。具有国际视野、熟悉多种外语、能够全面准确理解目标受众的国际化传播人才还比较稀缺。此外，高端翻译人才，尤其是小语种人才还比较匮乏，有关中国文化、历史和现实的作品翻译数量和质量都有待提高。这些都对中国故事的对外传播效果有很大影响。

综上所述，"讲好中国故事""传播好中国声音"，还面临中西方思维上的差异、话语体系的差异、国际传播形式复杂、故事讲述方式和技能不足以及来自传播渠道和传播能力等各方面的困境和问题。要从中外思维对接、对外话语体系建设、议题设置、概念表达、故事讲述、人才培养、传播体系等多方面多措并举，努力"讲好中国故事"。

第二节　中国故事的话语叙事

在上面的"讲好中国故事"的主要研究范畴中，我们认为"讲好中国故事"要从故事的选题、中国故事的话语构建、故事内容、故事叙述、表达方式、故事接收对象等方面来研究如何"讲好中国故事"，分析了当前"讲好中国故事"所面临的问题和困境。在本节，我们将结合"讲好中国故事"的维度和举措，具体分析如何"讲好中国故事"，以实现中国故事的最佳讲述效果、表达效果及其对故事接收者的最佳影响。

一、"讲好中国故事"的维度与举措

"讲好中国故事"不仅要体现在"讲"上，而且包括故事类型、故事选题、故事内容、故事讲述者、故事讲述方式、故事表达和故事传播在内的一系列要素及其相关举措。我们按照叙事的基本要素，把"讲好中国故事"分为故事选题、故事讲述者、故事叙述和故事传播共四个维度。下面，我们将基于这四个维度具体探讨"讲好中国故事"的举措。

（一）中国故事的选题与内容提炼

"讲好中国故事"最直接的目标是向世界展示真实、立体、全面的中

国，那么，故事的选题范围将非常广泛，既包括具有时代主题的中国故事，如“一带一路”的故事、民族复兴的故事、“中国梦”的故事，也包括中国各领域发展的故事，如中华文化的故事、民主政治的故事、人权的故事、经济发展的故事、民族团结的故事、对外文明交融的故事、法治的故事、环保的故事、外交的故事等。故事的选题和具体内容将围绕时代主题和上述各领域的发展实况来提炼和展开。值得注意的是，故事的主要事件、主要人物和视角也要立体、全面。要有国家和地方政府主导的重大工程的故事，如航天工程的故事、交通工程的故事、民生工程的故事等。这些故事涉及的主要人物往往是领导者和工程的主要规划者与建设者，选题视角也比较宏观。这类故事展现了国家梦想和民族进步，情节令人震撼，硬宣传性往往较强，因此要增加一些软宣传性的故事。这类故事的选题和内容挖掘要从细微处着手，可以讲讲普通人在普通工作岗位上奋斗的故事，讲讲弱势群体自强不息的故事，讲讲灾难中中国人民团结奋斗、相互扶持、攻克难关的故事，讲讲道德典范的故事等。这些故事主要体现了普通民众的生活、工作、精神和心路历程，情节令人感动，感染性强，能够激起普遍的共情心。总之，故事的类型、主题、叙事视角要丰富，从而吸引不同背景的目标受众，实现中国故事的受众面最广。

（二）中国故事讲述者的培养

中国并不缺乏好故事，而是缺乏好的故事讲述者，要自上而下地培养大批能够“讲好中国故事”的人才。在讲故事方面，习近平总书记给我们做了很好的示范。党的十八大以来，习近平总书记利用各种机会，在不同国家、不同组织和不同场合中，站在国际的高度，从国家和民族的现实出发，结合中外历史和具体人物，讲中国道路的故事、中华文化的故事、文明交融的故事、中国和平发展的故事等，在国际上引起了广泛的关注。习近平总书记通过讲中国故事，向国际社会展现了中国的优秀传统文化和人文精神，传递了中国的发展理念和外交思想，在国际社会引起了热烈反响。最为经典的是他讲述的中国古丝绸之路的故事，让很多国家了解或重温了发生在古代丝绸之路上的各国之间经济贸易交往的故事和文化交流的故事。这些故事反映了中国始终秉持的共建共享、互通有无的对外贸易理念，对“一带一路”倡议的实施和建设起到了引领和促进作用。地方政府和各级组织的领导者要学习习近平总书记讲故事的风格，对中外历史和文化要有更多了解，利用各种中外交流机会，通过共性切入、个性表达的方式，讲好相应领域的中国故事。

除了政府和各级组织的领导层以外，还需要广泛培养会讲故事的人才。最直接的方式有：

（1）建立智库，拓展“智识产业”（吴旭，2017）。在国内，要通过智库来加强对中国历史和现实的研究，寻找好的故事题材和故事内容。同时，在深入探索中外历史和文化共性的基础上，对接中外思维，挖掘能够引起中外情感共鸣的历史或现实事件，丰富故事素材。在国外，要拓展“智识产业”，构建各行业的战略思想库，培养大量理解和欣赏中国文化的“智识分子”，利用思想库和这些“智识分子”的研究成果及其影响力来影响当地的学术交流、思想交流和媒体民意，增加当地人对中国历史、文化、政治、制度、学术思想的认知与接受。

（2）加强教育领域的课程思政建设，将中国文化、人文思想和价值理念等融入课程建设中，将专业知识和专业能力的培养与人文思想、精神特质和价值观的塑造有机融合，进行全方位育人。充分了解自己的文化，增强文化自信，坚定价值取向，是对外“讲好中国故事”的前提。近几年，高校的课程思政已经全面展开，目的就是要培养既懂专业知识，具备很强的专业素养，又了解中国文化，具有文化自强和自信意识、正确的价值取向、思辨能力和国际视野的人才。中小学校也要通过语文、政治、历史、德育、外语等课程教学来培养中小学生的中华文化素养和基本的思辨能力，使其树立正确的三观。

（3）要继续加强小语种人才的培养。知己知彼也是“讲好中国故事”“传播好中国声音”的有效方式。优秀的翻译人才既精通本民族的语言文化，也要充分了解目标语言及其文化。当前，这样的小语种人才在我国仍非常缺乏。北京外国语大学已经开设出 100 余种外语专业，但大多数小语种课程都是近年才开设的，小语种人才的规模化培养还需要时间。其他高校也应根据所属区域的实际情况，增设小语种专业，以增加全国精通小语种人才的数量，培养更多能够用外语来讲中国故事的人才。

（4）充分激发留学生和境外华人讲述中国故事的热情。来中国留学的外国留学生分布在全国各地、各高校，这些留学生对学习汉语和中国文化是有强烈需求的。各高校要结合本地区的文化特色和本校的课程资源来充分展示中国的优秀文化，增加留学生对中国文化、中国故事的认知，为其回国后二次传播中国文化奠定基础。同理，境外华人分布在世界各地，他们的思想和行为也在一定程度上代表着中国形象。那些“海不归”华人团体和常年在境外学习、工作、定居的中国人都可以是中国形象的代言人。中国政府要加强对境外华人领袖的甄别、沟通和建立互信工作，因为他们往往在当地华人圈甚至华人圈以外的地方都有一定公信力和影响力。其较强的语言能力和文化背景知识能够引导民意，对于中国文化的传播具有长远功效。此外，要在世界范围内鼓励和支持关于中华文化和中国政策的学术研究工作，甚至直接资助境外的中国学研究，最大限度地发挥这些学术精英在传播中国学说、中华文化和中国政策主张中的引领作用。

（三）中国故事的叙事与话语表达

“讲好中国故事”离不开话语与叙事，尤其是在跨文化、跨语言的背景下，中国故事的讲述与理解要最大限度地降低文化折扣，实现最佳理解效果，必须注重故事的叙事与话语表达。话语是叙事的形式表达要素（查特曼，2019），在故事叙事中，话语体现为叙述话语。“讲好中国故事”既要关注叙事方式，又要丰富话语的表达方式，提高故事叙述的话语表达效果。

在叙事模式上要兼顾宏大叙事、中叙事和小微叙事三种基本的叙事模式。宏大叙事多从国家命运、民族前途、政治博弈、社会变迁等角度出发，讲述民族的故事、国家的故事（陈红先 等，2020）。故事主体往往是国家和民族整体。比如“中国梦”和中华民族伟大复兴的故事，这类故事叙事往往从国家和民族的整体视角出发，故事讲述者代表中国和中华民族，叙事主题围绕“中国梦”和民族复兴的宏观目标而定，叙事内容丰富，故事空间处于动态变化中，话语表达理性、客观，带有较强的官方色彩和政治色彩。小微叙事，又称日常叙事，指以个人生活经验为基础的叙事方式。这类叙事从叙述社会个体成员的生活经历出发，以具体的某一个或几个事件来建构故事情节，表达丰富的思想感情。此外，还有介于宏大叙事和小微叙事之间的中叙事，中叙事从城市、乡村等地方性组织或行业出发，讲述城市、农村以及各行各业发展的故事。相对于宏大叙事而言，中叙事和小微叙事的叙事主体具有个体的代表性和主观性，故事空间比较固定，所叙述的事件更为具体，话语表达生活化、感性色彩明显。不同文化背景和层次的受众偏好不同的故事叙事模式。要立体、全面地“讲好中国故事”就要根据故事主题、故事对象和具体语场的不同，有针对性地运用这三种叙事模式，以全面讲好国家的故事、民族的故事和人民的故事。

按照话语主体的不同，话语可以分为政府话语、学术话语和民间话语三种基本类别。政府话语代表政府发声，具有权威信、公正性，公信力强，影响范围大；学术话语代表学界精英，具有严谨性和很强的理论性与逻辑性，其思想观点具有较大引领价值；民间话语就是老百姓的日常话语，具有明显的生活气息，在情感上具有很强的感染力。由此看来，这三种话语风格各有特色，在不同语场，分别适用于不同的话语对象，在通常情况下，又同时适用于所有话语对象。要“讲好中国故事”需要灵活使用不同的话语类型，在话语阐释上，充分利用不同话语的性质、立场和旨趣，坚持说理与陈情相结合的原则，拉近故事讲述者与接收者之间的心理距离。在话语表达上，要综合运用政府话语、学术话语和民间话语三种话语风格讲述中国故事的内容，传递中国故事的思想、理念和精神内涵。在此基础上，再结合有效叙事，将所述事件及其所蕴含的思想精神和价值理念充分表达和传递出来，避免空话、套话等没有具体内容、无法表达明确思想意义的话语表达。此外，要打造能沟通中外的新概念、新表述。在对外传播中，我们要尽量用更贴近外国受众习惯的语言表达好我们的新理念、新思路和新举措。在面对一些有冲突的观点或敏感问题的时候，要用生动的故事叙事和个性化话语表达阐释好我们的国情、我们的立场和我们的思想主张，避免直接说理或说教式话语表达方式。

（四）中国故事的传播

中国故事的对外有效传播是对外“讲好中国故事”“传播好中国声音”的关键环节。要实现中国故事的最佳对外传播效果，需要从传播主体、传播媒介、传播渠道、传播策略等多个方面综合考虑。

就传播主体而言，要扩大传播主体的维度和范围。以往的对外传播人员主要局限于专业的对外宣传工作者和新闻从业者，传播范围有限。要实现中国故事的最大对外传播范围，必须增加故事传播主体的数量和维度。翻译工作者、文艺工作者、留学生、境外华人、学者以及对外投资建设的工作人员，甚至是普通外出旅游的中国游客都可以成为中国故事的对外传播者。因此，要对外“讲好中国故事”，首先要对内“讲好中国故事”，让更多中国人深入地了解中国历史和中国文化，尤其要了解自己所在领域和行业内的好的中国故事，做到在自己的领域内扮演好对外“讲好中国故事”的角色。

就传播媒介而言，要充分发挥新型主流机构媒体作为对外传播主力军的引领功能。新型主流机构媒体要遵循传播规律，把握信息传播的话语权，引领中国故事境外传播的方向，并适时进行舆论引导，构建良好的国家形象，为中国故事的有效对外传播创造良好的舆论环境。此外，近年来，民间媒体和自媒体的影响力也在不断增加。要借助民间媒体和自媒体，多层次、多角度、多领域地传播中国故事。要进一步拓宽中国故事的传播渠道。避免主流机构媒体、民间媒体、自媒体等不同媒体各自为战的局面，加强媒体间的沟通，树立全媒体传播中国故事的理念，推动媒体融合进程。同时，利用好媒体与社交平台间的互补性，形成全方位、立体化的媒体矩阵和优势互补的协同化传播态势，使中国故事传播的渠道更加广泛。

在传播策略方面，要创新信息传播方式，提升中国故事对外传播的针对性，实施分众化传播。要充分考虑境外不同受众的不同文化背景、语言背景、思维模式及他们对中国故事的接受程度，在中国故事的选题、叙述与表达上要因地制宜，讲好符合不同文化背景的中国故事。这还需要从对外传播人才的培养和选拔上下功夫，提高我国媒体的国际化水平和媒体人的公共外交能力。此外，以政治传播为驱动力实现我国国际话语权的提升对提高中国故事的国际传播效果具有重要意义。政治传播是国家行为（段淳林 等，2018），政府是政治传播的第一责任人。中国政府主导的对外援助、建构的境外利益共同体、国家领导人在重要国际会议上的相关发言等都有利于中国的国际治理理念和价值传播，树立负责任的大国形象，对提高中国的国际影响力、公信力以及国际社会对中国故事的接受程度等都非常有益。另外，充分利用境外媒体，构建中国故事的境外传播平台，打造和借助中国有影响力的品牌，利用中国故事与企业品牌故事之间的内在关联，通过品牌效应来提升目标受众对中国故事的接受和传播意愿，让更多“他者”成为中国故事的传播者，实现中国故事在境外的裂变式传播。最后，要加强中外媒体合作，通过外国媒体在当地的影响力，进一步拓展中国故事的国际传播空间。

综上所述，“讲好中国故事”“传播好中国声音”是一个宏大的系统工程，要不断扩大故事讲述者的维度，增加故事讲述者和传播主体的数量，提高其讲故事和传播故事的能力；丰富故事选题、故事类型和故事内容；提高中国故事的叙事与话语表达效果；整合媒体媒介，拓宽故事传播渠道和传播平台，优化故事传播策略，通过全方面的系统努力，实现中国故事的快速、有效、广泛传播。

二、中国故事与话语叙事

从叙事学的角度看，故事的讲述包括故事、叙事和叙述三个层面。故事是真实或虚构的事件，叙事是指讲述这些事件所需要的话语或文本，叙述是产生话语或文本的叙述行为（热奈特，1990）。热奈特的叙事理论虽然最初是文学范畴内的研究，但是结合具体的故事事件，从不同的叙事主体、叙事结构和叙事视角等的差异看，同样的故事事件可以体现为不同的叙事活动或叙事话语，以达到不同的叙事目的，实现不同的传播效果。也就是说，在泛叙事时代，叙事研究已不再是以传统文学文本为主要研究对象的文本分析。现代意义上的叙事包括一切能够“讲”故事，传递故事内容、思想和精神的话语文本和话语实践。这里的“话语”既包括由语言符号构建的文本和口头对话，也包括由非语言符号构建的交际行为及其表征形式，如绘画、舞蹈、乐曲，以及由多模态符号构建的多模态话语形式，如电影话语、视频广告话语、电视新闻话语等。这一点，我们在本书第二章和第三章已经阐释和论证过。因此，叙事本质上就是用话语来讲故事，表现为具体的语言文本或多模态动态话语，即叙事作品。研究叙事作品中的话语，就是研究故事叙事，包括故事的话语表达、叙事逻辑、叙事策略等。在故事讲述中，故事叙事与话语相辅相成，不可分离，甚至可被认为是一个要素的两个方面，前者凸显故事的讲述视角、叙事模式、叙述策略，后者强调故事的表达方式、表达效果。即，叙事强调的是故事讲述的内在机理，话语主要体现故事意义建构和表达的外在形式以及表达的效果。故事的讲述和传播最终要落实到具体的话语实践上，故事通过具体的话语完成构建和表达，在传播媒介的辅助下，实现传播。

总之，话语是建构、表达和传播故事的核心要素，讲故事首先要从建构和表达故事的话语着手，再结合具体的叙述方式、叙述视角、叙事语境等要素表达和呈现故事的主题和内容，塑造人物形象，传递某种精神和思想。鉴于话语与叙事各要素之间的内在联系，我们将二者合二为一，称之为话语叙事。从上文我们对“讲好中国故事”的维度的分析可见，无论是故事的选题和内容提炼、故事的叙事与表达，还是故事讲述者的培养，抑或是故事的传播，“讲好中国故事”的每一个维度、每一个环节都跟讲故事的话语方式、叙事手法、叙事策略关系密切。也就是说，无论是“讲好中国故事”，还是分析中国故事，都离不开对故事进行话语叙事分析。可以说，话语叙事是“讲好中国故事”的核心要素，因为其涉及讲故事者、故事主题、内容、听者、传播各个要素及其之间的关系，要“讲好中国故事”，必须研究中国故事的话语叙事。

三、中国故事的多模态话语叙事范式

结构主义叙事学家认为叙事也是一种交流行为，其根本目的是向读者传递故事及其意义，那么叙事交流就涉及信息的传递与接受过程。我们先来看看纯文字小说的叙事交流模式。美国学者布思把作者、作品、读者看成叙事交流的三个基本要素（Booth，1961）。小说作者通过小说这一文本叙事形式将故事讲述出来，读者通过阅读该小说，接收故事的内容和思想。即是说，纯文字文本通过语言文字来建构和表达故事或事件，故事的实际讲述者是作者本人。作者以文本的形式展现故事，读者通过文本来接收故事，文本成为故事的叙述形式，连接着作者和读者，成为作者和读者进行交流的媒介。然而，美国叙事学家查特曼认为在叙事文本中存在“隐含作者”（Chatman，1978），故事由隐含作者讲述出来，旨在讲给隐含读者“听”。最终，实际通过文本（通常是小说的形式）“听到”故事的人就是故事的真实读者。那么，叙事交流的真实过程就变成了真实作者通过小说中的隐含作者把故事讲给隐含读者听，现实生活中真正读过该小说的人是真实读者。真实作者和隐含作者之间的关系是创造和被创造的关系，真实作者为了作品本身而创造出一个具有特定面貌的写作的人。换句话说，隐含作者是以特定面貌写作的作者本人。隐含读者是作者的预设读者，真实读者不一定是隐含读者。从叙事交流的信息转换过程来看，叙事交流是作者编码信息和读者解码信息的过程。从编码的角度来说，隐含作者是文本的创造者，处于文本之外；从解码的角度来看，隐含作者是作品隐含的作者形象，因此又处于文本之内（申丹、王丽亚，2010）。隐含读者本质上是隐含作者预设的理想读者，能够完全理解故事的主题、内容和思想。但是，现实生活中的真实读者因为文化背景、认知水平、思维方式等方面的差异，往往难以达到隐含作者对隐含读者的要求。并且，每个人的不同经历和不同立场会影响真实读者进入文本预设的接受状态。

如此看来，整个叙事交流的过程并非我们想象中那样的故事讲述和接受过程，故事的真实作者和真实读者之间隔着隐含作者和隐含读者，使真正的叙事交流达不到预想的效果。并且，真实作者自身的经历及其所处的社会环境会影响隐含作者对故事的创作，使故事本身又增加了一个背景。同理，真实读者因其不同的经历和立场会对故事做出不一样的甚至大相径庭的理解。在跨文化语境中，真实作者与真实读者之间又因语言和文化折扣等因素的障碍更难实现有效的交流。显然，要全面、立体地“讲好中国故事”不能仅用书面文本的话语形式来进行故事叙事。

在本书第四章我们提到，多模态话语叙事是用多模态话语的方式来建构故事情节、塑造人物形象、表达故事主题、进行情感渲染等。通常情况下，多模态话语叙事体现为视觉叙事、听觉叙事或者视听叙事一体化，即故事通过图像、文字、声音等多模态符号构成多模态话语形式，结合适当的叙事策略实现故事的建构、表达和意义传递。那么，相对于纸质文本单一维度的叙事交流模式而言，多模态话语叙事的交流模式是怎样的呢？从本质上讲，多模态话语叙事的交流模式与文字文本类叙事的交流模式是一致的，都是作者创作故事，形成叙事作品，读者通过作品来接收故事信息。只不过多模态叙事作品的作者既可能是单一的作者，又可能还包括了绘画者、作曲者、作词者、舞蹈者、摄影者、导演、编剧等多元作者，他们共同参与故事的意义建构、表达和内容呈现。多模态话语叙事的表现形式不是单一的文字文本，而是漫画、连环画、电影、视频广告、电视新闻、舞蹈表演、戏剧表演等各种静态或动态的多模态话语。即，故事的叙事体现形式是静态或动态的多模态叙事作品。故事的读者（也可能是听者、观看者）范围更为广泛，背景更为复杂。但是，在多模态叙事交流中，故事的意义建构、表达和传递皆因参与符号的多样性和可理解性而变得更加直观，更易被理解和接受。其一，从话语的意义建构和表达来看，多模态话语参与建构和表达意义的要素有文字、图像、声音、颜色、动作和其他非语言符号。除了语言文字之外，其他符号对意义的建构和表达都具有具象性，在意义的理解上也具有通约性。其二，从叙事方式和策略等要素来看，视觉叙事元素和听觉叙事元素共同参与故事叙事。并且，非语言符号对塑造人物形象、构建故事空间、指示场景变换、映射人物心理和意图、表现事件关系、呈现情感氛围、表现人物关系等都具有更为直观的效果，很容易将受众带入故事空间，调动其情绪，带入其情感，从而使受众更好地理解故事。

综上所述，多模态话语叙事具有理解上的通约性，能够最大限度地缩小文化折扣，提高不同文化群体对同一故事的理解效果。并且，多模态话语叙事适用于当前全媒体信息传播技术对信息的承载和传播机制，有利于实现故事的快速传播。因此，要全面、立体地“讲好中国故事”，实现中国故事的快速、有效传播，必须采用多模态话语叙事范式，并且要将多模态话语叙事作为中国故事的普遍叙事范式。

那么，在多模态话语叙事范式下如何“讲好中国故事”？结构叙事学家认为故事文本可以分为深层结构、表层结构和表现结构（格雷马斯，2001）。深层结构指故事的抽象内容，即被表达的深层意义、思想情感、价值观念等；表层结构是建立在深层结构上的行动模式，即通过题材要求、主题呈现、情节设定等构建的叙事策略；表现结构是符号层，即叙事的话语修辞结构，表现为动作、对话、时空场景、人物等的关系组合。这三个结构互为表里，深层结构所代表的故事内含的思想情感、文化价值由表层结构的叙事策略和表现结构的话语表达共同实现。“讲好中国故事”所需要的多模态动态文本也同样由这三个层次的结构构成。“讲好中国故事”的本质是通过讲故事的方式让世界了解真实的中国，以了解中国的文化、中国所持有和奉行的价值观念、发展和治理理念等抽象的思想观念和价值追求为核心。这些故事的核心是现存的，那么，要“讲好中国故事”，主要应关注叙事作品的表层结构和表现结构，以及二者的组合对深层结构的表征效果。“讲好中国故事”的叙事逻辑大概遵从以下几个步骤：第一步，确定故事主题。中国故事的范畴极为广泛，作者要根据自己的领域、所掌握的多模态符号等资源、所熟悉的范围和具备的技术条件等要素来筛选和确定故事主题。第二步，根据故事的主题、内容等要素确定采用何种多模态话语形式进行故事叙事。比如，是采用漫画、海报等静态多模态叙事形式，还是采用电影、电视新闻、文化类节目等动态多模态叙事形式，还是可以同时采用多种多模态叙事形式，以扩大故事的受众面和传播范围。第三步，确定故事的多模态叙事形式之后，要明确故事的最佳建构与表达效果，并综合使用多模态符号资源、话语策略和叙事策略来呈现故事主题、内容、情节和思想价值等。这一过程是“讲好中国故事”的关键环节，需要多方参与和协调，涉及多领域的专业人士。第四步，选择和综合利用各种媒介资源对故事进行宣传和传播。多模态叙事范式下的中国故事可以通过漫画、海报、连环画等静态叙事形式，经由纸质媒介或者电子媒介进行传播；也可以通过视频广告、宣传片、文化类节目等动态多模态话语叙事形式，经由电视机、智能手机、电脑、网络等媒介进行广泛传播。

第三节　中国故事的多模态话语叙事举隅

当前，中国故事的多模态话语叙事形式有很多，可以说，已经覆盖了各类多模态话语，如广告话语、影视话语、纪录片话语、文化节目类话语、短视频话语等动态多模态话语形式，以及连环画、宣传手册、海报等静态多模态话语形式。在本节，我们将从“讲好中国故事”常用的几个多模态话语叙事形式中选择几个范例，探讨中国故事在不同语篇类型多模态话语叙事中的讲述情况。

一、中国故事的电影叙事

电影是最为典型的多模态话语叙事范例，也是最为流行的故事叙事形式，其类型多样，题材广泛，受到各种文化背景、各年龄段人士的欢迎。电影可以同时承载字幕、声音、动态影像、颜色、音乐等多模态表意符号。并且，导演和演员还可以根据剧情需要，把这些多模态符号进行创意性组合，以实现最佳的表意效果。镜头的切换和剪辑能直观地呈现故事空间、场景变换和情节发展。人物的服饰、动作、表情、语言共同参与其形象建构，反映其情感变化和心理历程。音乐等背景声音增加了情节的感染力和叙事效果。视听双重叙事的结合给观众带来了身临其境的感官体验，提高了故事的可理解性和吸引力。在叙事模式上，电影叙事可以兼容宏大叙事、中叙事和小微叙事三种模式，用多元叙事主体构建国际化叙事格局，以深刻的故事选题，采用以小见大的叙事方式，用多模态话语凸显民族特色元素（王彦宏，2021）。我们可以充分利用电影叙事的这些优势来“讲好中国故事”。

近年来，很多中国故事被拍摄成电影，进行广泛传播。比如功夫片《叶问》四部曲，以同一主人公演绎历史上不同时期的咏春拳在不同地区的传承和发扬为故事线索，以此来讲述近代以来中国人民从民族抗争走向民族独立和民族发展的故事。多模态话语叙事借助人物、服装、故事发生的场景和具体情节来体现近代不同时期中国人民的遭遇和抗争精神。时间和地域跨度自二战期间日本侵华时期的广州佛山，到 20 世纪 50 年代英国殖民统治下的香港，再到 60 年代种族歧视和平权运动最为激烈时期的美国。其间交织着中日、中英、中美之间的民族矛盾和文化冲突与发展。影片以比武的形式呈现中国武术文化，以不同时期的民族内外矛盾还原部分历史，重在凸显民族文化价值观念的矛盾与冲突。从这个意义上讲，《叶问》四部曲既是发扬中国武术的故事，也是借助武术的故事来讲述近代中华民族从被侵略走向独立自主的故事，体现了中华民族的斗争精神和讲仁爱、尚和合、求大同的文化价值观，树立了国家形象，有利于更正西方国家对中国文化和中国人民的偏见。此外，近年推出的电影《流浪地球》《红海行动》《战狼》系列片等，都通过电影叙事讲述不同题材的中国故事，体现了中国爱好和平、反对恐怖主义、积极参与国际维和行动、倡导构建人类命运共同体、坚决维护民族独立和人民利益至上的思想和理念。这些电影都是以电影叙事的方式“讲好中国故事”的典范，受到国内外观众的高度好评。《叶问 4》更是以 12 亿元票房收入成为中国电影史上票房最高的功夫电影，堪称华语功夫片的经典之作。《流浪地球》收获了约 46 亿元的票房，而《战狼 2》票房总数近 57 亿元，成为世界票房排名前 100 名中唯一一部亚洲影片。

二、中国故事的纪录片叙事

相对于电影叙事中故事的虚构性而言，纪录片叙事最大的特点是故事的真实性强。纪录片叙事通常按照故事发生和发展的顺序展开，以真实或虚拟的镜头还原故事发生时的场景，同期声、字幕和细致的语音解说赋予纪录片叙事以更真实、生动、形象的故事呈现样态。并且，相对于电影叙事对艺术美的刻意创造和对悬疑、刺激、时尚等感官和心理上的追求而言，纪录片叙事注重采用现存的故事中的真实人物或者人物曾生活过的地方、使用过的物品等来还原故事的原貌。蒙太奇手法的运用实现了故事空间与时间的灵活切换。在叙事视角上采用内外视角相结合的视角模式，使真实故事的讲述与故事阐释实现有效统一，进一步增加了故事的可理解性和接受性。因此，纪录片是更为常用的中国故事的多模态话语叙事方式。

“讲好中国故事”，需要讲好中国发展的故事及其背后的和平发展理念，这是世界的期盼，也是中国的担当（王义桅，2016）。我们以“一带一路”主题的相关纪录片为例，探讨纪录片叙事对中国“一带一路”主题故事及其背后和平发展理念的呈现。党的十八大以来，中国政府正式提出共建“一带一路”倡议。这一倡议本身是基于古代延绵中非、中欧等地的丝绸之路及其沿线的经贸往来和文化交融的故事而提出的。“一带一路”就是当代的丝绸之路，旨在延续历史、立足当前、着眼长远，致力于亚、欧、非大陆及附近海洋的互联互通，实现沿线各国多元、自主、平衡、可持续的发展。为消解反华势力对“一带一路”倡议的误导以及国际社会对“一带一路”倡议的误解，我们要主动对外讲好古代丝绸之路的故事，讲好郑和下西洋的故事，讲好中国近代外交的故事。于是，一系列有关“一带一路”主题的纪录片陆续播出。2016 年，中央电视台推出了六集大型纪录片《一带一路》；2017 年，由中宣部、新华社和中央电视台联合制作并推出政论纪录片《大国外交》；2020 年，中、哈（哈萨克斯坦）合拍推出纪录片《你好，哈萨克斯坦》等。这些纪录片呈现了发生在古丝绸之路上的故事、近代中国外交的故事、中哈人民的友谊和共建共享的故事。《一带一路》采用多维度视角，对沿线 30 多个相关国家进行深度实地拍摄，采用多模态符号还原古丝绸之路的经济、贸易、政治、文化交流的样貌，用全知视角和选择性全知视角讲述了国内外 60 多个普通人与“一带一路”的故事，旨在以小故事阐述大构想，用事实和事例印证“一带一路”“不是中国一家的独奏，而是沿线国家（和地区）的合唱”宏大主题。《大国外交》通过大量权威的访谈，采用转述和直述的方式，配合多模态符号和场景切换，呈现大量鲜活、真实的故事，借以向世界讲述中国一贯主张的平等互尊、互利共赢的大国外交理念，塑造了中国作为国际秩序维护者和全球发展贡献者所具备的负责任大国形象。《你好，哈萨克斯坦》同样采用直述和转述的方式，用中、哈两国各阶层人士间和行业间合作的故事，特别是在经贸领域的合作故事以及所取得的成果，展现了中国“一带一路”倡议的合作理念与哈萨克斯坦“光明之路”经济政策的一致性，反映了和平发展、合作共赢、共建共享不仅是两国人民共同的愿望，而且具有现实的可操作性。

这些“一带一路”主题纪录片所叙述的历史，不仅是真实的历史，而且还体现了加达默尔所谓的“自己与他者作为统一体的关系，在这种关系中同时存在着历史的实在以及历史理解的实在”（加达默尔，1999）。并且，纪录片在叙事上使用了线性叙事，在表达上使用了多模态话语，融合多模态符号、同期声、英文字幕和第三人称叙述与阐释，是典型的国际化表达，不仅展现了历史的实在，也使这种历史理解的实在充满正能量，让观众感受到“一带一路”倡议存在的必要性和重要性。这些“一带一路”

主题纪录片同时在国内外多个平台上映，为“一带一路”沿线其他国家和地区及其以外的国际社会进一步了解中国提供了窗口。

三、中国故事的短视频叙事

严格来说，短视频不算是新的话语类型。纪录片、电影、新闻等都可以压缩成短小的视频，我们可统称之为短视频或微视频。短视频的类型多样，有政务类短视频、纪实类短视频、新闻类短视频、娱乐性短视频甚至微电影和微纪录片也算短视频。每一种短视频都通过故事叙事实现各自的功能。为了把短视频与微纪录片、微电影、微宣传片等区分开来，我们以最为典型的纪实类短视频为例，分析其叙事特点及对“讲好中国故事”的意义。纪实类短视频叙事与纪录片叙事本质上是一样的，都属于纪实性视频类叙事。所不同的是，短视频的真实作者往往就是故事叙述者本人，故事的铺陈具有一定的跳跃性。短视频因其多围绕平民的日常生活、工作等常规事件进行叙事，又遵循了线性叙事的方式，情节简单，主题明确，文化性、娱乐性、趣味性强，易于被人民理解和接受。并且，随着融媒体技术的发展，短视频可以在电视机、电脑、智能手机的各类 APP 上播放，其时长较短、播放便捷的特点使其成为时下最为流行、播放率最高的视频类叙事样态。纪录片叙事和电影叙事往往选题正式，情节安排严谨、周密，叙事模式也属于宏大叙事和中叙事的范畴，适合讲国家的故事、民族的故事和有影响力的人和事，针对特定的受众群体。短视频叙事主题灵活多样，碎片化特征明显，尤其适合小微叙事，用来讲民间的故事。民间性是短视频的核心特征，民间叙事是短视频存在于视听媒介中的独特价值（蔡海波，2022）。一个国家广大人民的故事体现了该国最为真实的一面。因此，“讲好中国故事”也要借助短视频叙事来讲述中国民间的故事。

我们以当前国内外影响较大的李子柒的短视频为例，探讨短视频如何通过小微叙事呈现中国的百姓生活和民族文化。李子柒的短视频以她所生活的中国西南地区的山间、田野及其住所内外为故事场景，主题围绕地方美食制作和日常劳作，以此来呈现中国西部普通农民的生活和文化样貌。李子柒短视频叙事的最大特点是其话语表达几乎全靠非语言多模态符号来实现信息传递和情感渲染。既少有人物之间的对话，也没有字幕，更没有解说。所有的故事都按照故事或事件发生的时间顺序，通过动作、表情、同期录制时存在的大自然固有的鸡鸣、鸟语、风雨声、流水声和人物劳作的声音实现意义表达，配合适当的镜头剪辑，实现故事的情节流动和线性化叙事。整个叙事过程自然流畅，受众如身临其境，跟着李子柒的脚步，观看她的日常，感受她的勤劳和智慧，期待品尝她的劳动果实，与其分享收获的喜悦。不仅如此，她通过小微叙事还体现出人与自然和谐共存、天人合一、爱护环境、尊重自然规律的生态理念，以及邻里间互帮互助、善待和孝敬长辈的人间真情。这些日常小事何尝不是生活的真谛？或许，也正是因为这样真实的小微叙事，才使其短视频受到国内外广大观众的热爱。即便是她的短视频已经停止更新很久，人们还是喜欢把她以前的短视频翻出来重复观看。李子柒在全网有一亿多粉丝，并且她的短视频是中国在 YouTube 上粉丝最多、播放次数最多的视频，累计播放几十亿次，其订阅量一度超过 CNN、BBC 等国外主流媒体。由此可见，通过短视频的小微叙事来呈现最为朴实的人文情怀和民族文化是非常有效的叙事模式，对讲好中国民间故事、传播中国民族文化具有重要价值。

四、中国故事的广告叙事

本书中的广告叙事指视频类广告叙事。视频类广告虽然以推广产品、服务，宣传某种思想、行为和理念为主要功能和目标，但是，这类广告本身也需要通过具有特色的故事叙事来实现这些功能，故事性是视频类广告的叙事逻辑和发展趋势（王娜，2018）。广告叙事与短视频叙事有一定的相似性，都短小精干、情节简单。所不同的是，纪实类短视频的真实性较强，故事往往来自真实的生活经验或生活中的事件，广告叙事的故事则主要以虚构为主，弱化情节，以凸显产品或服务的功效，宣传某种行为或价值观。商业广告的功利性太强，我们在这里姑且不谈。公益广告是非营利性的，以宣传好的行为、思想、品德、理念和价值观为目的，具有规范社会行为、发扬优秀传统文化、传播正能量等社会文化功能。良好的社会行为、思想品德和正确的价值观念是优秀文化的反映，有助于塑造良好的文化形象和国民形象。也就是说，公益广告以故事叙事的方式来实现教化民众和传播优秀文化的功能。因此，公益广告也可以作为“讲好中国故事”，传播优秀文化的叙事作品。

公益广告的故事叙事虽然是虚构的，但是故事的原型都来自现实生活。广告通过道具、服装、场地、人物言行来建构现实生活中的场景，通过人物的语言、动作、表情和镜头的切换建构简单的故事情节。广告中动态图像的使用能够更好地充实故事内容，对叙事结构起到补充和强化的作用（杨晓红，2015）。多模态符号的整合运用反复强化某种行为、思想或价值观念，旨在给观众留下深刻印象，以此起到示范、警示或发扬优秀思想品德、行为规范和价值观念的功能。因此，广告叙事可以作为对内"讲好中国故事"，发扬优秀文化的有效方式。比如，公益广告《绿水青山》《文明旅游》《让座》《打包篇》《公德比赛》《袁隆平篇》《老爸的谎言》《爱是什么》等都用文字、音乐、解说、人物动作、表情、道具等多模态符号模拟现实中的人物、场景和事件，用重复出现的同一个场景或类似场景、人物动作和部分文字来映射和强化故事主题及其所表征的行为规范、思想品德和价值观念，如环保意识、公德心、文明行为、节约意识、家国情怀、孝敬父母、爱的传递等，这些都是中华民族的优秀传统文化，是需要世世代代传承和发扬的。但是，在现实生活中，这些优秀传统文化会因为这样那样的原因而被一些人淡忘，也并非每个中国人都具有高尚的品德、良好的行为和正确的价值理念。因此，借助公益广告来宣传和发扬优秀传统文化及其价值理念，具有现实意义。电视机是百姓最常用的媒介，根据观众观看电视节目的习惯，一般在电视节目的黄金档插播公益广告，并通过手机、电脑、网络等各种媒介和传播平台播放这些公益广告。我国的公益广告常以小微叙事的方式讲述孝敬父母的故事、家国情怀的故事、环境保护的故事、文明礼仪的故事。通过这些源于生活的小故事起到警示和示范作用，传递和强化相应的思想意识和价值观念，使受众从思想深处提升自身的文明意识，规范自己的言行，接受并传播正确的思想和价值观，为构建中国特色社会主义先进文化贡献自己的力量，为对外树立良好的文化形象和国家形象做好自己的本分。

五、中国故事的文化类节目叙事

长期以来，文化类节目都是活跃于荧屏内外的、广为流行的节目表演。从其功能上看，娱乐性、艺术性和教育性是文化类节目的主要属性。从其形式上看，多模态性是所有文化类节目的表现形式。无论是语言类文化节目，还是动作类文化节目，都以故事叙事和多模态话语的方式来建构和表达意义，实现节目的功能。文化类节目的故事化叙事与表达主要体现为多元化主体参与故事讲述，主体自身的言行成为节目中故事发展的情节要素（邓丽君，2019）。荧屏内的文化类节目常有的题材类型包括讲座类、科普类和综艺类，几乎每一类都以故事叙事的方式展开，以实现表达主题、科普知识、传递情感、娱乐身心等功能。荧屏外的文化类节目主要是艺术表演类文化节目，如在节假日或重要场合举行的大型室外集会和庆祝活动中穿插的带有艺术性、娱乐性和庆祝色彩的表演活动。在新时代背景下，尤其是党的十八大以来，荧屏内外的文化类节目都有了共同的命题，那就是如何围绕"讲好中国故事"、推动建设中国特色社会主义文化来创新节目形式，丰富节目内容，以凸显我国的优秀文化，增强民族文化自信。

《典籍里的中国》《国家宝藏》《中国诗词大会》《朗读者》《经典咏流传》《与世界说》等近年来比较流行的文化类节目都为"讲好中国故事"而进行了主题筛选、创新性叙事和创新性表达，以适合普通观众的接受能力和兴趣。《典籍里的中国》将《尚书》《史记》《天工开物》《论语》等这些对普通观众来说比较难懂的古文言文以识读、诵读、戏剧表演、专家对谈等多模态话语表达和互动方式演绎出来，并采用多模态符号和AR技术来创设故事的叙事情景和历史空间，将原文本中所蕴含的中国古人的智慧、中国传统的优秀思想和价值观念以多模态叙事的方式呈现出来，实现故事内容、思想精神与艺术形式的有效整合，以增加节目的艺术效果和故事叙事的可理解性。《国家宝藏》和《经典咏流传》也采用了类似的多模态话语叙事方式，把古董和古诗词里蕴含的文化知识、思想观念和人文价值演绎、表达和阐释出来，唤起了观众对中华经典的深入理解和高度认同。《中国诗词大会》和《朗读者》以诗词和美文朗诵与专家点评和故事讲述的方式，配合图片和多模态符号构建的虚拟背景，以及影像拼贴等方式，将诗词和美文内含的知识、思想、智慧、精神和情感充分表现出来，以加深观众对诗词和美文的理解。这些文化类节目所采用的多模态叙事方式提升了故事叙事与话语表达效果以及节目现场的感染力，使原本读起来令人费解、非常枯燥的古诗词和文言文文本在多模态叙事中、在古今对话、现场解说和艺术表演中变得生动形象，让一些看起来很普通甚至有残缺的古文物"活"起来了，"述说"着自己的历史故事。观众们在故事聆听和节目欣赏中，不仅理解了古文、古董的内涵，更重要的是加深了对中国优秀传统文化和中国古人智慧的了解，增加了文化自信。

此外，近年来，很多荧屏内外的大型节目表演和文艺活动也以"讲好中国故事"，弘扬民族优秀文化，展示大国形象为主题，比如新中国成立70周年庆祝晚会、冬奥会开幕式的节目表演、春节联欢晚会等。20年前的春节联欢晚会注重以丰富的娱乐节目来彰显节日的喜庆气氛，让观众感受到家庭团圆、欢乐喜庆的浓浓年味。近年来的春节联欢晚会在以往内容的基础上，明显增加了弘扬中国优秀文化和人文精神的主题，并将这些主题以相声、小品、歌曲、杂技等多模态叙事方式演绎出来。2008 年的北京夏季奥运会开幕式以彰显中华民族的优秀传统文化为基调，以气势恢宏的节目表演向世界提供了一场中国优秀传统文化的盛宴。2022 年的北京冬奥会开幕式则采用先进的技术，用简单而带有中国文化特色的连接世界的中国结、二十四节气的照片、中华卷轴、蓝色星球、奥运火炬等多模态符号表达了民族团结和融入世界的中国；表达了中国秉持“和谐万邦”的思想精神以及构建人类命运共同体的理念；体现了中国人对于世界、对于未来的感受，也感动了全世界。这些大型的文化表演和主题晚会就是一个个完整的故事叙事，以不同的环节代表故事情节，多模态元素共同参与故事内容的叙述与表达，以此实现讲好中国文化的故事，弘扬和彰显中华文化思想、精神和价值理念等目标。

本章小结

本章我们首先分析了“讲好中国故事”的缘起和内涵。“讲好中国故事”是让世界了解真正的中国，重塑中国的国际形象，提高文化软实力和国际话语权的现实需要，也是推进“一带一路”建设高质量发展，协同广大发展中国家更好地参与国际治理，推进构建更合理的国际新秩序，共同构建人类命运共同体的需要。“讲好中国故事”就是要采用故事叙事的方式，用各种话语形式描述中国的历史与现状，呈现中国的优秀文化，阐释中国智慧和中国方案。因此，“讲好中国故事”是一个事关中国发展和人类进步的宏大主题。为此，我们探讨了“讲好中国故事”的主要研究范畴，从范围上、层次上和维度上明确了我们要讲的“中国故事”的内容范畴，并从故事主体、故事叙事、故事表达、故事传播和故事接受等方面提出了“讲好中国故事”需要研究的命题。然后，我们探讨了“讲好中国故事”的现实意义，分析了当前“讲好中国故事”所面临的现实困境和主要问题，并从中国故事的选题与内容提炼、故事讲述者的培养、故事的叙事与话语表达以及故事的传播等方面探讨了“讲好中国故事”的维度和举措。接着，我们基于故事、话语与叙事之间的关系分析，明确了话语叙事在“讲好中国故事”中的核心地位，提出了中国故事的多模态话语叙事范式，并结合故事叙事的三个结构层次及其相互之间的关系，提出了“讲好中国故事”“传播好中国声音”的四个步骤。最后，我们选择了电影叙事、纪录片叙事、短视频叙事、广告叙事和文化类节目叙事这几个典型的动态多模态话语叙事类型，结合实例说明中国故事在不同语篇类型多模态话语叙事中的讲述情况。

第六章　多模态话语叙事范式下中国故事的国际传播

第一节　中国故事对外传播概述

一、当前中国故事的总体传播格局

自从 2013 年习近平总书记正式提出“讲好中国故事”以来，距今已有 10 个年头了。在这期间，国家叙事、话语研究和对外传播研究在理论和实践上都不断深入，并取得了明显进展。在理论上，中国对外话语体系和“一带一路”话语体系逐渐形成，很多新概念、新范畴和新表述被提出，并融入系统的思想理论体系中。中国特色社会主义文化建设硕果累累，很多优秀传统文化思想和价值理念实现了符合时代发展需要的创新性表达，并融入中国特色社会主义文化体系中。例如，传统儒家思想的“修齐治平”对应当代的“家国情怀”，“民惟邦本”对应“以人民为中心”，“和而不同”升华为“互学互鉴”，“见利思义，义然后取”对应当代的“共建共享”等。这些影响中国人的独特思想价值和民族精神不仅形成了中华民族最基本的文化基因，也构成了“中国故事”的内核。在国际传播实践中，以信息技术和全媒体为支撑的国家对外传播能力和传播效果有了很大提高。一方面，中国故事以文本类、多模态、可视化等多样化叙事形式体现在宣传海报、视频新闻、纪录片、宣传片、文化类节目等各种类型的话语实践中，最终通过书籍、电影、网络、电视机、手机等多种媒介，通过国际互访、文化交流、学术会议、社交媒体等多种平台和渠道实现更广泛的传播；另一方面，中国故事的主题越来越丰富，所涉及的领域和内容范畴也愈加广泛，在自媒体和融媒体技术的普及下，传播主体更加多元，传播范围更加广泛。因此，从横向来看，中国故事的表现形式、传播方式、传播平台和传播路径更加多样化；从纵向来看，中国故事的对外传播已不再依赖官方自上而下的统一部署和具体落实，而是实现了更广泛的赋权。在此情况下，中国故事的叙事和传播主体也不再限于话语精英和对外宣传人员，而是扩大到上自国家机构、国家领导人，下至普通百姓的多层次、多元化传播主体。总体来看，近十年来，中国故事的主题、叙事主体、故事内容、叙事方式、话语表现形式、传播主体、传播媒介和传播渠道都愈加丰富多元，中国故事的对外传播格局已初具模型。

二、中国故事在对外传播中面临的具体问题

虽然中国故事的对外传播总体格局已基本形成，但在具体的传播实践中仍存在一些问题亟待解决，包括中国故事在叙事中存在的话语沟通问题、故事的叙事逻辑和建构问题以及传播平台和渠道的整合问题等。下面我们具体分析这些问题，以便为其找到具有针对性的解决措施，从根本上提高中国故事的对外传播效果。

（一）中国故事的话语沟通能力有待提高

在故事叙事中，故事是叙事的内容，话语是故事的建构和表达方式，叙事结构和话语共同实现故事的内容、情节、审美、情感和价值等。因此，有了好的故事题材和故事内容，则叙事结构和话语表达决定着故事是否吸引人和影响人，并在很大程度上决定了故事的传播效果。当前，中国故事的话语建构包括学术话语建构、政治话语建构、大众话语建构甚至网络话语建构等多种话语类型或话语体系的建构和表达（丁秋玲、张劲松，2020）。在中国故事的对外传播中，故事的话语沟通已经超越单纯的翻译问题，还涉及不同类型话语之间的沟通，成为一个复杂的传播问题。现阶段中国故事的话语沟通能力还比较弱，主要存在两方面的问题：一是主流机构媒体在境外平台的话语沟通不够，包括对对方话语内在的逻辑理解和表达不够，对中国话语再语境化的思考不够，对话语外部互文征用不够，以及对境外网络话语的掌握不熟练等问题。二是不同话语类型彼此之间的互文性不够，不能围绕共同的故事主题进行互文性话语建构。

首先，对故事接收方的话语内在逻辑理解不够。话语沟通的前提是对对方话语的深刻理解，重点是理解其内在逻辑。目前主流机构媒体对对方话语的理解有时还停留在字面或表面的意义上，导致在回应时说服了自己却难以说服对方（张超，2022）。话语是包含意识形态的陈述，任何话语的生成都基于特定的时空和语境。要理解对方的话语，并将我们自己的话语以近似于对方的话语逻辑建构和表达出来，让对方能够理解并接受我们的话语内容和话语背后的意识形态，必须首先厘清对方话语的内在逻辑和表达习惯，尽量避免直接从官方或意识形态的角度进行理论阐述或辩论。然而，目前我国的主流机构媒体在这方面做得还不够好。2020 年 9 月，国家外文局发布的第七次“中国国家形象全球调查”报告显示[①]，在境外受访者中，18%的人认为中国的视听内容存在话语表达方式不地道，看不明白的问题。8%的受访者认为，中国的视听节目不善于讲故事，内容不吸引人（朱新梅，2021）。我们的主流机构媒体虽然在境外社交平台上的账号众多，在话语传播方面却存在有理说不出、说了传不开的问题。

其次，对中国话语的再语境化思考不够深。在特定语境下生成的话语要在传播中与其他话语进行沟通，必然要经历再语境化的过程，尤其是当传受语境与话语生成语境不一致的时候。目前，主流机构媒体缺少对中国话语的再语境化思考，一定程度上忽视了传受语境的特殊性，导致话语沟通出现障碍，有时会引发境外用户的不理解甚至抵触。

再者，在故事传播中对话语外部的互文征用不足。从接受的角度看，读者或者听者对话语的理解可能是多义的，这除了与语境和文化有关，还与互文性有关。主流机构媒体在讲述中国故事的时候比较关注文本内各个话语构成元素的整体性和逻辑自洽，但对于当前文本与外部其他文本之间的互文征用关注不足。在话语组织上，与用户所处话语体系中各类文本的主动对接和纳入能力有待提高，这也是发生“自说自话”情况的一个重要原因。这种互文征用性不足也体现在国内不同类型的话语中。当前，在中国故事的话语建构和表达中，政治话语、学术话语、大众话语和网络话语彼此之间的互文性不足，不能够就同一故事或者同一主题的故事进行彼此征用或互文，这种话语间的壁垒和不融合导致好的故事不能得到更为广泛的传播。

---

① 引自：朱新梅. 统筹国内国际两个市场，加快国际传播能力建设［J］. 中国广播电视学刊，2021（9）：16-21.

最后，对境外网络话语掌握不熟练。不同国家和地区的不同社交平台存在媒介文化差异。在多模态话语流行的当代传播中，话语的表现形式除了文字，还有“梗”、表情包、网言网语等广义上的话语形式。尤其是年轻人，他们是社交平台的达人，也是主流机构媒体需要重点关注和影响的对象。当前我们的主流机构媒体对境外社交平台上流行的“梗”回应甚少，说明它们对境外网络话语的认识和掌握还不够娴熟，在社交平台的传播中没有充分释放网络话语在沟通交流中的潜力。

（二）中国故事的叙事建构有待提高

人们通过叙事来讲述世界、理解世界（伯杰，2000）。从本质上说，国际传播就是一套展现国家实力与利益需求的叙事体系（常江、杨奇光，2014）。中国故事的叙事建构主要体现在叙事主体、叙事视角、叙事思维和叙事的互文性等叙事维度上。叙事建构会影响故事讲述的整体效果以及跨文化传播中故事的可接受性和吸引力。虽然中国故事的叙事主体已经形成多元化结构，但是在对外传播中，真正有影响力的叙事主体还是比较单一，仍囿于政府机构及其官方代言人，没有形成具有国际号召力的意见领袖和非官方国际组织（徐敬宏 等，2022）。虽然官方赋予的身份地位可以增强对外传播的量级，确保信息具备公信力和传播价值，但相对单一的叙事主体限制了受众对叙事空间和故事内容的想象，一定程度上削弱了小微叙事的话语生命力。

在叙事视角上，从总体来看，中国故事的叙事视角较为狭窄。我们过于关注“讲好中国故事”，推进中国文化传播，对引进优秀的外国文化和中外文化的融合发展讲述不多。这种“你—我”划分的二维叙事逻辑体现了“各美其美”的文化发展倾向，不能满足“美美与共”的文化交流需要。在“讲好中国故事”的过程中，如果忽视“世界在中国”“文化融合在中国”以及“世界历史维度下的中国变革与发展”等多元叙事视角，就可能导致中国故事在对外传播中出现“水土不服”的问题。

随着中国故事对外传播的进行，中国故事的叙事思维相对滞后。一直以来，我国的国际传播侧重于呈现中国的成就和优势，对发展过程中遇到的矛盾和问题讲述甚少，因而常会导致“正面报道”却带来“负面效应”的结果（崔鹏、王峰，2020）。因为有些外国媒体偏好关注中国社会发展中的一些问题，并在其报道中重点突出，借以引发国际舆论的关注。中、西两个不同版本的故事书写不仅导致中国故事的语境错位、叙事断裂，也使国内主流机构媒体疲于澄清和回应，从而丧失议题设置的主动权。

此外，中国故事的叙事不仅在话语上存在壁垒，交互征用性不强的问题，在叙事互文性方面也不足。互文性不仅体现在话语上，还体现在主体的身份、主题、内容、意义以及社会历史之间的相互联系与转化关系上（李玉平，2014）。按照不同的叙事主体和组织结构，中国故事的叙事可以分为宏大叙事、中叙事和小微叙事三种叙事模式。这三种叙事模式分别代表国家、集体和个人三个层面的故事叙事。中国故事在这三种不同的叙事模式下，能够得到更全面的建构，适用于不同层次的媒介平台和传播渠道。然而，每种叙事模式本身又囿于特定的故事范畴，使故事接收者对中国故事的了解局限在某一个层次的范围内。当前，中国故事的宏大叙事比较完整、系统，并经常征用一部分小微叙事的故事内容和叙事视角。但是，小微叙事可能因为叙事主体专业能力和叙事视角的局限，难以兼容宏大叙事的故事内容和价值，更难以从社会历史发展的维度呈现故事的宏观历史意义和社会意义。

（三）我国主流机构媒体对国际传播平台和渠道的整合利用不够

媒体技术的发展与普及丰富了信息传播平台和传播渠道，逐渐形成了大众传播、社交传播、网络传播和智能传播四大机制叠加的多元媒体传播格局（方兴东、钟祥铭，2022）。对于以跨地区和跨文化为主要特征的中国故事国际传播而言，故事内容固然重要，但是媒体渠道的建设和平台的整合利用效果对中国故事的国际传播效果具有更直接的影响。目前，相对于以推特（Twitter）、脸书（Facebook）、优兔（YouTube，又译“油管”）为代表的国际媒体平台和路透社、美联社、法新社等国际通讯社而言，我国全球媒体平台的建设进程仍旧缓慢。我国的媒体机构在境外社交媒体平台上主要采用“租用链接”的内容生产方式，缺乏创造性链接，致使我们的信息发布和受众反馈都受制于人。虽然我们的微博、微信、抖音等社交媒体应用在国内拥有庞大的活跃群体，但缺乏国际化的战略定位，其本身的叙事模式与话语表达也难以融入国际传播平台的叙事需求，对中国故事的国际传播贡献不大。由此可见，从信息的国际传播规律来看，中国故事的传播是一个对内传播和对外传播的有机整体，这就要求理顺对内传播与对外传播体制，打造具有国际影响力的国际集群，整合内外媒体平台资源。但是，从目前来看，我国主流机构媒体国际传播平台建设与整合利用还面临以下挑战：

首先，自主平台之间的协作困难。要实现中国故事的最佳传播，需要构建全媒体对外传播体系，打造互联互通的主流机构媒体平台群。尽管近年来我国各级别的媒体机构在陆续向融为一体的目标努力，但在国际传播实践中，不同平台之间的融合效应尚未发挥好。从横向来看，当前我国主流机构媒体国际传播平台的协作程度较低，不同媒体机构之间还没有形成常态化的沟通协调机制（田香凝、曾祥敏，2022）。这在一定程度上限制了主流机构媒体国际传播平台从议题规划、受众识别、渠道分配到效果检测的全程协同管理，进而带来媒体资源的浪费和传播节奏不一致、音调不和谐等问题。从纵向来看，中国故事的国际传播主要由中央主流机构媒体平台领衔，未能充分激活地方媒体平台的传播效能。要知道，一些地方媒体具有突出的地缘优势，比如广西壮族自治区与东南亚国家密切的经贸往来和文化交流，新疆维吾尔自治区与多个中亚国家相连互动，风俗相近。这些地区当地的媒体在国别与区域传播方面比中央媒体更具有亲和力和影响力。但是因为地方媒体与中央媒体平台缺乏联动和融合，致使地方媒体在中国故事的对外传播中尚未发挥出应有的作用。

其次，境外平台网络的嵌入不足。媒体融合不仅是媒介形态的整合升级，也意味着基于融合后的媒体平台所产生的新的媒介交互关系和网络结构。我国主流机构媒体虽然通过账号入驻的方式进入了推特、脸书等国际传播平台，但在境外社交平台的传播网络中，我国主流机构媒体的嵌入程度依旧很低。并且，我国主流机构媒体境外账号的互动和对话意识不强，对平台信息流的影响力不大，不能为中国故事的有效对外传播建构一个中国话语在场的国际传播格局，进而不能很好地带动中国故事在平台之间以及用户之间实现多次传播和扩散。此外，我国主流机构媒体对境外用户的行为偏好分析不够深入，从而限制了主流机构媒体账号与境外用户的关系连接和社群巩固，这些都不利于中国故事的境外传播。

最后，受地缘政治的影响，我国主流机构媒体平台融入国际传播体系过程受阻。在传统媒体时代，大众传媒是公共注意力的权威管理者。而在当今的算法传播时代，拥有算法技术的互联网传播平台定义信息可见性的权力越来越大。不同平台会基于自身的利益和意识形态需要开发出不同的筛选、过滤和推荐模式，对全球信息进行把关。加之，全球平台系统延续着国家之间的博弈与竞争，互联网空间被地域权力和地缘政治所控制，导致主流机构媒体的平台化发展存在传播结构不平等的问题。例如，自2020年以来，美国政府对TikTok（抖音境外版）、微信等中国互联网平台进行强购和打压，并游说他国拒绝使用中国的媒体应用软件。可见，在充满过滤气泡的境外社交平台上，在不稳定的全球传播秩序中，我国主流机构媒体要想扩大平台，真正融入世界主流媒体平台，还需排除很多复杂的风险因素。

第二节　中国故事的多模态话语叙事传播机制

从故事的叙事与传播流程来看，故事的叙事与传播可视为一个有机整体。故事以一定的话语形式来建构和表达出来，并通过印刷品、电影、广告、广播等媒介，经由书籍流通、网络、电视机、手机、电脑等传播渠道传播出去。在全媒体时代，故事的叙事和传播往往可以同时进行，比如现在流行的网络直播。这也意味着故事从叙事到传播所需要的时间跨度很窄，可以是一瞬间。在中国故事的对外传播中，基于相应的文化语境，以恰当的逻辑思维和表达方式实现故事的建构表达，通过合适的传播媒介和传播渠道，在共享的网络传播平台的加持下，是能够探索出推动中国故事实现广泛、快速传播的有效机制的。在本节，我们将基于上节中所探讨的当前中国故事对外传播所存在的具体问题结合叙事传播的规律，探究中国故事多模态话语叙事传播的有效机制。

一、完善中国故事的多模态话语叙事范式

叙事范式（narrative templates）是叙事表征的概括性结构。它以社会文化语境中的文化工具（cultural tools）为中介，生成能够反映同一主题的不同具体叙事，故事与故事之间在表达上相协调、相一致，每一个独立的故事集合在一起作为一个整体表达其背后深层次的共同文化表征（Wertsch，2008）。中国故事就是以具有文化传播功能的文化工具即不同的话语形式，来建构和表达中华民族丰富的文化。近十年来，在语言学、符号学、话语分析和传播学等各领域学者们的共同努力下，中国故事已经形

成了多模态话语建构和表达的范式，体现在各种多模态话语作品中，如翻译文本、儿童绘本、电影作品、纪录片、短视频、视频广告、宣传片、电视文化类节目等。在自媒体、全媒体和网络平台的支撑下，这些话语作品正以不同的速度和效果进行海内外传播。只是，鉴于中外文化语境、叙事逻辑、叙事思维、叙事视角和话语表达等方面固有的差异，中国故事的多模态话语叙事在语境重置、话语沟通、叙事结构等方面还存在一些问题亟待解决。从总体来看，应从以下三个方面完善中国故事的多模态话语叙事范式。

（一）以多模态话语构筑语境的共通性

叙事的语境有多种维度的划分。按照媒介来划分，可以分为新媒体语境和传统媒体语境；按照文化来划分，可以分为西方文化语境和东方文化语境；按照社会空间来划分，可以分为民间语境、官方语境和公共语境等（刘瑞生、王井，2019）。中国故事叙事同时在不同的语境中建构和传播，不可避免地会存在因语境的差异而带来的中国故事在理解、接受和传播中的障碍。互联网使各语境群体中的人们联系日益紧密，同时也加剧了不同语境群体所形成的舆论场之间的文化交锋与融合。从国家叙事的语境来看，舆论场的文化属性更强，因此可以分为大众文化语境、官方文化语境和精英文化语境。以通约性更强的多模态话语范式来讲述中国故事能够构筑情景语境的共同性，最大限度地弥合文化语境在意识形态、文化背景等方面的异质性。例如，长期以来，境外民众对中国文化和中国人民的了解主要停留在表层层面。他们所熟悉的中国文化是饮食、中医药、武术、大熊猫、高铁等，绝大多数普通的外国民众对中华文化的价值观和道德观不太了解，甚至完全不了解。近年来，好莱坞电影中点缀的中国文化元素有所增加，BBC 也接连推出有关中国的纪录片，我国国产电影和电视剧中也融入了一些西方的文化元素甚至语言。这些电影、纪录片、电视剧等多模态话语叙事兼容了语言文字、字幕、图像及其形成的具象性场景，构筑了叙事语境的共通性，进一步促进了大众层面上中外文化的交流与彼此之间的理解。电影、纪录片等多模态话语叙事可以在此基础上，进一步在叙事语境上实现从“他者”转换为“共享者”。在对外“讲好中国故事”的过程中，需要根据不同的接收对象，用多模态话语构筑适合目标对象的通约性叙事语境。尤其重要的是，要针对我们与目标对象在价值观念和治理理念等方面的差异，构建一个具有共享意义的语境空间，为其更好地理解中国故事的内容和意义提供语义环境。

其实，追求真善美是人类共有的价值体现和目标追求。但是，受意识形态和文化认知等方面的局限，“这个时代最大的悲剧在于，民族国家未能理解彼此最好的一面”（赫伯特，2014）。相反，很多民族国家之间却存在误解甚至敌对情况。为了通过“讲好中国故事”来促进外界对中国的真正了解和理解，中国故事叙事不仅需要在内容和形式上建构国际化的情景框架，在叙事手法上也要符合媒介环境和国际共有知识。这就需要通过多模态话语，采用多模态文化隐转喻等修辞方式提升故事表达和认知的共享性和互通性，突出中外共享价值的内涵和意义，创新一些与中国历史发展和现实特点相符合的新概念、新表述，在对外传播中主动设置话语议题，通过多模态话语构建的共享语境和意义空间来提升中国故事传播的有效性。

（二）以小微叙事勾连情感的共通性

增强价值认同，改善我国的国际形象，进一步提高我国的国际话语权，是对外“讲好中国故事”的重要目标。宏大主题的国家叙事集中讲述了国家发展、民族进步、对外交流等主题故事，展现了中国特色社会主义建设、发展和对外交流的历程，反映了中国的价值追求、国家梦想和民族精神。这类故事主要通过官方账号和传播平台对外传播。但正如前文我们强调的，YouTube 等一些国际主流媒体平台受到在政治和意识形态上具有反华思维的政客操纵，采用算法技术对宏大叙事的中国故事进行过滤和屏蔽，导致我们的主流媒体和宏大叙事的中国故事在嵌入一些境外主流媒体平台时困难重重。相反，一些小微的民间故事叙事却不受这样的限制。例如，火遍中外的李子柒的微视频叙事，采用小微叙事的方式，讲述中国的民间饮食、风俗、节日、优秀传统文化故事等，在 YouTube 上获得了数亿点击量，受到两千多万粉丝的长期关注。即便是在其停止更新视频的两年多以来，还是有大量用户反复回放其以前的视频。可见，小微叙事对传播中国故事具有很大潜力。

“讲好中国故事”要遵循“以形动人”“以事服人”“以情感人”“以道化人”的叙事逻辑和叙事特点（蔺叶坤，2022），以大众喜闻乐见的方式表达故事情节，以多模态共情叙事的方式实现“以形动人”“以情感人”

和“以事服人”的目标。多模态小微叙事就具备了上述特点，以微视频采用小微叙事的方式讲述中国民间的故事，越是生活化、接地气的信息符号，传播效果越好（张雅洁，2022）。以多模态小微叙事的模式来讲述中国的民间故事，通过具象化的叙事技巧来营造情感意境、塑造人物形象，实现以形动人。以多模态符号构建共享语境、渲染情感，促进故事的叙述者与故事观看者之间实现情感交流和互动，在情感共鸣中使故事观看者理解和认同中国故事的内容、价值观和精神诉求。“以道化人”是“讲好中国故事”的重要目的，也是衡量中国故事讲得好不好的重要指标。“讲好中国故事”之“道”在于通过故事将中国奉行的科学的世界观、价值观以及社会主义建设的本质属性、理念等传递出来。抽象深奥的理论讲述显然不能引起广泛的关注和大众的兴趣。以多模态小微叙事的方式，通过多模态符号创建并呈现相关的故事场景和故事情节，表征人类共同的价值追求，激发人们感同身受的思想认知和精神诉求，实现以理共情，故事方能以事服人，并具有“化人”的力量。

此外，多模态小微叙事还可以通过情感的共通性来促进创作者和观众之间实现文化共情和理念共情，达到深层次的文化认知与认同。小微叙事往往从微观的视角出发，记录自然事物和百姓的日常生活，具有强烈的烟火气息和丰富的文化内涵。《舌尖上的中国》和李子柒的有关四季更替中农作物的耕种、收获、餐饮制作与享受美食的微视频就是从细微处，用多模态符号和镜头来创建和记录特定的场景与人物事件，呈现人类共有的自然语境和文化符号。这种小视角、平民化的故事叙事是那么的真实、和谐，不仅包含了天然美食制作、邻里往来、亲情友情，还在具体的人物关系和故事情节中体现了个人梦想、责任、价值和家国情怀。这些正是小微叙事要传播的信息，观众在烟火味十足的共情叙事中感受、认知、认可中国优秀的文化。同时，这些小微叙事所表征的尊重自然、自力更生、敢于创新、互帮互助的精神品质是人类社会共有的价值导向和文化理念。多模态小微叙事以此实现了中外人民的文化共情和理念共情，避免了二元对立的文化分歧，有利于在情感和文化认同与交流中促进中外文化融合，提高中国故事的传播效果。

（三）提高中国故事的多模态话语沟通能力

上文我们提到在中国故事的对外传播中存在话语沟通能力不强的问

题，导致中国故事在国际上的可理解性和可接受性不足，从而影响了中国故事的对外传播效果。本部分我们从故事的话语叙事、表达、互文等方面探讨提高中国故事话语沟通能力的策略。首先，对于主流机构媒体而言，主流机构媒体要将其惯用的宏大叙事和严肃的政治话语或国家话语通过具体的故事形态沟通为关系话语和网络话语，以便更好地嵌入境外用户的网络平台中。通过多模态话语形式，充分利用非语言符号来建构共享语境，以更加直白的表达方式讲述具体的历史故事和现实故事，使其适合低语境文化群体的认知逻辑，降低他们理解中国故事的难度，提高其对中国故事的理解效果。其次，要根据传播内容来设定故事主题，分类别建构故事，并根据故事接收对象的文化背景、话语逻辑和欣赏偏好，以适当的话语表达来讲述故事，以降低文化折扣的影响。故事讲述者要尽量从“他者”视角看待自己的表达，寻找话语的误读点，探寻对方能够正确理解该话语的内在逻辑。再次，同样的传播内容可以用不同的话语、建构不同的故事、采用不同的表达方式来传播，避免对宏大叙事和政治性、学术性等严肃话语的依赖。比如，在传播科学的世界观、价值观、外交观、安全观、发展观等抽象的观念和优秀的文化理念时，可综合使用宏大叙事、中叙事、小微叙事三种叙事模式和不同类型的故事，尽量确保不同叙事模式相互耦合，将故事置于多个传播路径和平台进行交互传播。尤其要注意的是，主题相同、叙事模式不同的叙事作品要相互征用和互文，减少不同话语间的壁垒，促进相同或类似主题的中国故事在话语沟通和互文中实现碎片化、交互性长线传播。最后，故事进入媒体传播平台之后，故事的真实创作者和主流机构媒体要通过网络和数字技术检测故事的接收、点评、转载情况，适时调整和重构后期故事的话语和叙事模式。

值得注意的是，中国故事要在多元文化之间传播，必须考虑故事对不同文化群体的适应性和兼容性。然而，在实践中，不可能做到故事的讲述与不同文化群体的受众一一对应。好在人类社会正在进入网络共同体时代，信息的跨平台、跨渠道流通愈加便捷，多模态话语叙事作为通约性最强的叙事范式是对外传播中国故事的最佳叙事范式。在中国故事的讲述中，要尽量使用多模态话语符号、网言网语、模因等表达方式，提高话语的亲和力，拉近彼此之间的距离。除此之外，在中国故事的话语叙事上，还可以采用“外国人讲中国故事”的新模式，从外国人的视角出发，探讨外国人喜欢听什么样的中国故事。让真正了解中国的外国人讲述中国的故事，表达他们对中国历史、现实、文化、发展模式、外交思想等方面的看法。这种传播主体的易位能够在一定程度上消除国际传播中存在的认知壁垒，更加切合境外受众的需求，也增加了中国故事的可信度（林隆强、李子叶，2021），使更多境外受众从情感、理智上都愿意相信中国故事，有利于实现故事的二次、三次甚至裂变式传播。

二、建构中国故事的多模态交互式国际传播模式

有了好的故事主题、内容、叙事以及合适的话语表达，则有效的传播机制和传播策略是实现中国故事广泛、深入传播的必要条件。基于上节我们提到的中国故事在对外传播中存在自主平台协作不佳、境外平台网络嵌入不足，对国际传播平台和渠道的整合利用不够等问题，本部分我们从中国故事国际传播模式的建构和协同化传播等方面探讨如何建构中国故事的多模态交互式传播机制。

（一）以跨文化理念建构国际传播模式

中国故事传播包括对内传播和对外传播，无论是对内传播还是对外传播都会面临跨区域、跨文化所带来的信息流通和理解方面的障碍。这就意味着无论是故事叙事、话语表达，还是故事传播，都必须持有跨文化的理念。前文我们提及，就中国故事的叙事和表达而言，我们要采用多模态话语叙事范式，以多模态话语构筑语境的共通性、提高故事的多模态话语沟通能力，以小微叙事勾连情感的共通性，以降低故事在跨文化理解过程中所存在的文化折扣、叙事逻辑和话语逻辑上的差异性。同样，就中国故事的传播而言，我们要基于跨文化理念，构建中国故事的国际传播模式，以全媒体思维打通中国故事的国际传播渠道。

首先，中国故事的对外传播要采用跨文化传播思维，而不是宣传思维。依据叙事传播的机制，叙事与传播是一个连续的整体。叙事是为了信息传播，传播思维和传播模式也影响故事叙事和话语表达。如果以宣传思维来对外传播中国故事，往往会导致故事的宣传性较强，情节不生动，表达不形象，传播平台和传播渠道狭窄，传播面有限等问题。采用跨文化传播思维意味着更多的传播主体参与故事传播，更多传播渠道将被开发应用，更多的传播平台将被介入。跨文化传播思维也意味着传播视角的多元

化，直接丰富了故事类型、叙事模式和话语表达，进而从整体上提高故事的叙事传播效果。

其次，构建中国故事的国际传播模式。中国故事的国际化传播既需要故事的叙事和表达贴近境外受众的叙事逻辑和表达逻辑，也需要在传播模式上凸显国际化特征，即中国故事的对外传播要构建国际化传播模式，而非局部的或区域性传播模式。这就需要自上而下地进行规划、布局和落实，构建对内传播、对外传播一体化的国际传播模式。优化顶层设计，突出区域优势，增加传播主体，丰富传播平台和传播渠道，尤其要更全面深入地嵌入国际主流传播平台。通过增加账号，优化故事叙事和表达方式，加强国际合作等方式，增加中国故事在国际主流媒体平台上的占有率和被关注度。

最后，进一步打通中国故事的国际传播渠道。前文我们说到地缘政治等原因，导致部分境外主流媒体对中国的网络传播平台进行打压，并通过算法技术来筛查、屏蔽和限定一些中国账号和信息在境外传播平台上的流通，这势必导致中国故事在境外的传播渠道变窄。为此，我们要以全媒体思维打通中国故事的国际传播渠道，除了加强与国外主流媒体之间的合作以外，依据叙事传播的原理，还可以通过改变故事标题、叙事模式、多模态语篇类型等方式来避免一些敏感主题和话语表达，以此来摆脱部分境外媒体平台对来自中国的信息传播的限制。此外，要丰富中国故事的多模态话语形式和故事讲述与传播的主体，加强国际传播品牌建设，提高议题设置的话语权，充分利用国际上的非主流媒体，借助全媒体技术继续拓展中国故事的境外传播渠道。

（二）通过媒体互联实现中国故事的协同化传播

在中国故事的传播中，跨文化传播模式的建构是一种传播意义上的布局，是基于中国故事传播的跨文化理念和中国故事跨文化传播实践的需要而构建的国内外一体化传播模式。在此模式下，要实现中国故事的全面深入传播，还需要通过媒体互联促进传播主体之间和媒体之间的协同化传播。在互联网和融媒体时代，互联网的特质包括：在资源上以丰裕替代稀缺、在传播行为上以互动替代单向、在传播渠道上以平台替代管道（黄升民、刘珊，2015），这就使得不同媒体之间和传播主客体之间的协同化传播变得非常便捷。

首先，通过媒体互联实现中国故事传播主体之间的协同化传播。传播主体的协同化传播表现在两个方面。一是故事叙事上的互文与征用。即对同一个主题，不同的传播主体可能会以不同的叙事模式、叙事方式和话语来先后建构和表达不同的故事。这些叙事主体在建构和表达故事的时候，可以利用互文性来呼应和征用其他叙事主体的部分作品内容、话语表达和主题内涵。二是故事传播过程中的协同互助。不同的传播主体可以改编、转载彼此的故事，促进同一个故事以不同版本通过不同渠道进行传播。这里的传播主体范围十分广泛。依据故事的多模态叙事传播原理，在自媒体和融媒体时代，部分故事的接收者可能会点评、下载、改编他人的故事，并通过社交媒体分享故事，进行二次传播。在这种情况下，故事的接收者就变成故事的传播者，同一个故事可以在不同主体之间不断被改编和再次传播，最终形成裂变式传播。在推进中国故事对外传播的过程中，要在视频拍摄、剪辑、优化处理等方面加强对传播主体的培训，提高其创新能力，推进中国故事在多元传播主体的协同中实现裂变式快速传播。

其次，通过媒体互联实现中国故事在媒体之间的协同化传播。这一点可以体现在媒体之间的横向协同上，也可以体现在媒体之间的纵向协同上。在横向协同上，不同的社交媒体可以实现技术上和信息传播上的沟通，相互分享和转载彼此平台上的故事，扩大同一故事的传播渠道和传播范围。在纵向协同上，可以加强地方媒体与中央媒体之间的互联互通。中央主流机构媒体的巨大影响力与地方媒体在故事特色以及故事在周边国家传播所具备的文化和地理优势可以形成互补关系。通过媒体互联，中央主流机构媒体既可以非常便捷地丰富中国故事的素材和故事作品，又可以协助地方媒体在更广泛的范围内传播具有地方特色的中国故事。

第三节　多模态话语叙事范式下中国故事的国际传播策略

在上文中，我们基于中国故事在对外传播实践中存在的具体问题，结合叙事传播的原理，从中国故事多模态话语叙事范式的优化和多模态协同传播模式的建构两个方面，探讨了中国故事多模态话语叙事传播机制的建构。在此基础上，本节我们将从中国故事的多模态叙事、传播主体、传播平台和传播路径等方面探讨多模态话语叙事范式下中国故事的国际传播策略。

一、优化中国故事的多模态叙事

依据多模态叙事传播的原理与机制，要进一步提高中国故事的国际传播效果，必须首先优化中国故事的多模态话语叙事范式，丰富故事的叙事主体。在上文中，我们从提高中国故事的多模态话语沟通能力、建构语境的共通性和情感的共通性三个方面探讨了优化中国故事多模态话语叙事范式的维度。在此基础上，本部分，我们将进一步从中国故事的叙事结构、叙事策略、叙事主体的多元化等方面探讨如何进一步优化中国故事的多模态话语叙事，以提高中国故事的吸引力和传播效果，并实现中国故事的传播目的。

（一）优化中国故事的多模态叙事结构

“讲好中国故事”除了要在宏观上进一步优化叙事模式，兼顾宏大叙事、中叙事和小微叙事，促进其彼此之间的互文与征用，实现交互性叙事以外，还要从微观上注意叙事结构的调整。多模态叙事结构一般分为表现结构、表层结构和深层结构。表现结构是指多模态叙事话语结合适当的叙事技巧形成的形式结构，具有直观性、修辞性和审美性（陈小娟、陈先红，2019），即由多模态符号和符号组合形成的直观的表象世界。表层结构的实质是文类规约（陈小娟、陈先红，2019），体现为多模态符号的有效使用和设计，以实现意义的建构和表达，再配合镜头剪辑、VR（虚拟现实）或 AR（增强现实）等技术的应用以完成作品创作、主题设置和意义阐释。深层结构指话语表达的抽象内容，即深层的意义结构，体现了叙事作品的文化意义和社会价值。无论是何种类型的多模态叙事作品，在讲述中国故事的时候都要遵循表现结构和表层结构服务于深层结构的叙事逻辑。通过恰当的话语设计、叙事技巧和技术应用，来构建多模态叙事语篇，设置故事主题，铺陈故事情节，表征故事要反映的内在文化内涵和价值意义，这也是对外“讲好中国故事”的初衷。也就是说，我们要通过叙事结构的设计和优化来讲述好能够表征中国优秀文化，传递科学价值观、思想理论和政策主张的中国故事。

（二）强化中国故事多模态叙事主体的对话性和主体间性

虽然当前已经形成了多元叙事主体共同参与“讲好中国故事”的格局，但是，各叙事主体之间或故事讲述者之间的对话性和协作性还比较弱，不能形成更大的合力。必须加强主体之间的对话性，突出主体间性。主体间性指有类似经历的不同主体在观念、视角、立场、理念上的共享（Verhagen，2008），是不同主体对于互动现实和社会现实的共同生产（Schegloff，1992）。在国际传播的语境中，可以多讲述沟通中外的中国故事，这类故事隐含着讲述者和受众之间的对话。我们要将故事讲述者和受众都视为故事的主人公，融合双方视角和类似的价值观，以此确认共享的纽带，拉近彼此之间的心理距离。可以将内群体的故事建立在其他群体故事的基础上，通过借用或引用其他群体的故事扩大对话的空间。比如，美国版的《功夫熊猫》和《花木兰》，这两部电影就是借助中国的文化元素“熊猫”和木兰从军的故事来挖掘当代中、西方人民可能共享的价值元素，一定程度上融合了中、美双方共同的价值观，受到两国人民的喜爱。同理，中国的纪录片《舌尖上的中国》以 BBC 经典纪录片为模板，在创作理念、叙事结构和拍摄技巧等方面进行了借鉴和吸收，表征了中西方共享的生活主题、饮食文化和审美价值，引发了海内外观众的强烈共鸣。以上例子体现了中外不同故事主体对同一或类似社会现实的共同生产，具备了主体间性的叙事特征，赋予沟通中外的故事多元而形象化的内涵，为更好地叙述中国故事提供了新的视角和源泉，也使同一主题故事的多元叙事主体在对话与共同叙述中促进了故事在不同文化群体中的有效传播。

（三）使用中国故事的多模态无语别叙事策略

“无语别”是全球首档无语别青年演讲节目《与世界说》中首次提出的概念。它有两层含义：一是字面意义，指节目录制的同时进行不同语种的同声传译，即现场翻译演讲内容，在信息传播上实现同期化、同质化、精准化，减少语言不通导致的理解障碍。这种信息传播模式与联合国同声传译的模式一致。二是它的隐喻意义，即建立通约性的话语体系和减少“文化折扣”的表达策略（孙鸿菲、漆亚林，2022）。无论是哪一种含义，无语别都旨在借助新媒体技术，实现话语内容和形式上的一致，以最大限度地弥合不同文化背景的信息接收者在理解上的差异，更加清晰地传达意义。多模态无语别叙事策略指在多模态话语叙事中，采用无语别策略，即将同声传译融入多模态话语叙事中。以往的纪录片、电影、演讲节目、宣传片等多模态叙事语篇往往将英语作为世界通用语言，用英文字幕作为提示，以减少不同文化群体受众在语篇理解上的障碍。这种方式更适合精英阶层或英语水平较好的受众，受众面十分有限，后期的翻译和转播时效性差，缺少现场感，也容易产生歧义和误解，不可能实现信息的快速、有效、广泛传播。通过“无语别”的方式，可以最大限度地降低信息编码和用户解码上的语义损耗，从而减少“文化折扣”现象，是达成话语共识的重要表达策略。对于“讲好中国故事”和“传播好中国声音”而言，在多模态叙事语篇中使用无语别策略，既体现了对多元文化受众的尊重，传递出文化平等的理念，又能最大限度地提高中国故事的可理解性，并充分展现中国故事及其背后的思想力量和精神力量，彰显中国人民的世界格局，有利于在中国故事的国际传播中建构良好的中国形象。

二、整合中国故事多模态叙事的国际传播平台

依据多模态叙事传播原理，故事要么在多模态叙事、表达、传播、再叙事、再传播中不断循环，最终实现更广泛的传播，要么在多模态叙事、表达、传播中销声匿迹。“讲好中国故事”的直接目的是实现中国故事的广泛、深入传播，并最终对中国和世界产生影响，而不是在单向传播中销声匿迹，在世界上不留下任何痕迹。那么，除了要在叙事和表达上下功夫之外，打通国际传播渠道，融入国际传播平台，是不可缺少的传播环节。本部分我们将从传播平台的建设方面探讨中国故事的传播策略。

（一）实现我国主流机构媒体自建平台与入驻平台的整合

信息的传播平台是汇集、沟通信息，保障信息安全，实现信息辐射性传播的必要条件。中国故事对外传播要面向全球几大洲多个国家和地区，没有信息传播平台的支撑，不可能实现循环、广泛和深入的传播。中国故事传播平台的建设和利用主要包括两个方面：一是自建平台，二是入驻平台。在实际使用过程中，要整合利用自建平台与入驻平台，发挥彼此的优势，整合各自的信息传播技术、渠道和用户，从而实现最佳的信息传播效果。对于自建平台而言，在网络信息时代，首先要打造我们自己的国际传播互联网自主平台，提高国际传播的主导权和主动性。将优秀的中国故事汇集到中国自主构建的国际互联网平台，并通过技术更新、团队运营、品

牌升级等策略提高平台的竞争力，扩大平台的影响力。目前，一些中国互联网新媒体平台已纷纷出海，并取得了不错的成绩。如腾讯视频境外站 WeTV 覆盖了 110 多个国家和地区，甚至在东南亚市场已经进入本地主流人群，95%的用户都在用当地语言观看，为中国故事在当地的深入传播奠定了基础。对于入驻平台而言，中国故事的对外传播要充分利用国际主要互联网平台，进入境外主流用户群体。YouTube、Facebook、Twitter 等国际互联网平台是国际用户汇聚的主流平台。中央广播电视总台已经入驻这些平台，并推出多语种账号，吸引了境外数亿粉丝。在此基础上，还可以增加地方和个人账号的入驻数量，以多种语言，通过多模态话语叙事，将各种类型的中国故事上传这些平台。李子柒通过个人账号入驻 YouTube，以典型的多模态话语叙事讲述中国民间的故事，并将故事以微视频的方式上传 YouTube 平台，成为该平台上订阅用户数量最多的中文频道。她的单个视频播放量有的已超过 8 000 万次，好评率高达 97.8%（冯薇 等，2022），评论涉及十余种语言。这充分说明了国际主流媒体平台对传播中国好故事的巨大推动力。

（二）构建以多模态话语为基础形式的多语言传播平台

从上述中外传播平台的建设与整合应用来看，中国故事的对外传播是典型的多主体、多平台、多元化、交互式信息传播模式，这就意味着多语种并存是国际传播平台的基本特点。因此，我们自主构建的国际传播平台也要实现多语种兼容性。在这一点上，中央广播电视总台已经做出了示范，推出了 44 种语言对外传播平台，打造了多语种特色工作室。但是，大多数地方性的媒体传播平台所使用的语言还比较单一，以汉语和英语为主，这与地方媒体传播平台的语言和人才资源等不足有关。李子柒的成功提醒我们，以非语言符号为主要意义建构方式的多模态话语完全可以克服语种资源不足的问题。因此，各地方媒体平台可以转变思路，因地制宜，利用其地缘优势，打造融汉语普通话、英语、邻国语言为主要语种的，以多模态话语叙事为中国故事的基本叙事语篇的多语言传播平台。甚至在故事的素材和资源上，也可以就地取材，用当地和邻国共通的外语和汉语，以多模态话语叙事范式，讲好中外睦邻友好的故事，以此大大提高故事理解上的通约性，借助中外联合媒体平台实现中国故事在周边及以外的国家或地区辐射性传播。

（三）整合国际传播互联网平台

在网络、数字和当今的算法传播时代，国内和国际的传播平台都离不开互联网。在信息流通类型上，视频类和电子文本类信息传播已经取代印刷媒介，成为信息流通的主要形式。以多模态符号为建构和表意方式的视频话语成为信息传播的重要话语形式，且各类新媒体传播平台对视频话语都具有兼容性，用户可以直接打开、下载甚至转载视频资料。但是，有些地区因网络设备不发达或当地媒体的垄断与限制，致使部分信息不能广泛流通。在此情况下，一方面，国内要整合媒体资源，通过媒体互联打造融媒体平台；另一方面，要加强国际合作，建立网络共同体，实现优势互补，并借助网络共同体和国内外传播平台实现中国故事线上传播的互联互通，搭建起立体化、多样化、勾连中外的中国故事对外传播网络体系。

三、拓宽中国故事多模态话语叙事的国际传播路径

除了要建构和拓展传播平台之外，创新中国故事的传播路径也非常重要。传播路径跟故事叙事、传播主体、传播平台、传播媒介、传播渠道等要素都有密切关系。本部分将依据多模态话语叙事传播的原理与机制，结合全媒体时代信息的国际化传播特征，探讨创新中国故事国际传播的路径和策略。

（一）创新基于文化语境的国际传播路径

中国故事对外传播需要基于“地方中国”的文化实践，以“全球中国”为视野（徐敬宏 等，2022），从公共外交、媒体议程、文化实践和理论研究等多个层面，创新中国故事多模态话语叙事的对外传播路径。

首先，大力开展数字公共外交。新型冠状病毒感染疫情发生后，虚拟空间成为人们开展话语实践的重要场所，也使得数字公共外交成为后疫情时代国际传播的重要形式。多元化传播主体的参与使数字外交融合了人际传播、群体传播、组织传播和大众传播的特征，需要着重关注话语的语境和情景，开展融合叙事的传播策略。通过短视频、宣传片、境外新闻报道以及视频博客和图片博客等多模态话语叙事，将中国故事中的文化理念和思想价值“还原”至低语境文化，以内外视角相结合的叙述方式提升中国故事的可理解性及其内涵思想的可接受性。

其次，善用复调传播，增强媒体议程的设置能力。综合利用多元叙事

主体和多种媒介的传播力量，着眼于中国社会实践，创新中国故事的叙事策略，以多模态话语叙事为主，讲述生动形象的中国故事。可以邀请参与中国建设和发展的不同群体参与故事叙事，分享自身的经历和观点，带动国际上更多人走进中国、感受中国、了解中国，在复调传播中不断生成新的故事情节和情感共鸣。就媒体在国际上的议程设置而言，我国的主流机构媒体要遵守国际舆论引导的时效原则，把握好议题设置的最佳时期，加强对跨文化议程设置的重视，并注重叙述方式和叙事意象的创新，提升中国故事的对外传播实效。

再次，要利用国际交流平台，促进文化互鉴。中国故事的对外传播兼具“功能”与“人文关怀”，要充分利用国际赛事、文化活动、电视文化类节目等国际交流机会，通过节目展演、纪念物品、宣传海报、演讲发言、赛后活动等，用多模态话语来设计、建构和讲述不同类型的中国故事，促进中国故事在国际交流与文化互鉴中实现浸润式传播。

最后，要通过多模态话语叙事体现中国的理论创新、思想创新以及政策主张的科学性与合理性。“讲好中国故事”毕竟不是一般意义上的讲故事，不仅要求故事讲得好，有吸引力，国际社会能“听”懂，更重要的是还要体现中国的思想理论、价值理念和对人类社会发展所持有的科学可行的政策主张。这些是国际社会共同关心的问题，容易引发受众更强烈的兴趣和关注。比如，宣传性传播思维下的“一带一路”和人类命运共同体理念面临被曲解和误读的困境。要通过多模态话语叙事，既讲好故事，也讲好道理，阐释好理念和思想，走出对对内传播思维和西方话语路径的依赖。如此，中国故事的国际传播才能更通畅，传播范围才能更大，传播效果才能更好。

（二）以全媒体思维打通国际传播渠道

要对中国故事的国际传播渠道进行进一步的探索，使中国故事的对外传播呈现多元、立体的传播态势。在视频播放平台遍地开花的时代，多模态话语叙事已经成为各种场合常用的叙事方式。无论是线上还是线下的会议交流、活动实践、节目表演、教学研讨等，几乎所有的交流与传播活动都会用到多模态话语，尤其是视频类多模态话语。中国故事的讲述和传播也不例外。多模态故事叙事、多元传播主体和多媒介传播平台的参与，使中国故事的对外传播走向多元立体的传播格局。在此情况下，要以全媒体思维进一步打通国际传播渠道。首先，要寻求和开发与国外主流媒体多方位的合作，全面建立中国故事的国际传播关系，为充分利用全媒体对外传播中国故事奠定基础。俗话说得好，“前车碾开路，后车不沾泥”，建立了良好的国际传播关系，就意味着打通了中国故事的国际传播渠道，从而更加有利于中国故事走向国际。其次，在此基础上，再充分利用全媒体技术开展中国故事的多模态国际传播。全媒体融合了报纸、电视机、广播、杂志、影像、卫星通信等多种媒介，对任何形式的多模态话语叙事都具有兼容性。中国故事的国际传播要在全媒体思维中，充分运用全媒体日新月异的特点、随时随地传播的优势以及多模态叙事更新和再次传播的便利，使中国故事国际传播的渠道更加顺畅。最后，要充分利用各种线上和线下举办的国际活动，如国际论坛、国际电影节、国际学术会议、文化交流年互访活动、国际体育赛事、代表团出访等国际交流活动，以不同类型的多模态话语叙事，通过人际传播、群体互动传播和影像的再次和多次传播，形成中国故事的多元、立体化、交错式传播网络。

本章小结

本章我们首先探讨了当前中国故事的总体传播格局，分析了中国故事在对外传播中面临的具体问题，包括中国故事的话语沟通能力有待提高，中国故事的叙事建构需要进一步优化，我国主流机构媒体对国际传播平台和渠道的整合利用不够等。在此基础上，结合多模态叙事传播的原理，从完善中国故事的多模态话语叙事范式和建构中国故事的多模态交互式国际传播模式两个维度，探讨了中国故事多模态话语叙事传播机制的建构。就优化中国故事的多模态话语叙事范式而言，要从构筑语境的共通性、勾连情感的共通性、提高多模态话语的沟通能力等方面展开。就构建中国故事的交互式国际传播模式来讲，要在遵循跨文化理念的前提下，构筑中国故事的国际传播模式，促进媒体互联以及叙事主客体之间的互动，以此来实现中国故事的协同化传播。本章的最后一节，进一步从优化中国故事的多模态话语叙事结构，强化叙事主体的对话性和主体间性，以及多模态无语别叙事策略的使用等方面探究了进一步优化中国故事多模态话语叙事的具体方式。并从国内外媒体传播平台的拓展与整合，以及中国故事多模态话语叙事传播路径的创新和传播渠道的开拓等方面，探讨了多模态话语叙事范式下中国故事的国际传播策略。总之，多模态话语叙事范式下中国故事的国际传播要采用跨文化传播思维，用多模态话语构筑语境的共通性，整合国内外传播平台，强化中国故事多模态话语叙事与传播的主体间性，用全媒体思维来创新国际传播路径，打通国际传播渠道，以进一步提升中国故事的国际传播格局，促进中国故事在全球范围内的有效传播。

下篇

应用部分

第七章　电影叙事与中国故事的国际传播

第一节　电影叙事研究概述

一、电影叙事的传统研究

电影叙事是现代叙事理论、话语理论和艺术理论共同发展的结果。传统的电影叙事研究在对具体的电影作品进行叙事分析时，往往从这三个理论体系出发。就叙事理论的应用而言，电影叙事采用了文学叙事研究的一些概念和方法，从叙述视角、叙事空间、叙事模式、修辞的使用、场景描述、情节结构等方面分析故事中的人物形象、情感纠葛、主题意蕴，并结合时代背景和现实生活，探讨电影作品反映的社会问题、商业价值及其社会意义。就话语的理论应用来说，传统的电影叙事研究一般侧重丁阐释电影中话语的表达艺术与技术问题，没有从表意机制上分析电影话语的意义建构和认知效果。尤其是对于非语言符号的分析，尽管非语言符号被纳入了意义资源，但并未从其表意机制上进行具体分析，而是从影像学、美学和艺术学的角度分析其对故事中人物形象的建构、场景的塑造、情感的反映等叙事意义。就艺术理论的使用来看，电影叙事往往从艺术美学的视角出发，分析电影作品中蒙太奇、符号、声音、画面、镜头等“电影话语”的使用及其所体现的艺术效果。

电影叙事一般基于有声影像，从话语、故事和主题这三个层次展开。第一个层次是知觉层，即影像呈现的光影物理层，也是话语表达层；第二个层次是叙事层，即知觉影像所能承载的叙事功能，也是电影叙事的内容维度，即故事层；第三个层次是诗意层，是除去容易被人识别的知觉层和叙事层以外的表意层面，即叙事的主题或价值。这三个层次是由表及里、由实而虚、相辅相成的关系，共同构成了影像文本的动力表达系统（刘婷，2006）。传统的电影叙事分析就是依据上述三个理论体系，从话语、故事、主题三个维度，结合电影自身技术的独特性和叙事艺术的普遍规律来分析具体的电影文本。因此，传统的电影叙事研究范畴很广，涉及语言、文学、艺术、电影学等多学科知识的综合运用。电影叙事研究对语言符号和非语言符号在电影中的使用及其功能分析，主要涉及其意义的表达效果，表征的文化内涵，实现的美学价值，以及对故事的叙述视角、叙述效果、人物形象、人物关系等方面的影响，等等。可以看出，相对于以纸质文本承载的文学叙事对语言符号的绝对依赖而言，传统的电影叙事分析从符号学、语言表达、蒙太奇和镜头等多重视角分析电影的话语表达层，挖掘其对故事叙事和价值层面的影响。电影叙事分析对故事层和价值层的研究主要从故事的叙述视角、叙述者、叙事空间、叙事时间、叙事模式等方面，结合电影的时代背景和主题意向，探讨其内含的思想情感、矛盾冲突、价值追求和艺术美学，以及其反映的社会生活、传递或塑造的某种形象、发扬的某种精神或对人类社会的启示等，以进一步挖掘电影叙事的社会文化价值。当然，不同类型和题材的电影有各自的叙事特点、语言风格和社会文化意义，这增加了电影叙事的研究范畴和价值。

二、电影的多模态话语叙事研究

多模态话语研究基于系统功能语言学符号的意义潜式、概念隐喻、社会互动等理论基础，对不同语篇类型的多模态话语进行分析。系统功能语言学和认知语言学有关话语功能与认知的理论为多模态话语意义的建构、表达和认知提供了理论依据。电影也是多模态话语的一类，已有学者对影片进行多模态话语研究（孙小孟，2019、2020；潘艳艳，2020a），从功能、认知、评价甚至批评的视角探讨电影中多模态话语的使用，意义的建构、表达、认知及其对影片的交际目的、思想主题、文化内涵、意识形态和文化价值的实现等方面的功能和潜在的意义。电影的多模态话语叙事研究基于多模态符号本身的意义潜式，从多模态话语的意义建构、表达方式、认知机制等方面，结合电影的主题、人物、情节和叙事策略等要素分析电影作品的社会文化价值。

对比电影叙事的传统研究和电影的多模态话语叙事研究，可以发现，二者既有共性，又有不同。其共性体现在，二者都是通过话语和叙事分析探究电影作品的主题意蕴、反映的社会现实、传播的思想精神等社会意义。其不同之处在于研究的出发点和研究视角存在差异。传统的电影叙事研究侧重于把电影视为动态的文学作品，或者银幕上的影像文学，主要从故事叙事的视角探究电影的社会文化价值。其对话语层面的研究集中于话语的使用及其在故事叙事中的作用，如从人物的语言表达、叙述者、影像、文化符号、镜头组合、蒙太奇等方面分析电影话语，挖掘这些话语表达或符号表达的叙事功能和叙事艺术。传统的电影叙事研究仅仅将话语视为故事内容的讲述方式，语言和非语言符号本身被认为具有交际意义和文化内涵，分析者只需分析故事的叙述视角、语言的表达技巧和所应用符号的文化与艺术价值，不需要关注电影中话语自身的组成、意义建构和认知的合理性与有效性。电影的多模态话语叙事研究属于多模态话语叙事研究的一类，侧重于从多模态符号本身的意义潜式、意义建构和认知机制出发，分析影片中多模态符号的整合运用及其所建构和表达的再现意义、互动意义、构图意义和隐喻意义。再通过对这些意义的梳理和分析，阐释影片的主题、思想精神和文化价值。也就是说，电影的多模态话语叙事研究从语言学和视觉语法出发，将话语视为叙事分析的基础和主要分析对象，在此基础上再结合叙事策略和叙事方式探究电影作品的社会文化价值。由此可见，电影的多模态话语叙事研究既关注电影话语本身的使用规则、意义建构、表达情况和认知机制，又关注话语在故事叙事层面和主题价值层面的应用情况，以及话语与叙事整合视角下电影的整体意义。因此，电影的多模态话语叙事研究比传统的电影叙事研究在电影作品的分析逻辑上更为合理，分析也更为全面。

第二节　多模态视域下中国故事的电影叙事

在上文中，我们分析发现电影的多模态话语叙事分析对故事的话语层面研究更为深入，兼顾了电影话语本身的建构、意义表达和受众对意义的认知与理解情况。这使得电影的多模态叙事研究比传统的电影叙事研究在逻辑上更为合理，分析也更为全面。毕竟，电影话语是典型的多模态话语，非语言符号在其意义的建构和表达中占有很大比例，甚至超越语言符号的使用比例，并扮演比语言更为重要的角色。这将严重影响电影话语的整体表达效果。有时候，这种影响是积极的，能够更好地传递影片信息，表达人物内心情感，折射人物形象，实现美学价值。但是，有时候，非语言符号的过多应用、镜头的组合和蒙太奇叙事的融合应用会使电影话语的意义趋于抽象，并导致情节跳动跨度过大，让观众看得云里雾里，不明白影片要表达的主题，也不理解人物的情感和影片要传递的思想，更欣赏不了影片的艺术之美。这种“抽象派”影片既不能启迪心智，又不能娱乐身心，更不具备美学价值。但是，这类电影并不少见。要通过电影来“讲好中国故事”，就特别需要注意影片的话语建构与意义的表达和认知效果。本节我们将从多模态话语叙事的视角探讨中国故事的电影叙事原理与机制及其对利用电影叙事“讲好中国故事”的启示。

一、多模态视域下中国故事的电影叙事——原理与机制

“讲好中国故事”就是要通过具体的故事来体现中国的过去、现在和未来走向，树立国际形象，传递中国智慧。这里的故事包括中国各领域的故事。凡是故事都与人有关，电影也是通过具体事件，用话语和恰当的叙事方式、叙述视角来塑造人的形象，表达人物情感，传递思想精神，实现社会价值。具体的电影作品表现为多模态话语形式，电影通过人物的语言表达、字幕、动态影像、声音、蒙太奇甚至镜头的缩放来建构电影话语，通过视觉叙事和听觉叙事共同构建多模态电影叙事的整体框架。故事是电影的核心内容（姜小凌、张昆，2020），话语是建构故事的基石，也是深化情感与主题的载体。通过电影话语来建构和讲好故事，以实现电影的社会价值，这是电影的使命。电影通过多模态话语建构故事内容、故事空间和故事场景。演员在多模态符号所建构的故事空间和场景中通过多模态话语完成故事情节，塑造人物形象，展现人物关系。故事主题是抽象的思想情感、立场信仰等意识形态意义，是在具体的故事情节中，通过话语、修辞和叙事策略实现的。这里的修辞是一种认知思维方式，表现为隐转喻等意义表达手法。

在文学作品中，作品的主题意蕴可以借用叙述者之口，用文字表述出来。在多模态电影话语中，人物的思想情感、精神诉求、价值观念等抽象层面的意义主要通过多模态隐转喻机制来实现意义表征。多模态隐喻是源

域与目标域分别用不同的模态来表征的隐喻，转喻亦是如此。例如，可以用具体的图像来表征抽象的思想（隐喻），用人物的表情和动作来表征人物内心的情感（隐喻），用语言、动作和故事场景来表征特定的价值观念和行为规范（隐喻），用五星红旗来表征中国（转喻），用特定人物的一句台词表征集体的信仰和立场（转喻），用人物的个体事件表征同类人物的集体经历等（转喻）。可见，这里的隐喻不是传统意义上的修辞，而是一种意义表征和认知方式，即概念以隐喻的方式来表达和认知。从概念隐喻的本质来看，概念隐喻理论认为隐喻本质上是概念性和认知性的，是人们借助一个概念域去理解另一个概念域的思维方式（Lakoff、Johnson，1980）。隐喻是一种思维方式，普遍存在于人的认知思维之中。始源域和目标域作为不同的事物，处于认知系统内的两个心理空间。人们基于社会体验和认知心理基础，根据这两类事物之间的相似性，将始源域映射到目标域，实现空间映射，理解隐喻意义。如果是多模态隐喻，不同的模态符号能够表征不同的空间域，形成多重映射关系，认知主体需要对这几个空间域进行整合，即概念整合（Fauconnier，1997），最终实现对多模态隐喻意义的识解。多模态隐喻具有动态性、叙事性和鲜活性，并通过概念整合而形成更新颖的隐喻，产生丰富的意义（Forceville、Urios-Aparisi，2009）。因此，概念隐喻和整合理论是意义结构的动态模式，对于分析认知主体对多模态话语的意义建构与识解过程具有较强的解释力。电影叙事通过多模态隐转喻机制将电影主题表征为具体的多模态话语，观众在欣赏电影的故事叙事中，结合具体的语境和故事情节，通过概念隐喻和概念整合的认知思维方式来识解电影所述故事的主题。

二、电影的文化性对“讲好中国故事”的启示

电影是一种综合的艺术表现形式，与文化有着紧密的内在联系。电影用镜头语言记录并展现着丰富多彩的物质文化形态，用多模态隐喻和转喻表征精神文化内涵。因此有人说电影本身就是一个完整的“文化表演”（马军英，2011）。电影用多模态话语建构属于本民族特有的文化形态，表达和传递民族文化意义和核心价值观念。文化隐喻是电影艺术诉诸电影手段的一种形式隐喻（王欣欣，王鸿洁，2015）。在多模态电影话语中，文化隐喻通常隐含于多模态视觉、听觉、镜头切换，以及蒙太奇剪辑之中。文化的内在意义与其概念隐喻的结构一致（Lakoff、Johnson，1980）。一方

面，多模态隐喻意义借助多模态符号所构建的文化语境来实现；另一方面，多模态符号本身也是传递文化信息的手段。电影作品中的动态影像、声音、色彩等模态及其构建的社会文化语境，是实现文化隐喻中始源域向目标域的映射，体现文化内涵和传递价值理念的重要手段。此外，跳跃的空间意象兼具叙事和隐喻的双重功能。电影通过动态图画、色彩、音乐与蒙太奇堆叠等多模态手段构建空间意象，隐喻不同时空下的文化内涵和价值理念。并且，影片在构建故事情节的同时，还通过多模态文化符号呈现文化意象。中国功夫、服饰、戏曲、建筑、自然景观和古董文物等是展现中国文化意象较为集中的领域。电影作品利用影像技术，采用镜头拍摄、蒙太奇手法等将多模态文化符号交叉重组，在具体的叙事过程中，形成不同的文化意象，表达出丰富的文化意义，并将特定的文化思想和精神追求隐喻于艺术表现和情节表达中。

综上所述，作为受众群体较多的电影，可以通过具体形象的故事叙述、多模态文化隐喻和文化意象，在“讲好中国故事”，实现价值引领，普及道德伦理观念和传承民族文化精神等方面实现更多的文化职能。电影作品通过多模态文化隐喻和文化意象让观众更好地理解电影主题，领悟电影叙事中所隐喻的文化内涵、价值观念和道德伦理等，这些也是“讲好中国故事”要传递的重要信息。不同类型的电影，其所反映的主题思想各异，实现的社会价值也不同，这也正好迎合了讲好多种类型中国故事的需要。因此，电影叙事是“讲好中国故事”，传播中华文化的有效方式之一。要利用不同类型、不同题材的电影，灵活运用多种叙事模式和意义表征方式，“讲好中国故事”。

三、实例分析

华语功夫类电影具有悠久的历史传统，对于讲好中国武术故事、中国历史故事和中国优秀传统文化故事具有典型的代表意义。1938 年，《方世玉打擂台》作为首部功夫影片诞生于香港，这与香港具有特定的历史文化氛围有关。从 1972 年李小龙主演的《精武门》到 1994 年李连杰主演的《精武英雄》，到 2006 年李连杰主演的《霍元甲》，再到 2008—2019 年甄子丹主演的《叶问》四部曲，这些华语功夫片以鸦片战争后，中国长期作为“东亚病夫”的国际形象受到外敌侵略或侮辱为背景，讲述了近代中国人民争取民族独立、捍卫民族尊严的故事。这些具有代表性的华语功夫类影片以中国传统武术和功夫形象为特征，将中国武术的发展与时代背景有机结合起来，通过具体的故事情节，不仅直观地呈现了特定历史时期中华民族的故事，物质层面的文化形态，也通过多模态文化意象和文化隐喻表征了我国优秀传统文化的博爱思想、价值理念和民族精神，从跨文化的视角演绎中华精神和民族气节，激发和鼓舞着国内外华人同胞的文化自信。2020 年上映的华语功夫片《叶问 4（终结篇）》与《叶问 1》《叶问 2》《叶问 3》一起构成了《叶问》四部曲。《叶问》四部曲以同一主人公的故事演绎了咏春拳在中国近代不同时期、不同地区的传承与发扬。影片以比武的形式呈现中国武术文化，以不同时期的民族内外矛盾还原部分历史。从这个意义上讲，《叶问》四部曲既是中国武术的发扬史，也是民族抗争史、中外文化交流史。《叶问 4》以近 12 亿元票房收入成为中国电影史上票房最高的功夫类影片，堪称华语功夫片的经典之作。我们以经典华语功夫片《叶问》四部曲为例，从多模态话语叙事的视角，分析其如何讲好中国武术和中国历史的故事，反映中国优秀传统文化的思想、精神和价值观念。

其一，在故事情节中以多模态话语表征中华民族的核心价值观。作为承载价值观的载体和表达价值观的重要平台，华语功夫类电影通过视觉、听觉甚至 3D 技术的动感触觉等多模态话语形式所呈现的文化符号来构建文化意象，进行故事叙事，制造情节矛盾，隐喻并传播核心价值观。在以抗日战争为背景的《叶问 1》中，镜头之下，日军所到之处，烧杀抢掠，尸横遍野，断壁残垣，民不聊生。日军欺骗和诱惑中国练武人士与日本人比武，进行所谓的“中日文化友好交流”。一旦中国人打赢了，日本人随时会不讲规则地将其枪杀。在被迫与日本三蒲将军比武的过程中，在日军枪口威胁下的叶问，眼神愤怒、无畏，动作沉稳、利索，出拳快速、有力。在能够置三蒲于死地的情况下，叶问恪守武德，打败对方，留其性命。类似的情景也发生在《叶问 2》英国殖民统治下的香港。英国拳王“龙卷风”残忍地打死中国武师洪震南，侮辱中国武术。为维护中国武术和人民的尊严，叶问主动与“龙卷风”比武，却在可以置“龙卷风”于死地的最后一拳上收回铁拳。在《叶问 4》里，面对美国军方对唐人街华人的侮辱和打击，身患癌症的老年叶问顽强地战胜了巴顿，同样是在最后一击中，他拿捏分寸，留下对方性命。而且，《叶问》四部曲中表现最一致的是每次叶问打赢后，都没有表现出兴奋的样子，也没有露出胜利的喜悦，而是以一种悲天悯人甚至茫然无奈的表情站在那里。背景音乐要么低沉柔缓，要么悲壮大气。动态影像把这些非语言的多模态符号和他的语言表达“……相互尊重……”形成前后互文、衔接完整的文化意象，映射了中国传统儒家哲理“仁”“德”“诚”等思想，把“世界大同”“公平正义”“和平互尊”等中国核心价值观隐喻于故事情节之中，观众通过直观的视觉和听觉体验很容易感受到影片所传递的这些价值观。

其二，在事件对比和互文叙事中以多模态话语隐喻中华民族的道德伦理。正确价值观指导下的道德伦理是人们生活和工作的行为准则。比武贯穿了《叶问 1》到《叶问 4》的主线，分为国内和国际两种类型。跟中国人比武，无论对方是否友善，叶问的动作始终是以防守为主，点到为止，适时传播“仁”“诚”“善”“忠”的武德思想，推己及人，表现出诚信友善、以德树人的形象。在跟侵略者或外国侮辱者比武时，叶问的动作是防守与攻击结合，力度上毫不客气，以战胜对手为目的，构建了一个国家战士的文化意象。在伦理层面，《叶问》系列表现最明显的是叶问对家庭的照顾。在《叶问 1》中，面对突然前来要求比武的廖师傅，叶问宁可先陪妻儿吃饭。在《叶问 3》中，面对张天志为争夺“正宗咏春拳”称号所下的战书，叶问选择不去迎战，陪伴病妻。那边镜头下，赛场上各家门派、记者、媒体、观众齐聚一堂，焦急地等待叶问来参战。这边镜头中，叶问悠闲地陪病妻跳舞，陪妻子享受她生命中最后的美好时刻。后期比武中，叶问打败了张天志，然后叶问说了一句“其实最重要的应该是你身边的人”，随即镜头扫过观看他们比武的孩子，回放了从《叶问 1》到《叶问 3》中，叶问与妻子共患难，危难中彼此安慰、相濡以沫的片段。这些人物表情、动作、眼神、色彩、声音等多模态文化符号并置、交错，塑造了一位爱国顾家的武术大师的形象。影片在比武叙事的同时，隐喻了中国人应有的仁者爱人、以德树人、诚信友善和爱国顾家的道德伦理品质。

其三，在不同时代的特定场景下，借助多模态话语叙事讲述民族斗争的故事，隐喻民族精神追求。一个国家的电影能反映那个国家的精神风貌（郑博月、马海燕，2017）。一部优秀的影片能体现并传播其伟大的民族精神。《叶问》系列片以中国近现代史为背景。从 20 世纪 40 年代日军侵华时期的广州，到 50 年代英国殖民统治下的香港，再到 60 年代美国军方凌辱下的芝加哥唐人街。面对民族侵略和凌辱，电影以武术的一次次较量映射了中华民族一次又一次与不同时期的侵略者和凌辱者之间的抗争。无论是《叶问1》中叶问对战日本将军三蒲，还是《叶问2》中叶问对战英国拳王“龙卷风”，《叶问3》中叶问对战英国殖民统治下的香港黑势力头目，《叶问4》中叶问对战美国海军陆战队士官巴顿，镜头下的叶问始终从容不迫，动作沉稳，眼神犀利，表情坚定自信，语言义正词严，背景音乐紧张、沉闷、激烈、平静、雄壮相互交错。在比武的镜头下，叶问多次被对方重拳击倒在地。此时，影片以蒙太奇的方式将前面被打死的那些中国武师的动态镜像放映于叶问脑海中，呈现在观众面前。包括《叶问1》中被日军枪击的廖师傅、《叶问2》中被“龙卷风”毒打致死的洪师傅、《叶问4》中被巴顿打得奄奄一息的万会长。这些动态镜像呈现同胞们被毒打的动作过程，鲜血淋漓、肿胀扭曲的脸，不到生命最后绝不倒地的坚持。也有敌方残忍的动作，凶神恶煞、得意洋洋、表情轻蔑、语言恶毒的形象。伴随着由悲壮变换到雄壮的背景音乐，每一次叶问都能够重新站起来并继续战斗，最终以强有力的反击战胜对手，并留下其性命。这些多模态符号形成连贯的文化意象和故事情节，既表达了中国武师誓死捍卫中国武术和民族尊严的英雄气概，又隐喻了中华民族自强不息、厚德载物、勇于抗争、不屈不挠的民族精神。

第三节　中国故事的电影叙事与国际传播

电影作品是多模态话语叙事的重要载体，同时也作为传播媒介的物质实体，在对外传播中扮演着重要角色。每年各种影展和国际电影节竞相举办，汇集来自世界各国的多部优秀影片。这些影片在故事叙事、文化表征和艺术美学上都带有民族文化特色，是对外讲好民族故事、传播民族文化的重要媒介，引领电影文化和电影艺术的发展潮流。与此同时，各国的电影集团、电影协会等联合众媒体成立电影传播委员会等类似的组织机构，为国内外电影人和电影作品开通多方面、多层次的沟通和传播渠道，并整合国内外各种资源，搭建和利用多种媒介传播平台，加强国际合作，促进本国电影产业和电影作品对外传播。中国电影也不例外。作为故事、文化和艺术的重要载体，我们要利用好电影作品，“讲好中国故事”“传播好中国声音”。本节我们将结合电影叙事与国际传播的机制，探究全媒体时代电影叙事对中国故事国际传播的启示，探索利用电影叙事“讲好中国故事”和“传播好中国声音”的路径与策略。

一、电影叙事与国际传播

一部电影可以被视为一部故事片，一部从印刷文学转变为电影文学的故事片。纸质的文学作品用文字讲述故事，故事的人物、场景、情节全用文字描述，读者靠联想和推理来理解并欣赏故事。一部文学作品被改编为电影后，电影用多模态话语将故事视觉化，伴有语音、音乐甚至解说词等听觉叙事要素，使纯文字叙述的想象中的故事转变为可视化的、立体的、“现实”中的故事。视听模态所形成的真实的场景不仅能激发观众的兴趣和情感，还能将观众带入故事中，使之有身临其境之感。电影中的人物、剧情往往具有典型的代表性，能够调动观众的情绪，使其与故事中的主人公产生强烈的情感共鸣或者情感排斥，引发观众思想上的顿悟和心理上的慰藉。因此，电影无论在视觉上，还是在情感、心理上都对观众产生强烈的吸引力。电影以多模态话语构建的紧凑的故事情节，真实而生动的人物形象，以及通约性的话语表达，使之具有广泛的观众基础和极强的传播力。此外，作为信息传播媒介，在先进的通信设备和融媒体技术的支撑下，电影的信息传播力也得到极大提升。

首先，电影话语是共情传播的国际化表达。电影以多模态话语叙事的方式给观众呈现一个完整的、感人的甚至真实的故事。影像、声音与字幕组合使电影话语具有很强的通约性。镜头拍摄的真实或人为塑造的场景向观众展现了世界各地的民族文化特色，进一步增加了故事的吸引力。多模态话语叙事将大众化的或者特定人物的生活、工作、情感经历或心理历程直观地展现出来，与观众形成心灵对话和共情效应，进一步唤起了观众分享和传播影片的热情。

其次，融媒体技术的普及为电影作品的国际化传播提供了技术保障。在传统媒介下，电影主要通过露天银幕、影院、电视机等媒介实体来播放影片，传播故事。这种传播方式和渠道会因场地规模、座位数量以及播放周期等因素的影响而使故事传播的范围和速度都受到很大局限。要实现影片的国际性传播几乎不可能。随着通信设备的升级、网络和融媒体技术的普及，笔记本电脑、智能手机、iPad 等移动电子设备可以随时随地下载、存储、播放和转载电影作品，大大加快了电影作品的流通速度和广度。融媒体技术对电影作品传播的革命性意义表现在故事的跨文化、国际性传播。网络将世界各国、各地区真正地连接在一起。人们不再依靠有限的影院和流动的银幕来观看电影。网络电视机、电脑和智能手机搭载着各种传播平台，通过国际性合作，由无数网站将世界各国的电影资源整合起来，加之融媒体技术对各种移动终端和视频播放软件的兼容性不断提升，大大加快了电影作品的国际流通和传播速度，使世界各地、各种文化中丰富多彩的故事通过电影作品和融媒体技术与传播平台实现快速、广泛的传播。

最后，作为传播媒介，电影叙事是实现民族文化对外传播与交流的有效方式。电影不仅能通过多模态话语叙事将虚构的故事具体化和形象化，还能够还原历史、表征现实，具有极强的兼容性，可以覆盖社会文化的各个维度、各个层面。电影叙事的故事题材非常广泛，涉及社会各行各业的故事，包括当代都市生活的故事、农民的故事、知识分子的故事、领袖的故事以及历史人物和历史事件的故事。根据题材类型，电影可以分为喜剧片、悲剧片、功夫片（动作片）、侦探片、悬疑片、爱情片、科幻片、纪录片、传记片、动画片、音乐片等。从电影的类型可见，电影兼有文学、历史、逻辑、文化和艺术等多种学科属性，不仅能够讲好故事，而且能够通过讲故事的方式演绎和传播历史经典、民族文化和艺术美学。因此，电影作品的互通与交流既是讲好民族故事的需要，也是对外传播文化，实现跨文化交流的需要。

二、通过电影叙事推动中国故事国际传播的策略

根据多模态话语叙事传播的原理，通过电影叙事推动中国故事的国际传播，需要从故事叙事与传播两大维度考量。这其中涉及多个要素，包括故事题材、叙事模式、话语表达、传播媒介、传播主体、传播渠道、电影产业结构等。这些要素协同参与电影的故事叙事与传播。要充分利用电影叙事的传播潜能，提高其对外传播中国故事的效果，需要整合上述各要素的功能，使之形成合力，共同推动电影“讲好中国故事”“传播好中国声音”。

（一）电影叙事要打牢中华民族的文化根基

文化是一个民族的灵魂，“讲好中国故事”最重要的还是要体现中国文化内涵（黄会林 等，2015）。在故事题材的选取上要立足中国，讲述中华民族的故事，重在通过讲述中国故事来表达中国文化，突出中国文化风格，包括具有民族特色的物质文化和思想精神、价值观念、道德规范等文化的深层次内涵。在坚持这个原则的基础上再去考虑电影话语的国际化表

达。如采用线性叙事、多模态隐喻和对话性表达方式，以提高异域文化群体对影片故事的理解效果和对故事所传递的思想价值的接受度，以此提高中国故事的对外传播效果。例如，《叶问》四部曲就是在讲述中国武术故事的过程中，以暴力美学的方式，通过武术动作、服装等文化符号表征中国的武术文化，用多模态文化隐喻表达了中国所奉行的“厚德载物”“平等互尊”“公平正义”“不屈不挠”等思想价值观念和民族精神。电影以这样的方式既实现了“讲好中国故事”的目的，又对内强化了民族文化自信，对外推动了中华文化传播。

电影叙事要在故事讲述中通过多模态文化隐喻等方式传递中华民族优秀的文化思想和价值观念。截至目前，我国票房最多的爱国影片《战狼2》在这方面是一个典范。《战狼2》结合时代背景，宣传中国以人为本、生命至上、平等博爱等优秀传统文化和意识形态。影片背景是在非洲战乱中的某个小国，反政府武装势力猖獗，政府已经不复存在。其他国家的使馆工作人员都撤离回国了。这一背景作为输入空间Ⅰ，与影片中茫茫的非洲大草原上，一群啃食一头斑马的狮子和一头凶猛的、追逐吉普车中难民的狮王画面，以及冷锋的一句“海军陆战队来接你了”构成的这一输入空间Ⅱ相互映射，形成了隐喻关系。撕咬斑马的群狮隐喻了反政府武装红巾军和残忍的雇佣兵，被啃食的斑马隐喻了惨败的政府和受难的人民，追逐吉普车的雄狮隐喻了某些强国在他国危难时刻，不仅不出手相救，更有趁火打劫的意图。这一意象与危难中挺进战乱的中国海军舰队和代表中国形象、赤手空拳、深入敌区拯救受难人群的中国特种部队退役军人冷锋形成了鲜明的对比，凸显了中国以人为本、生命至上的思想意识和中国军人保家卫国，为人民服务，维护世界和平的光辉形象。

英雄和军事大片是构建国产电影的民族精神，挖掘丰富的民族文化内涵与独特的文化价值，增强民族凝聚力与文化自信的有力媒介，也是将中国声音、中国文化与世界文化交融，搭建中国与世界各国理解沟通的桥梁的有力工具。在冷锋去华兹工厂救助中国同胞的过程中，部分中国人和非洲人已结姻缘，生死关头，被迫分离。镜头下的动态画面里没有文字语言，也没有中国人得救的兴奋和喜悦，有的只是无奈和生离死别的悲痛表情。冷锋的一句“Every body，we leave together”顿时让所有的人欢呼起来，隐喻了英雄的气节和中非人民的友谊。影片借此传递出英雄不仅仅只是救死扶伤，英雄所拥有的不怕牺牲、人民第一、平等博爱的精神更值得我们崇敬与发扬等信息。这与我国政府提出的“一带一路”倡议中要构建“人类命运共同体”，实现“和平发展”“合作共赢”的理念和发展中国家“平等博爱”“互帮互助”的亲情纽带意识一脉相承。这种平等博爱的思想观念超越了国界。影片《流浪地球》也反映出同样的思想，从全人类的生存和发展视角出发，把人类命运看成一个“共同体”，灾难面前，人类必须发扬平等博爱的思想，共同“朝着希望出发”！

（二）增强同一主题故事的连续性和互文性，体现中国某一领域的发展历程或者优秀文化思想和理念的时代价值

一部电影的时长一般为 1.5 小时至 3 小时。要在有限的时间内完整、细致地讲好一个故事并非易事，尤其是一些有时代跨度的历史事件，电影要从背景铺陈、情节建构、人物变化、事件发展等各方面详述故事几乎是不可能的。多模态话语的使用、镜头的剪辑与拼接可以使情节之间实现衔接，减少剧情的跳跃性，帮助观众理解故事的发展脉络和因果关系。然而，有些故事涉及不同历史时期的多个事件和人物，这样的故事就类似于同一主题发生在同一主人公身上的故事集，更适合用电视剧的形式来讲。但是，相对于电影来说，电视剧的国际化传播规则更为复杂，传播流程更为缓慢。电影用较短的时间更能体现故事主旨和人物特色，相对集中的剧情也更易于理解。尤为重要的是，一部电影的时长更能满足当代人利用碎片化时间欣赏一个有头有尾的故事的内心需要。因此，在这一点上，电影具有不可替代性。“讲好中国故事”是让国际社会了解中国的历史和现实，用发展的眼光看待中国，以免有些人用片面的、偶然的事件误导很多人对中国的认知。电影通过讲好某一主题的、具有时代跨度的故事能够从一个侧面“讲好中国故事”。例如，《叶问》四部曲就是以中国武术咏春拳的发展为线索，通过不同时期咏春拳的发展状况，结合当时的历史背景和历史事件，用转喻的方式，以外国人眼中的咏春拳表征中华民族在近代史中所遭受的欺辱和质疑，以中外比武的过程和结果表征中国人民不畏强权，敢于斗争，自立自强的精神。《叶问》四部曲中的故事既有连续性，又有独立性，故事之间彼此互文，形成了一部中国武术的发展史，映射了中国近代从民族斗争到民族独立、从落后挨打到独立自强的发展历程。《叶问》四部曲还通过具体的故事情节和人物互动，表征了中国人在苦难中团结奋斗、一致对外、自强不息的民族精神，以及中华民族所奉行的独立自主、平等互尊的外交准则。

近几年的许多电影，如《战狼1》《战狼2》《红海行动》《湄公河行动》《八佰》《长津湖之水门桥》《长津湖》《金刚川》等基于历史事件，以多模态话语还原了故事发生的场景，建构了具体情节，塑造了真实、生动的人物形象。多模态故事叙事配合多模态隐转喻，以及宏大的叙事模式，使影片充满了独具特色的中国气息，彰显了中国人民保家卫国、视死如归的抗争精神，张扬了真、善、美的人性。真实的历史事件和真实的人性、人情让观众产生了同理心，有利于故事的传播。《长津湖之水门桥》《长津湖》和同期播放的电视剧《跨过鸭绿江》都是有关抗美援朝的故事。影片和电视剧在叙事上彼此互文，相互征用了一些历史线索，《长津湖》和《长津湖之水门桥》之间更是体现了同一时期历史事件之间的关联性，让观众更好地了解抗美援朝那段历史，更深切地感受到中华民族骨子里不畏强权的斗争精神。这类题材的电影尤其有利于对内“讲好中国故事”，让当今的中国人尤其是年轻人缅怀英雄，继承和发扬英雄们的爱国、拼搏和斗争精神，提高文化自信，强化文化自觉意识。对于境外观众来说，这类题材的电影有利于观众基于世界历史的发展轨迹，从更为宏观的视角了解中国近现代史以及中国人民所秉持的独立自主、世界大同、平等互尊、合作共赢的国家意识和国际准则。

由此可见，这类基于历史事件的英雄片和战争片没有把重心放在血腥的战争场景中，而是以多模态话语叙事的方式在具体的故事情节中展现人物的精神，转喻中华民族的气魄与韧性，从而给观众带来深度思考，让观众感受到中华民族无论在任何时期，遇到任何困难，面临任何挑战，都保持着国家和人民利益至上，以人民为中心，坚持人人平等的原则。同时影片所反映出来的价值观念很直观地告诉我们，在面对外敌侵犯与有损国家和人民利益的行为时，要保持心中正确的信仰，具有不怕牺牲、勇往直前的精神，积极寻求合作，用实力和智慧驱逐外敌，保家卫国。可以说，近几年上映的这类题材的电影非常振奋人心，让老一代中国人重温了历史，让新时代的年轻人目睹了中国军人的风采，感知、继承和发扬他们的奋斗精神，让境外观众通过历史和当今的事件了解中华民族优秀的文化基因，有利于进一步提升中国的国际形象，提高了文化软实力，增强了中国的国际话语权。

（三）在电影叙事中融入他国文化，使中国故事在民族性和世界性、本土化与全球化的沟通中展示出国家和民族形象

自近现代以来，随着交通和通信技术的发展，世界各国、各地区愈加紧密地联系在一起，多元经济和文化相互交流、合作、彼此影响甚至交融在一起，逐渐形成了“各美其美”“美美与共”的发展态势。作为世界上最大的发展中国家，自改革开放以来，中国逐步融入世界。尤其自 2001 年中国加入世界贸易组织（WTO）以来，中国特色社会主义市场经济得到了前所未有的快速发展。“一带一路”倡议的提出和“一带一路”建设实施的推进进一步加深了中国与沿线 100 多个国家和地区的交往。伴随着经济的合作与发展，中国文化与他国文化的交流也愈加频繁和深入。中国在与法国、俄罗斯等国家建立文化交流年之后，又通过“一带一路”主题电影节联盟的方式加强“一带一路”沿线国家（地区）之间的文化交流与合作。因此，在对外“讲好中国故事”的大背景下，电影叙事也需要其他文化的参照，国产电影的叙事与传播需要从文化的审美属性出发，寻找中国文化与其他文化在价值认同和情感交融方面的最大公约数，将中国精神的内核以秘而不宣的方式隐藏在故事中，建构更加积极、健康、向上、负责任的大国形象。对此，我们要改善国产影片的产业结构，改变只依靠少数尖端作品进入国际市场的局面，丰富国产电影的类型和风格，打通国内和国际两个市场，提高中国电影的年产值和影响力。要加强国际合作，以中国故事为电影素材，以中国文化为核心，通过多国取景拍摄来丰富叙事空间，插入异域文化，讲述中外人民友好交往的故事。好莱坞的《星球大战》和《007》系列影片在多国受到欢迎的原因就在于其涉及多元文化，充满新奇的想象力，甚至超越了人类文明。中国近年拍摄的《流浪地球》《战狼》《红海行动》《湄公河行动》等影片也融入了异域文化，通过具体的故事或事件展现了各国人民追求和平、反对战争、珍惜生命的共同价值追求和团结合作、勇于牺牲的精神。这些影片也通过多模态话语叙事，以暴力美学和转喻的方式表征了战争对人民的伤害和各国人民反对暴力、反对战争、向往和平、追求美好生活的愿景。这些影片在叙事上实现了线性化共情叙事，在文化上体现了多元文化的共同价值诉求，在表达上凸显了多模态话语与通用语言相结合的国际化表达方式。因此，这类影片受到了大量国内外观众的欢迎，票房表现都很不错，这对传播中国故事，改善中国的国际形象具有重要意义。

（四）丰富电影叙事的题材类型和故事类型

上面所列举和分析的战争片与英雄片主要从电影叙事对文化思想、价值追求和民族精神等方面的体现，强调了通过电影叙事来实现文化传播，提高文化软实力，塑造国家形象等方面的功能。作为完整的文化表演，电影的类型和主题要非常丰富，涵盖特定文化的各种特色，以最大限度地适应不同群体的观影需要。只有满足观众需要的电影，才能对观众产生深刻影响，才有实现广泛传播的可能。从整体来看，相对于上述战争片和英雄片的宏大叙事、震撼人心的故事情节与艺术效果而言，我国其他类型的影片在故事叙事和文化表达方面的总体表现一般。动画片、纪录片、悬疑片、爱情片、音乐片等类型的电影特色不明显，未能广泛、深入地挖掘故事素材，也不能从叙述方式、剧情编排、情节设计等方面很好地兼顾各年龄段和多元文化背景观众的心理和情感需求。单靠战争片和英雄片不足以全面地“讲好中国故事”，必须改变电影的产业结构，提高其他类型电影的叙事效果和表达效果。电影创作者要基于历史或当代中国社会中的代表性事件，提炼故事素材，明确其所适合的电影类型和主题，利用现有的空间环境或采用技术手段创造出合适的空间环境。采用微观或宏大叙事模式，充分利用多模态话语的叙事和表达功能，把片中的场景、人物、故事情节和音效强有力地结合在一起，形成具有东方文化特色的电影叙事和兼有国际通约性的话语表达方式，讲述好中国老百姓的故事、中外人民友好交流的故事。因此，要加强对电影人才的培养，丰富电影的叙事主体和传播主体。毕竟，用电影叙事来“讲好中国故事”不能仅仅依靠国内几个知名的大导演。国内一线导演大多比较擅长拍摄宏大叙事的影片，从民族和国家的视角出发，故事叙事具有很强的震撼力和宣传性。但是，一线导演的数量及其电影的年产量毕竟非常有限，也不能涵盖所有题材和电影类型。要快速全面地“讲好中国故事”还需要大量的微观叙事和中叙事影片，讲好中国各个阶层、各个行业、各个领域的故事，以克服中国电影传播长期以来所存在的较大的“文化逆差”这一缺陷。

当然，绝不能为了提高电影的产量而忽视电影的质量。好的题材、好的故事需要好的导演和演员把故事精彩地演绎出来，尽可能多地吸引更多的观众，提高电影的传播效果。为此，广大电影工作者还需要做好很多基础性工作。比如，既要整合国内的电影资源，做大做强本土电影市场，又要充分调查不同国家和地区的电影市场尤其是境外市场。深入调查不同国家和地区观众的观影爱好，采用有针对性的创作和传播策略，根据市场需求，拍摄相应类型、题材和叙事模式的电影，实现中国电影文化传播价值和资本价值的最大化。这里又涉及电影产业结构和电影秩序的问题，也就是说，要全面系统地做出规划，相关政府部门要相互协调，加强对电影市场的监管，杜绝电影市场出现杂乱无章的局面，防止个别导演为博人眼球、追求票房而拍摄一些以宣传中国文化为名，捏造虚假的、有损中国形象的故事题材。

（五）进一步拓展通过电影来传播中国故事的渠道

电影的故事题材、叙事模式、叙事方式、话语表达和认知逻辑等因素决定着电影的口碑，对观众是否接受和推广电影有很大影响，从而也影响到电影的传播力。在信息技术时代，“酒好也怕巷子深”。信息的国际化流通渠道日益畅通，新旧信息的更替非常迅速。作为一项重要的文化产业，电影具有很高的经济和文化价值，成为各国传播本国文化，创造经济价值的重要方式。印度的宝莱坞、美国的好莱坞、非洲尼日利亚的诺莱坞等著名电影产业巨头每年通过多种渠道向国际社会输送上万部影片，这里面不乏能代表其本民族文化特色的经典的、多类型、多风格的优秀影片，吸引世界各国数亿粉丝，在世界电影市场上影响力也较大。中国的电影类型和风格多样，每年的电影产量也在不断提升，但并未形成能够代表中国特色的、具有世界影响力的电影产业巨头，中国电影在国外的票房也少有突破。这与多种因素有关，既有电影产业结构的问题、导演的问题、叙事与表达的问题，也有传播渠道和传播路径的问题。

就对外传播渠道而言，传统上，中国电影在境外的宣传发行渠道主要是参加国际电影节展映，借助境外代理商销售等，传播渠道比较有限。在对外“讲好中国故事”的大背景下，中国电影题材和类型不断丰富，制作水平不断提升，中国电影面向国际发行的意识也要不断增强，以进一步优化和拓展电影的传播和境外发行渠道。借助爱奇艺、腾讯、哔哩哔哩等视频网站和其他网络平台来缩小电影从影院到家庭播放的“窗口期”，实现在院线和网络点播平台同时上映，加速电影在国内的传播速度。可以参股或并购境外电影发行公司，为本土电影的境外销售和传播提供专业化平台。比如，以爱奇艺为代表的网络发行公司在世界各国拓展网络院线发行渠道，与韩国、马来西亚等国家的视频播放平台建立合作关系，打通了中国电影在部分国家的传播渠道。未来，要扩大合作范围，与多国的视频网络发行公司建立合作关系，将能够“讲好中国故事”的优秀影片输送到更多国家和地区，进一步打通中国故事的对外传播渠道。此外，要利用一切国际文化交流机会，加强与境外电影文化的交流与互通。充分利用并提高上海国际电影节的影响力，加强与其他国际电影节和电影机构的合作，定期联合举办电影展映，如“一带一路”主题国际电影周、“一带一路”主题电影之夜等，不仅促进了“一带一路”沿线国家和地区之间的电影文化交流，更能直接推动国际电影合作向更深领域发展，有利于中国电影提高故事建构、话语表达、艺术创作与表现水平，优化中国电影的叙事逻辑和话语逻辑，使之更接近甚至达到国际水平，提高中国电影在世界上的竞争力与影响力。总之，要多管齐下，从提高中国电影讲述故事的水平和话语的国际性表达，到充分利用流媒体、自媒体和网络媒介提高电影的传播速度，再到进一步开展中外电影机构和传播平台的合作，为中国电影赢得更多国际市场等，全面延伸中国故事通过电影实现国际传播的平台和渠道。

本章小结

本章我们首先分析了电影叙事的传统研究和电影的多模态话语叙事研究。对比发现，电影的多模态话语叙事研究在电影作品的分析逻辑上更为合理，分析也更为全面。我们进一步分析了多模态视域下电影进行故事叙事的原理与机制。电影通过多模态话语叙事来讲述故事，通过多模态文化意象和多模态文化隐喻来传递故事中所蕴含的思想内涵、价值观念和精神诉求等文化内核。观众在欣赏电影时，结合具体的语境和故事情节，通过概念整合来认知电影中的多模态文化隐喻和电影主题。作为施喻者的导演利用动态影像、声音、画面、文字等多模态符号来构建动态的语篇、空间、意象和情节结构，希望观众能通过这些模态，借助隐喻、意象、概念整合等认知机制实现对电影作品所要传达的主题思想、价值观念和文化内涵等多模态隐喻意义的认知。这种导演施喻→电影媒体多模态文化隐喻→观众解喻之间的互动不仅实现了文化价值和文化内涵的传递，在现代化通信技术的帮助下，这种互动还将有力地推动跨文化的思考和交流，推动文化之间的互动与传播。电影的这一叙事原理和认知机制为“讲好中国故事”提供了启示。电影是文化传播最有力的媒介之一。在视听文化主宰文化传播的时代，尤其是在新媒体语境下，相对于其他传播媒介而言，电影对文化意识与价值观念的呈现与传达更便捷、更直接生动，潜移默化地影响着观众的文化认知、思想观念、价值选择和舆论走向。因此，电影作为一种传播面广、影响力大、情感感染能力强的媒介话语，是“讲好中国故事”“传播好中国声音”、塑造国家正面形象的重要阵地，也是全球众多国家与地区塑造国家形象、传播文化理念、输出价值观的重要渠道和载体（胡智锋、杨乘虎，2015）。本章我们结合具体的案例分析了电影对“讲好中国故事”的价值。然后，基于电影本身兼有话语和信息传播的本质属性，结合叙事传播的方式和规律，探讨了电影叙事的国际化传播优势，并具体分析了通过电影叙事推动中国故事实现国际化传播的策略。

从话语叙事方面来看，电影叙事重在体现中国的文化内涵，打牢中华民族的文化根基，增强类似主题故事的连续性与互文性。同时，也要在电影叙事中融入他国文化，使中国故事既有民族性又有世界性，在本土化与全球化的沟通中展现出中华民族的国际形象。从话语表达来看，电影国际化表达的有效途径在于采取国际通行的话语策略，包括视听符号的选择与生产、修辞技巧的运用等。作为故事和价值的载体，符号的编码和修辞在一定程度上影响了国际观众的解码能力与接受度，进而影响了电影的国际传播力。因此，“讲好中国故事”要尽量遵循国际化叙事逻辑和话语逻辑，注重符号生产的本地化和符号修辞的国际化。此外，还要丰富电影叙事的题材类型和故事类型，丰富中国故事的叙事主体和传播主体，优化电影产业结构，提高电影质量。在传播渠道上，进一步拓展通过电影来传播中国故事的渠道，加强与国际电影机构和传播平台之间的合作。

第八章　多模态广告叙事与中国故事的国际传播

第一节　广告叙事研究概述

一、广告叙事的传统研究

“广告”即“广而告之”，是宣传和推广商品、服务甚至思想观念的方式。自从有了物品交换尤其是商品买卖，便有了广告。广告已经成为人们生活中不可或缺的一部分，在引导生产、消费、服务、思想价值观念等方面起着巨大作用。广告分为文本类广告和视频类广告，前者主要通过报纸、宣传栏等媒介宣传和推广商品与服务等，后者通过电视机、网络、手机客户端等荧屏形式对产品、服务、行为规范和思想精神进行宣传。劝说性成为广告最为明显的属性。随着印刷、影像和融媒体技术的发展，由二元以上模态构成的多模态广告语篇成为广告语篇的主要话语形式，表现为宣传海报和视频类广告等多模态语篇。广告虽然在形式上表现为一种话语形式或语篇形式，但又与故事讲述、产品推广、思想和艺术传播等密切相连，受到了语言学、符号学、传播学、话语分析、叙事学甚至交际文化学和心理学等多学科学者的关注。

传统的广告叙事研究一般以叙事学、符号学和传播学的相关理论为基础，探究商业广告和公益广告的叙事特点、传播机制、商业效应和社会文化功能等。从总体来看，广告的话语批评分析、叙事批评分析和传播分析是广告语篇的主要分析范式。商业广告的叙事传播研究主要聚焦于如何使用叙事与受众进行交流，通过建立受众与品牌或产品的情感联系提升广告的传播效果（黄露，2013；刘芳，2015；邵华冬，2019）。一方面，通过叙事向受众传达品牌的理念、吸引注意力、加深受众对品牌的理解；另一方面，通过叙事建立受众与品牌的情感联结、赢得信赖、增强品牌形象。不同叙事视角对广告的传播效果以及广告在传播过程中受到哪些因素的影响等都是广告叙事传播领域研究的主要问题。公益广告的叙事传播研究主要聚集于广告语篇如何建构和表达抽象的思想理念、价值观念和精神诉求，通过怎样的叙事方式、叙事结构和修辞手段来实现这些抽象意义的具象化，受众通过何种认知方式和认知机制理解这些抽象的概念，以及这些思想观念和价值精神对受众行为、思想和观念的影响（杨晓红，2015；崔小娟，2018；官春余，2022）。当然，通过广告叙事研究来探讨广告的美学价值也是传统广告叙事研究的另一个研究主题。学者们从广告叙事的聚焦分析、女性形象分析、商品的美学价值和广告的审美教育等方面探讨广告的美学和艺术价值（屈雅利，2014；杜春娥 等，2015；杨雪梅，2015）。此外，传统的广告叙事分析也从文学批评的视角对广告语篇进行批评分析，学者们从广告的词汇使用、语法结构等话语构成要素的特点，结合话语表达、修辞和篇际互文性等意义表达和叙事要素，采用批评语言学和社会性别等理论，探讨广告中的人物形象建构、反映的意识形态和社会问题（林长洋，2012；夏慧言 等，2014）。从以上有关传统广告叙事研究的文献梳理可见，不同学科的学者利用各自的理论，从话语、叙事、艺术美学等不同视角研究广告，其根本目的都是为了更好地利用广告语篇，提高和丰富其商业、艺术和社会精神价值。

二、广告的多模态话语叙事研究

广告的多模态话语叙事研究是近几年广告语篇研究的新视角，是广告的多模态话语分析和叙事分析的创新性整合。广告的多模态话语分析超越了单纯的符号学视角下符号所具有的能指、所指意义，从系统功能语言学社会符号学的思想出发，将语言符号和非语言符号都视为意义潜式。所有的表意符号构成一个意义系统，话语者在具体的语境下，根据交际的需要，从这个庞大的意义系统中选择适当的符号进行话语建构和意义表达。近年来，多模态话语分析与批评话语分析相互借鉴彼此的理论与分析方法，并与认知语言学和认知心理学的意象图式、概念隐喻、理想化认知模型和概念整合等理论相结合，形成了多模态认知批评话语分析这一综合型多模态话语分析范式（潘艳艳，2020b）。这一研究范式为全面系统地研究多模态语篇（话语），充分利用符号的社会动允性来挖掘和探索多模态话语更多的社会文化功能提供了理论依据。

程瑾涛和刘世生（2021）从认识叙事研究的视角，借助概念隐喻理论，探讨了多模态广告语篇中多模态隐喻与叙事的相互作用。首先，从叙事与隐喻的关系来看，隐喻和叙事都是人类的基本理解方式和认知方式。隐喻作为一种资源，“通常处于支配性叙事的范畴，正是这些支配性叙事使我们世俗存在的片段经历不再是孤立的、互不相关的时间”（Johnson，1993）。从这个意义来看，隐喻和叙事对语篇连贯性的框架和构建均起着重要作用（Toolan，2009；Forceville，2013），隐喻提供语义连贯，叙事提供结构连贯，两者相辅相成。在这一过程中，隐喻和叙事通过变体重复和再语境化来保证语篇的连贯性（Toolan，2009）。程瑾涛和刘世生认为隐喻和叙事在语篇中起着框架作用。这里的框架（frame）也称认知框架，是储存在人脑中的经验和知识的认知结构。每个框架都包含一些框架元素，而每个框架元素的出现都会激活该框架中的其他元素，唤起大致相同的情景（Ungerer、Schmid，2001）。隐喻和叙事在语篇中所起的框架作用具有以下重要特征：①框架并非孤立存在的，它们唤起受众对共享故事情节的联想，关联共享故事情节和故事讲述；②框架具有稳定性，不因时间变迁和文化差异发生较大变化；③框架的稳定性能结合广告本身所具有的适应和融合不同类型语篇的灵活性，通过激活框架可操纵普遍的集体框架。因此，可以通过某个框架元素，唤起对整个叙事的联想。同时，隐喻凸显事物某一方面而隐藏其他方面的特性可能会产生意识形态上的影响，选择特定隐喻往往会反映说话人的立场。就隐转喻和叙事之间的互动来说，隐喻和叙事不仅具有描写功能，可对现实或虚拟进行再现，还具有施为力，发出“行动邀请”。“行动”可能是商品购买、情感投资或者身份显示（Nerlich et al.，2009）。由此可见，隐喻和叙事是保证语篇连贯，实现语篇意义，帮助意义被话语对象理解，并影响话语对象的重要方式。至此，多模态话语分析引入了叙事分析，叙事分析也借鉴了多模态话语分析的理论，二者相互融合，形成了认知视角下广告语篇的多模态话语叙事分析框架。该框架为广告的多模态话语叙事分析提供了理论依据和分析方法。潘艳艳（2000b）和王凯（2019）等学者从话语和叙事的双重维度，分析了多模态广告语篇的意义建构和叙事策略及其对读者和观众思想情感的影响。

对比广告叙事的传统研究和广告的多模态话语叙事研究来看，两者都借用了语言学、符号学和叙事学的相关理论来分析具体的广告作品，研究的维度也比较相似。不同的是，广告叙事的传统研究将广告视为叙事作品，从文学叙事的视角出发对广告作品进行叙事分析，所使用的分析框架也是基于文学叙事分析的经典、后经典叙事理论，并适当借用了语言学有关词汇和语法的意义建构功能、符号学有关意义的能指功能和美学价值，以及批评理论的意识形态、文化意义和权力关系等分析要素。广告的多模态话语叙事研究将广告视为叙事性的语篇，将功能语言学和认知语言学话语分析的理论与叙事学理论相结合，从语篇意义的建构、表达、叙事策略、叙事框架以及多模态隐转喻与叙事在语篇连贯和意义认知中的相互作用及其对广告目的与效果的影响等方面进行研究。传统的广告叙事研究主要囿于文学叙事的研究范式，所使用的符号学、语言学、认知分析等相关学科的理论比较分散、孤立，没有形成一个体系，导致研究缺乏充分的理论根基和系统的分析框架。相对于传统的广告叙事研究而言，广告的多模态话语叙事研究整合了话语研究和叙事学的相关理论，使之成为一个体系，并形成一个具有完整理论依据和分析方法的研究框架，为广告分析提供了系统可行的理论基础、更为科学的分析方法和全面的分析视角。

第二节　多模态视域下中国故事的广告叙事

在本书第五章中我们明确了“讲好中国故事”的内涵和研究范畴，强调了“讲好中国故事”的本质是向世界展示真实、立体、全面的中国，其根本目的是改变一些国家对中国的偏见，消解个别国家对中国的污蔑，重塑中国在国际上的正面形象，提高中国的文化软实力和国际话语权，积极参与构建更为合理的国际秩序，协同世界各国共建人类命运共同体。作为一个拥有 14 亿人口的发展中大国，改革开放 40 多年来，中国取得了举世瞩目的成就，综合国力也得到大幅提升，中国特色社会主义建设越来越体现出其优势。但是，我们在发展过程中，仍然存在一些问题亟待解决，比如民生、医疗、腐败等问题。我们的政府也在努力解决这些问题，尤其是党的十八大以来，以习近平同志为核心的党中央大刀阔斧地进行改革，着力改善民生，惩治腐败，带领全国人民用奋斗来追求和实现幸福。十多年来，中国已彻底摆脱了绝对贫困问题，改善了医疗状况，腐败也基本得到了遏制。此外，在经济、军事、航天工程等硬实力方面，我们已经进入世界前列，但是在文化思想等软实力方面，我们的优势没有在国际社会中体现出来，因此，建设中国特色社会主义文化也是我们当前的重大使命。一方面，要自觉地提高思想文化意识，发扬优秀传统文化，建设中国特色社会主义文化；另一方面，要加强国际传播能力建设，把我们的优秀传统文化和现代文明展示给世界，进一步提高我们的文化软实力，增强国际话语权。广告的宣传性正好符合这两方面需求，我们要利用广告对内“讲好中国故事”，传播优秀文化，发扬先进的文化思想和价值理念，不断提升全体国民的文化素养和人文精神。我们还要利用广告对外“讲好中国故事”，向世界展示中国的文化内涵和中国特色社会主义文化的优越性，切实提高中国的文化软实力。本节我们将基于广告的多模态话语叙事范式，探讨中国故事的广告叙事原理与机制，进一步挖掘广告的社会文化价值，探索广告对“讲好中国故事”的意义。

一、多模态视域下中国故事的广告叙事原理与机制

广告也是叙事语篇，并且相较于20世纪八九十年代纯粹宣传式的广告而言，我国现在的广告叙事性更强，也更符合国际化表达方式。当然，一般而言，普通观众日常接触到的广告大多是国内的广告，以本民族语言为基础的多模态话语来建构和表达意义。但是，随着网络和融媒体技术的普及，越来越多的观众能够通过PC端视频网络平台、智能手机APP播放软件等方式接触到国外的广告，也可以通过这些方式把中国的广告推向境外网络平台或账号。并且，广告的时长也从最初30秒左右的电视广告延长到1分钟甚至几分钟的短视频广告。时长的增加给予广告更多的时间进行故事叙事，即是说，视频类广告的故事性越来越强，宣传性明显减弱，但其宣传效果比以往纯宣传模式的广告劝说效果更佳。在叙述视角方面，以往的广告主要以明星等公众人物作为叙述主体，对特定商品和服务进行宣传推广。如今的广告叙述视角多元，叙述主体身份各异，有体育明星、艺术明星等公众人物，也有普通的市民甚至土生土长的农民。多元的叙述主体更具有全民代表性，拉近了与普通观众的距离，增加了广告的劝说效果。此外，在故事叙事上，以揭露某些不良社会行为、宣传某种思想、普及优秀价值理念和行为规范为目的的公益广告在视频广告中占有很大比例，颠

覆了传统商业广告一家独大的局面，说明广告的社会文化功能不断被挖掘，并逐渐丰富。

对于“讲好中国故事”来说，商业广告能够体现部分物质文化样态，一定程度上反映了物质文明的发展。当然，也有一部分商业广告响应了可持续发展的生态理念、构建和谐社会的愿景和扶贫助农、促进乡村振兴等时代主题，将生态发展理念、健康安全理念、构建和谐社会理念等精神层面的思想观念融入广告中。从总体来看，商业广告具有更强的功利指向，以提升品牌效益，劝说消费者消费为目的，对文化的深层次建设影响有限。公益广告是非营利性的，以宣传和发扬优秀文化，通过多模态话语揭露不良的社会风气和行为，并通过批评、评价等手段来促使受众做出改变，提高其精神文明素养。相比之下，公益广告更有利于文化内核的建设和文化软实力的提升。“讲好中国故事”的一项重要内容是通过故事叙事来传递优秀的思想精神和价值理念，这与公益广告的性质与目的非常一致。多模态视域下中国故事的广告叙事原理和机制在于广告语篇的建构、意义表达、叙事特点和对受众的影响。具体见表 8.1。

表 8.1　多模态视域下中国故事广告叙事的理论框架

话语层	叙述者	叙述故事的“人”
	受述者	被叙述的“人”和“事”
	意义建构、表达	多模态符号、多模态隐转喻
	评价	文字、旁白、叙述者
	受话者	隐含观众
故事层	故事主题	故事的主要思想、精神、观念、行为准则等
	故事情节	镜头切换、叙事空间的转换、多模态话语呈现
	行为者	故事中的参与者
	故事背景	多模态符号构成、镜头展示的时空背景

在话语层面，多模态视域下的广告由多模态话语建构和表达意义，并通过多模态隐转喻来表征特定的思想精神和价值观念，观众通过概念整合来理解广告传递的抽象意义。有时候，广告会以文字或旁白的方式对广告中人物的行为进行评价，以进一步明确广告所要表达的内在思想或价值理念，尽可能地提高所有隐含受众对广告语篇的理解效果，促使其对照广告

故事的情节和行为进行自省。在叙事层面，叙事选题立意明确，往往从社会生活的某一领域出发，如道德伦理、行为规范、环境保护、家国情怀等；叙事创意上表现多元，融汇各地区各种文化，带有鲜明的地方特色；根据主题和时长，公益广告往往采用单一的线性故事叙事或多故事平行交叉的叙事方式来建构情节，突出主题；二维的平面广告和多维的视频广告都善于采用转喻来唤起或激活隐喻和叙事，隐喻触发观众对叙事情节展开联想，叙事则引导观众实现对故事情节的隐喻化解读和再解读（程瑾涛，2021）。也就是说，叙事和隐喻通过熟悉的场景在新语境中的再语境化过程中不断相互作用（Semino，2008；Nerlich et al.，2009），以达到最佳的叙事和理解效果。隐转喻机制触发观众对故事情节展开联想，加深其对故事及其寓意的理解。叙事使时长短暂的广告具有连贯的结构，保证了受众对故事情节和隐喻意义的正确解读。此外，广告以多模态话语叙事直观地表达了态度，传递了情感；平民化的叙事视角更具有劝说性；纪实类叙事情节更易影响受众的情绪，唤起其集体记忆，使之产生情感共鸣，增加其对广告故事及其传递的文化思想和价值观念的认同度；在新旧媒体、融媒体等多种广告传播渠道和传播平台的支撑下，广告的影响范围不断扩大，以此来实现其“讲好中国故事”的目的。故事的广告叙事传播逻辑框架大致如图 8. 1 所示。

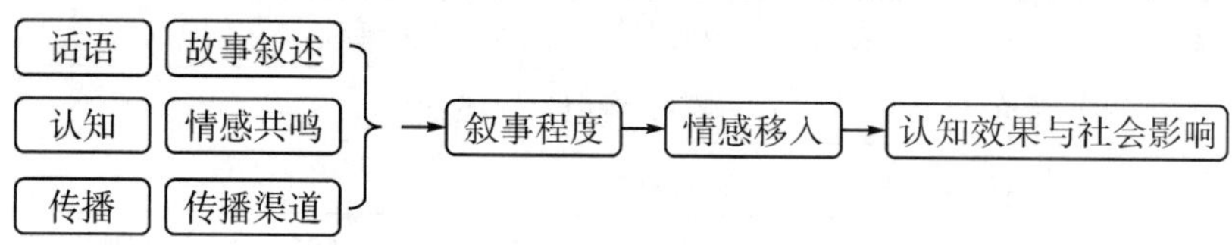

图 8. 1　故事叙事、传输与认知框架

二、广告的文化价值对“讲好中国故事”的启示

上文我们提到，无论是商业广告还是公益广告都具有明显的文化价值，前者侧重体现物质层面的文化价值，后者凸显了精神层面的文化价值，二者都是发扬和传播优秀文化，塑造文化形象，实现文化认同的有效方式。因此，可以利用广告的文化功能来“讲好中国故事”。在物质文化层面，采用视频广告语篇，利用多模态符号充分展现我国的物质文明发展样态。在精神文化层面，采用多模态隐转喻和具体的叙事策略对故事进行

加工，将优秀的文化思想和价值观念融入故事情节，提高受众对故事的理解效果和接受效果；通过具象的故事讲述，塑造具有正能量的个人形象和良好的家国形象；使用多模态话语创造贴近现实的场景，结合批评与评价策略，将受众“卷入”故事中，引发其强烈的情感共鸣，自觉提高个人的思想意识和修正行为规范。视频类和二元多模态广告通过广告牌、公交站牌、公共交通工具内的宣传视频、电视广告、宣传海报、网络视频播放平台以及智能手机 APP 等传播平台和渠道实现最大范围的传播，进而实现对内“讲好中国故事”，加强中国特色社会主义文化建设。在利用广告实现对外“讲好中国故事”方面，要选择具有共同文化元素的故事素材，调整广告的话语表达和叙事策略，使之更具有通约性，并利用国际传播渠道和传播平台，实现中国故事的最大对外传播范围和最佳的对外传播效果。

三、实例分析

我们从央视网公益栏目（https://gongyi.cctv.com）和中央电视台各频道选取近些年影响力较大的 102 个公益广告，按照主题分类挑选出 36 个主题围绕敬老孝亲、社会公德、诚信与和谐的多模态广告。下文将对 11 个经典广告进行多模态语篇分析，结合多模态隐喻和叙事策略进行个案研究，探讨公益广告对实现对内“讲好中国故事”的意义。

（一）通过单一的故事讲述和多模态文化隐喻来发扬敬老孝亲文化，培养年轻人的责任与担当精神

责任与担当精神和敬老孝亲是中国优秀传统文化的重要组成部分。在多元价值观的冲击下，当代的年轻人思想独立，甚至喜欢特立独行，满足个人需求的意愿愈加强烈，不同程度地忽视了敬老孝亲，对孝敬父母、关爱老人等优秀传统文化造成了一定冲击，不利于中国优秀孝文化的传承。中央电视台公益广告推出一系列隐喻敬老孝亲、发扬家国情怀的公益广告，通过贴近现实的故事叙述来传递和发扬这些优秀传统文化。这些广告主要借助动态影像和声音等模态构建完整的故事情节和隐喻场景，由多模态表征的生动有趣、贴近现实生活的故事更易打动观众，实现劝说、教育和诉求功能。在此，我们对四则具有代表性的、主题为敬老孝亲的广告加以分析。

图 8.2 中镜头 1 是公益广告《别让等待成为遗憾》中的镜头。一连串的动态图像将儿子从童年到成年和妈妈从年轻到衰老的变化过程清晰展

现，构成了一个线性叙述的故事，其间以多模态话语和多模态隐喻来建构和连贯起几个情节，展示了儿子逐渐长大、母亲逐渐衰老的过程。听觉和视觉模态——妈妈和颜悦色的“等你长大了，我就享福了”；“等你考上大学了，我就享福了”；“等你结婚有孩子了，我就享福了”和儿子轻快、简单的一句“妈妈，等天气暖和了，我就带你出去转转”——构成了输入空间Ⅰ。在儿子和自己的妻儿享乐的背后是病重妈妈孤独服药的画面，以及直到妈妈病危，儿子才意识到是时候“让妈妈享福”了，这两个场景构成输入空间Ⅱ。观众基于ICM（理想化认知模型）层进的认知模型和自身的生活体验，将输入空间Ⅰ（广告内容）与输入空间Ⅱ（孝敬父母）的相互映射，实现了对广告多模态隐喻意义的识解：及时尽孝，不要让父母等待太久！

图8.2中镜头2是公益广告《爸爸的谎言》中的镜头。广告时长90秒，视觉模态动态画面展现的是苍老的父亲每天奔波到医院照顾病中老伴的场景。同步进行的有声语言（听觉模态）却是父亲在电话里对女儿轻描淡写地描述他和老伴悠闲而充实的幸福生活。平静音乐中父亲轻松、平静的回话（输入空间Ⅰ）与他蹒跚的步态和病重老伴的动态画面（输入空间Ⅱ）构成了强烈的反差，相互映射，发人深省。镜头最后配以文字模态“多回家看看，别爱得太迟”让观众轻松实现了从始源域向目标域的映射解读，点明了故事主题：空巢老人是孤独、无助的，而这一切，儿女们却不知情。广告旨在呼吁年轻人趁父母还在，多回家看看，用心观察和体会父母的真实状态，及时尽孝，不要等到父母离去，子欲孝而亲不待，终留遗憾。

图8.2中镜头3是儿童频道的广告《家》中的镜头。里面没有人物，卡通文字Family字母的动态转换代表人物，字母F代表父亲（Father），M代表母亲（Mother），I代表我（I）。视觉模态动态画面和听觉模态音乐共同构成了一个完整的故事叙事，通过线性叙事把父母对我的全力呵护，以及父母的日渐衰老和我的成长与强大展现在观众面前。最后我（I）张开强壮的双臂把Family（家）护住。文字模态“是时候尽一份子女的责任，呵护起这个家”辅助前面的动态视觉模态，实现了从始源域（文字Family的转变过程）映射到回馈父母和呵护家庭是子女的责任这一目标域。

图8.2中镜头4是公益广告《让座》中的一辆正在行驶的公交车上的镜头。同一个场景中，老太太的几个动作代表了事件的发展过程。车上座位已经坐满，一位背包的老太太颤颤巍巍地站在过道间，一手拉着安全吊

环，一手扶着一位乘客的座椅后背。从背影看，在座的乘客大都是年轻人，却无一人主动起来给老奶奶让座。这一动态场景结合灰暗的色彩构成了输入空间Ⅰ，与年轻人内心互相推诿的有声言辞“你让吧”“为什么要我让”“我不想让”（输入空间Ⅱ）相互映射，揭示了当今一些年轻人敬老意识淡薄，不尊重老人，缺乏敬老、爱老的优良品德。唯一一个配有文字模态的镜头上一句“让座，其实没这么麻烦”强化了隐喻和叙事效果，给观众带来情感上的冲击和理性上的思考。

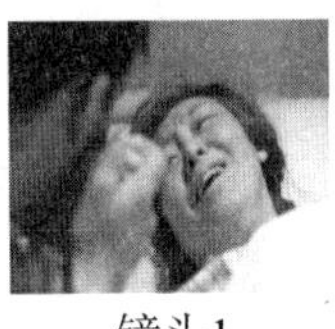
镜头1

镜头2

镜头3

镜头4

图 8.2　敬老孝亲公益广告

广告通过日常场景，用一个小故事和多模态隐喻，映射了一些不良的思想行为和情感诉求，附之以批判的、提醒的语气和言辞，警示年轻人，勿忘传统文明礼仪，遵守孝道，孝敬父母，尊敬长者，关爱老人，乐于礼让，让观众在自然、流动的气氛中体会中华民族“敬老爱老”的传统美德，借以对照并反思自己的行为。

（二）通过故事叙述和多模态文化隐喻来普及社会公德，警示受众公共场合要遵守行为规范

隐喻承载着群体的社会文化和意识形态，具有界定现实、构建社会现实、影响和控制群体成员的价值认知等功能（Lakoff、Johnson，1980）。从我们搜集和整理的公益广告中，警示道德滑坡、进行公德宣传、提高公德意识是社会公德类公益广告的主要思想。文明出行，遵守交通规则，杜绝二手烟，节约资源等是近年公益广告宣传的几个重要主题。在我们搜集到的 4 则典型的隐喻社会公德的公益广告中，每个广告用 30~65 秒的时间讲述一个小故事。整则广告主要靠视觉模态的动态影像、人物表情动作，配以适当的听觉模态（音调和有声语言），辅助以简单的文字模态来完成故事叙事。

图 8.3 中镜头 1 和镜头 2 是两则动画广告中的镜头，没有清晰的有声语言，整则广告主要靠卡通人物的动作和表情等视觉模态，配以不清晰的语音模态来提示正在发生的事件。颜色、表情和动作等多模态因素结合镜

头的切换，构建了一个连续、完整的在公共场合大声喧哗、乱丢垃圾给他人带来不良影响的情节。两则广告的最后一个镜头分别的是文字模态“公共场所，言语轻轻，勿扰他人”和“文明出行，爱护环境”。文字模态把动态图像中因大声喧哗、乱丢垃圾而扰民的始源域映射到目标域“公共场所，勿扰他人，爱护环境，人人有责”这一公共道德和行为准则，并在具体的、贴近现实的故事情节中形成共情效应，实现其劝说功能。镜头 3 通过动态镜头的切换展现了在车水马龙的交通主干道上，一个翻越隔离护栏的现代人，在他落地的一刹那间，变成了一个史前一万年的野人，差点撞上极速飞奔而来的现代化轿车的场景。文明世界里的现代人翻越交通隔离栏杆这一输入空间 I 和之后的野人几乎撞上现代化交通工具这一输入空间 II 相互映射，形成了幽默、讽刺和隐喻的效果，成功揭露了一些不遵守交通规则的现象，警示人们，在物质文明高速发展的时代，如果不注重精神文明的发展，人类社会将永远停留在野蛮时代。镜头 4 以医院为背景，妇女、儿童和吸烟者为动态人物。黑色的烟雾被幼童和母亲吸入，动态的视觉模态与“二手烟，无形杀手”和“侵入每个人的重要器官”这几个简单的文字模态相互映射，既说明了吸烟的严重危害，又结合真实的生活场景来劝诫烟民要少吸烟，更要避免自己的行为给他人包括家人带来伤害。

镜头1

镜头2

镜头3

镜头4

图 8.3　社会公德公益广告

这四则公益广告用多模态话语叙事构建了生活中的小故事，用叙事和多模态隐喻传递了故事主题，附之以幽默的画面，提高了广告的吸引力。多模态话语所呈现的事件场景是现实社会一些不良现象的真实写照，具有极强的代入感和说服力。受众基于广告中的故事，结合自己的社会体验和文化认知，很容易理解广告中多模态隐喻的“公共场所，勿扰他人”“文明出行，爱护环境”“交通规则，从我做起”“远离二手烟，关爱妇女儿童”等社会公德意识，并自觉规范自身行为，积极参与精神文明建设。

通过实例分析可见，广告虽然故事短小，但内容和思想丰富。多模态广告语篇通过多模态话语、紧凑的情节安排、多元化叙述视角和线性叙事方式构建了一个完整的、贴近现实的小故事。在多模态隐喻和叙事的相互作用下，故事情节连贯，寓意明显，具有较强说服力。在通信和网络普及的融媒体时代，人们在就餐、等车、乘车、走路、工作和学习间隙等碎片化时间内，能通过固定的或移动的网络媒介接收大量广告。因此，相对于电影来说，短小的多模态广告语篇具有更多机会实现广泛传播。要进一步研究和挖掘广告讲故事、传播故事的潜能。就商业广告来讲，将产品宣传放入生活场景，结合故事叙事和多模态隐转喻机制，把更多的文化思想元素融入故事主题和品牌理念之中，不仅能够体现产品的功用和品质，满足消费者的物质需求，还能体现品牌价值，影响和改变消费者的消费理念和消费习惯，从而实现商业和文化上的双重价值。就公益广告来说，要充分利用中国传统的和现代的优秀文化元素，从现实社会的各个层面出发，根据主题需要和广告所要实现的文化价值，进行创新性话语建构和故事讲述，让观众在真情实景中理解和体会广告的意义及其传递的思想，在情感共鸣中接受其寓意，并最终将这些优秀的思想精神和行为规范落实在现实生活和工作中，带动和影响身边的人，让更多的人拥有文化自信和自觉意识。

第三节　中国故事的多模态广告叙事与国际传播

上两节我们分析了广告叙事的传统研究和多模态话语研究，厘清了多模态视域下广告的话语建构、意义表达、叙事加工和认知机制，并结合实例分析和探讨了多模态视域下中国故事的广告叙事及其文化价值。不少传播学者（Mueller，2010；Wei、Pan，1999）认为广告的国际性传播，或者说全球性互动广告是向世界推广民族文化思想和价值观念的重要力量。长期以来，美国等发达国家就利用自己强大的通信、媒介技术和品牌优势，把电影、电视剧、流行音乐剧、品牌广告等视频类节目，通过网络和电视机等渠道向世界各国推广。这些视频类节目承载着美国的价值观念、审美理念、生活方式和文化模式，对很多国家的本土文化造成了很大影响。随着网络、新媒体和信息技术的全球化普及，广大发展中国家也开始利用类似的方式传播本国文化，保护本国文化免受外来文化的冲击。数字智能技术的发展使全球人民都成为移动网民，数字媒体的互动性（interactivity）

和全球性（globalization）引发了一场传媒领域的数字革命，对信息传播有着更大的推动作用。广告的传播范围也从国内拓展到国际，人们利用新兴媒体，包括互联网、数字电视机、卫星广播、移动智能电话、播客、博客、微博、微信和搜索引擎等进行信息搜索、下载和传输，在互动中建立各种社交群体和圈子，为各种视频类节目的快速传播提供了丰富的渠道和传播平台。本节我们将具体分析广告叙事的国际传播特点，探究通过广告叙事推动中国故事国际传播的策略。

一、广告叙事的国际传播

如同电影叙事一样，广告叙事也是用多模态话语的方式来建构故事，通过故事叙述表达特定的思想情感和文化内涵，从而影响观众的思想精神、价值观念和行为规范，具有深远的社会文化意义。在视听“阅读”时代，广告叙事也可以实现国际化表达，具备国际传播的条件。数字和融媒体技术的广泛应用进一步加速了广告的传播速度，拓展了广告的传播范围。

首先，多模态视域下广告具有实现国际化表达和本土化表达的双重属性。广告时长短、内容精，更依赖多模态符号来建构和表达意义。在有限的时长内，广告叙事难以形成具体的情节，每一帧都要用恰当的多模态符号来准确传递广告语篇所要表达的深层内涵。因此，相对于电影而言，广告叙事的跳跃性更强，镜头切换更为频繁，多模态符号的使用更为丰富，多模态隐喻也更为明显，以保证广告话语的通约性。另外，为实现广告的最佳叙事、表达、传播和劝说效果，广告的话语设计往往具有幽默感，通过夸张的语言、表情、动作等多模态符号来实现幽默效果，以抓住观众的注意力，提高其对广告的理解效果。广告商还可以利用其国家的文化和品牌优势使广告入驻境外，成为国际广告，以推动其产品、价值观或审美观实现跨文化销售或传播。在此过程中，要兼顾国际广告的全球性和本土性双重属性。广告的全球性指全球性媒体把强势品牌的广告同步传递给全世界的观众，使世界各地的消费者能够同时接收到同一个跨国广告。广告的本土性指同一个广告在不同国家被转换成符合当地文化和语言习惯的语篇和话语方式，以实现最佳的理解和传播效果。如 Coca Cola、Adidas、Nike、McDonald 等外国品牌在中国的广告就使用汉语，以适应中国消费者理解的需要。

其次，网络和数字媒体技术的普及为广告的国际传播提供了利器。在网络媒体兴起之前，媒体渠道是国际广告业务向全球化发展的瓶颈。而互联网不仅拓宽了媒体渠道，还为跨国公司提供了一个仅使用广告信息就能覆盖全球市场的利器。网络媒体能够为跨国公司的广告发布提供面向全球受众的平台，使世界各地的消费者能够同时接收到同一个跨国广告。网络媒体也因而成为推动国际广告标准化的主要推动力量。公益广告因其丰富的文化内涵和文化特色而受到不同文化群体的青睐。在互联网的语境下，很多优秀的公益广告，如《门》《打包篇》《筷子篇》《中国字中国年》等通过央视网、新华网、人民网等中央媒体涉外网页端、客户端和境外社交官方平台推送至世界各地。《打包篇》用多个故事连接起类似的主题，采用普通百姓的叙事视角和不同的叙事场景以及多模态文化符号，将中国的年文化和亲情文化展现得淋漓尽致，荣获第60届戛纳创意节铜狮奖，在世界各地引起强烈反响。

最后，国际广告节的定期举办，为广告叙事的国际传播提供了权威平台。从本质上看，视频类广告与电影、纪录片都属于影视话语，通过视频的方式传递信息，讲述故事，实现商业、文化和审美价值。同时，它们都具有较强的文化性，是世界各国进行文化交流、互通的重要方式。因此，很多国家会定期举办国际电影节和广告节，以促进世界电影作品和电影文化的交流。国际广告节的定期举办为广告的国际性传播提供了平台。在广告节期间，来自各个国家和地区的多部广告作品汇集一堂，竞逐各类大奖。这既是广告设计者相互切磋，提高广告设计水平和艺术美学的机会，也是对外传播本国文化，讲好本民族故事的重要契机。

二、通过广告叙事推动中国故事国际传播的策略

通过上文分析可知，短小精干的广告是人们充分利用碎片化时间来接收和传播信息，了解不同文化、欣赏影视艺术、提高文化和艺术修养的重要方式。广告既具备了叙事和话语表达上的国际性与本土性，又有国际网络、媒体技术和赛事平台作为其国际传播的条件保障。中国故事的文化内涵和艺术品味（位）能够通过多模态广告叙事表征和传递出来，通过广告叙事来推动中国故事的国际传播大有可为。我们要注意以下策略的应用：

（一）优化广告的多模态话语设计和叙事结构，提高意义的表达和理解效果

无论是商业广告还是公益广告都是一种文化现象，都可以蕴含丰富的

文化价值和人文旨趣，引导精神追求，塑造价值理想，是构建文化认同的重要途径。在利用广告话语讲述中国故事的时候，要充分利用多模态文化符号，对广告话语进行科学合理的设计，提高广告的吸引力和广告话语的可理解性。针对不同的文化群体，采用合适的故事讲述策略，调整叙事结构，使之符合一般受众的认知习惯。

首先，充分利用文化符号来建构和表达中国故事的主题。与纯文字讲述中国故事的不同之处在于，多模态话语具有直观性和具象性，有些多模态符号也代表特定文化，是具有文化意义的文化符号。比如，中国结、窗花、福字、春联、灯笼等，这些文化符号代表中国的年文化，蕴含有团聚、喜庆、祝福、吉祥如意、幸福快乐等寓意和美好祝愿。这些也是人类共享的情感和愿望，能够引发情感共鸣。自 2013 年以来，春节公益广告大都采用了中国特有的文化符号，讲述中国的“家”文化和“年”文化。在利用广告来讲述中国文化故事的时候，有效地使用这些文化符号，能够吸引观众的注意力，产生情感和心理共鸣，有利于故事的传播。比如，国家相关部门曾协调法国华人电视台将《中国字中国年》《中国年让世界相连》等电视公益广告翻译成法语在当地播出，受到法国民众的广泛欢迎。还有一些常规性的文化符号，如“门”。门在不同国家和地区也有不同的文化意义，在不同场合能扮演不同角色。公益广告《门》采用纪实性叙事方式，取景于河北井陉、上海静安、广州西关、四川万源、美国旧金山唐人街等五个不同的地区和场合，讲述五个与门有关的小故事。镜头再现了普通人的生活场景，动作、表情、声音等模态符号，配合适当的多模态隐喻构成了广告《门》的多模态话语特征。五个故事的平行交叉叙事为观众展现了“门”与习俗、亲情、和睦、爱情和思念等连接的现象，再配合具体的语言解释，广告将“门”的“尊亲、睦邻、传承、连理、望乡”等文化内涵传递得非常清晰，广告播出后受众口碑非常好。

其次，广告语篇要活用叙事结构和叙事视角，提高中国故事的叙述和传播效果。线性、平行交叉性和片段排比拼贴性叙事是广告语篇常用的几个叙事结构。线性叙事是按照时间顺序，根据事件的发生、发展、结束展开叙事，是历时性的，如《父亲的旅程》（2016）、《家是最小国，国是千万家》（2020）等以时间为主线再现故事经过。平行交叉叙事是同一叙事主题由多个故事呈现，这些故事之间是平行展开的，在空间上和时间上相对独立，彼此没有主次之分，每个故事都是独立完整的，共同来表达和强化同一个故事主题。如《包住篇》（2017）、《中国印 中国节》（2018）、《小家 大家 幸福中国家》（2020）就是平行交叉叙事，这种结构具有高度的同构性，受众能不停地接收到新信息，广告内容也更为充实，耐看性强。片段排比拼贴性叙事即几个较为典型的生活片段，通过排比拼贴而成为一个完整的广告语篇，表达同一个主题。《门》（2016）、《过年》（2019）即属于这类叙事。除了上述几个叙事结构之外，还有时空闪回结构，主要跟随人物的回忆，通过调转时空、变换情节来表达主题。相比之下，线性和平行交叉叙事更容易被人理解，可用在对内和对外讲述中国故事中。片段排比拼贴性叙事和时空闪回叙事结构虽然在话语和情节设计上更具有新意，富有悬念，以此来吸引观众注意力，但其叙事的跳跃性很强，主要通过多模态隐喻实现故事内容和主题意义的连贯，有可能增加观众理解故事主题的难度。这种叙事结构可用于对内“讲好中国故事”，不太适合于对外讲述中国故事。

在叙事方式或叙事手法上，最好用平实、客观的叙事方法讲述中国故事。在中国人生活、工作的真实场景中，运用纪实性叙事方式，采用平民化、大众化叙事视角，讲述不同地区、不同领域、发生在不同行业人士身上的中国故事。在客观的故事叙述中，体现中国文化和人文风情，融入人物的真情实感，使观众在故事视听中享受中国的新奇文化，在同理心与共情体验中认同中国的文化价值观念和思想理论主张，以提高中国故事的接收与传播效果。

（二）完善顶层设计，加强引导监管

讲述中国故事的广告主体多元，涉及诸多主管部门，需要构建运转高效的协同机制，体现自上而下、由内而外的社会动员性质。如，政府相关部门要协调公益广告部、新闻机构、企业和社会组织等部门规划“讲好中国故事”的广告类别、广告主题、广告监管、广告宣传等各方面的系统性工作。在这一过程中，必须做好顶层设计，让广告公司和监管部门意识到通过广告来“讲好中国故事”的责任，以及广告能够讲好哪些中国故事。通过广告设计大赛等方式，采用激励机制，鼓励广告设计人才参与将中国故事融入广告的创意设计，创作出更多能够反映各个文化层面，代表各领域文化特色的，讲品位、讲格调、讲责任的优秀公益广告作品，如有关“中国梦”、社会主义核心价值观、孝敬老人、文明诚信、消防安全、生态保护、医疗健康、邻里关系、公德意识、家庭和睦等源于深厚历史和文化积淀的，具有规范、情感、伦理等丰富精神意蕴的公益广告都属于“讲好中国故事”的范例。目前，这类公益广告主要由中央电视台策划、组织和发布，是“讲好中国故事”，发扬中国优秀文化的典范。要扩大广告设计主体的范围，政府主管部门要加强与高校的联系，在影视、广告设计等方面的人才培养上给予引导，培养更多广告设计的优秀人才。同时，政府主管部门要加强对地方相关部门在公益广告规划方面的引领，鼓励其挖掘地方优秀文化和能够代表地方特色的人物事迹，进行相应的广告设计和宣传，讲好代表民族文化和具有地方特色的中国故事。地方相关部门要协同地方宣传部门，宣传好这些故事，并利用地区优势和跨境交流的便捷性，将承载地方故事的公益广告或商业广告推送至相邻的国家和地区。

（三）重视共情营造，丰富国际传播渠道

电视公益广告与其他影视作品一样，承载着一个国家的形象和文化价值，同时又因其纯粹的公益属性，更容易被国际社会广泛认可和接受，也容易在传播过程中激发不同种族、不同国别、不同宗教、不同地域的人们的心理共鸣，从而有效地拉近中国与世界的距离，搭建中国人民与世界民众心灵沟通的桥梁。毋庸置疑，电视公益广告是推动世界认识中国、了解中国的有效途径和重要窗口。要通过多模态广告叙事来“讲好中国故事”，还要重视广告的共情营造，丰富广告的国际传播渠道。

与新闻叙事以理性说服为主相比，公益广告要走以共情营造为核心的感性传播路径，即通过多模态话语使故事的叙述表现人类共通的具身性，激发观众的共情体验，在中国故事的讲述与传播中提高中国文化和思想主张在国际公众中间的认同度。共情的营造不仅在于纪实性叙事方式和零聚焦这一客观叙事视角的运用，还在于叙述主体的态度，即广告话语内部存在的对事件或故事中人物行为或思想的赞同、批评、怜悯、热爱等态度的反映。这也是公益广告与商业广告的根本差异所在。商业广告集中于凸显其所宣传商品或品牌的优势，公益广告旨在发扬优秀的、充满正能量的事迹、思想和价值观念，并揭露、否定、批评一些不良社会行为和思想观念，以起到警示和教育意义。这种客观的、批评与自我批评的态度本身能够激起集体认同和共情效应，提高广告的劝服、接受和传播效果。

就传播渠道而言，广告传播主要通过现实空间和虚拟空间进行传播。现实空间包括宣传栏和现场的宣传活动，以及国际广告大赛等广告宣传场所，观众可以直接观看二元模态的宣传海报和三元以上模态的宣传活动。

虚拟空间主要是通过电视机、电脑、手机软件等电子媒介和网络传播平台进行视频广告的播放与宣传。要通过广告语篇实现中国故事的广泛传播需要拓展这两种传播空间。一是在更多的公共场所设置公益广告宣传栏，张贴更多有关中国故事的宣传海报。二是在一些大型赛事场所，如体育赛事和文艺赛事的比赛场所和车站、机场等流动人员较多的地方张贴有关中国故事的宣传海报，或者滚动播放有关中国故事的视频广告。三是进一步打通中国故事的网络传播平台。有些网络传播平台为提高广告流量和广告对观众的吸引力，对广告时长没有太苛刻的限制。故此，可以适当增加广告的时长，使故事主题更明确、情节更生动、表达更形象，以增加广告的观赏性和吸引力。将这些广告上传到腾讯、优酷、爱奇艺等视频网站和各大微信公众号、微博等自媒体去播放。同时附加广告的议题，引发受众关注、点评、讨论和转发，从而增加广告的传播渠道和传播效果。四是提高国际广告表达上的通约性和本土性，进一步打通广告的国际跨文化传播通道。最大范围内实现广告的对外传播是利用广告对外“讲好中国故事”的关键。广告的国际性传播即是跨文化传播，面对各国之间巨大的文化差异，必须追求广告在话语表达和叙事上的最大通约性，使国际观众能够理解广告所讲述的中国故事，并认同故事中所体现的中国文化和价值主张。如此，才能进一步拓展广告的国际传播渠道，扩大广告的传播范围，“讲好中国故事”。

本章小结

本章我们首先分析了广告叙事的传统研究和广告的多模态话语叙事研究。分析发现，二者都借用了语言学、符号学和叙事学的思想理论来分析具体的广告语篇。两者存在的明显差异在于，广告叙事的传统研究主要采用文学叙事的研究范式，分析广告主题和广告传递的消费理念、美学思想和人文精神；广告的多模态话语叙事研究则整合了多模态话语分析的相关理论和叙事分析理论，综合分析广告语篇的意义建构与表达，采用的叙事策略、叙述视角与叙事方式，多模态隐喻与叙事在促进广告连贯、实现意义加工和表征中的相互作用等。广告的多模态话语叙事研究为多模态广告语篇分析提供了系统的理论基础、可行的分析方法和全面的分析视角。在本章第二节中，我们结合广告的目的、广告语篇的特点和叙述主体等要素，探讨了广告的商业价值和文化价值，并结合广告的多模态话语叙事范式，构建了多模态视域下中国故事的广告叙事理论框架和传播逻辑框架。又结合实例探讨了多模态广告叙事对“讲好中国故事”的意义。在第三节中，我们结合多模态广告语篇在叙事和话语表达上的通约性，以及全媒体语境下广告的传播渠道和传播平台，分析了广告的国际传播优势。在此基础上，从多模态广告语篇的设计、叙事视角和叙事手法的运用、相关机构的引导与监管、传播路径的选择和传播渠道的丰富与拓展等方面探讨了通过广告叙事推动中国故事实现国内外传播的策略。

总之，多模态广告本身就是一种文化载体，承载了一定社会背景下的商业文化、社会文化、历史文化和传播文化。要不断创新广告的创作和宣传理念、方法与手段，围绕中华民族优秀文化特色主题进行故事创作，提高广告语篇的国际化表达和叙事水平，遵循自上而下、由内而外的管理和协调逻辑，整合国内外广告传播平台和渠道，助力广告在“讲好中国故事”和“传播好中国声音”中发挥更大的作用。

第九章　纪录片叙事与中国故事的国际传播

第一节　纪录片叙事研究概述

一、纪录片叙事的传统研究

纪录片叙事与电影叙事和广告叙事一样，都属于视听叙事，研究视角上也有很多共同点。三者都是基于符号学的表意思想，结合一定的叙事原理进行语篇建构和故事讲述，以实现特定的社会和文化价值。笔者通过文献梳理发现，相对于电影叙事和广告叙事研究而言，纪录片叙事研究更侧重于探究和挖掘纪录片作品的深层次社会价值。这与纪录片本身的纪实性有关。纪录片本质上就是用镜头来拍摄和记录现实社会里真实存在的事件或者结合现存的文本和影像资料，通过 AR 等技术手段，模拟和还原历史上真实存在或可能发生的事件。因此，纪录片天然具有真实性与可信性，满足了大众探究真相、了解历史的心理，一直以来，都受到观众的普遍欢迎。大千世界，无奇不有，纪录片的题材也因此丰富而多元。从题材类型来看，纪录片大体上可分为历史人文类、自然地理类、政论宣传类、社会文化类、发展成果类、少数民族类等。可见，纪录片的题材类型几乎覆盖了社会和自然界各领域，纪录片也成为人们了解历史、认识现实、增长见识、丰富知识的重要方式。有关纪录片的研究也随之变得丰富而深入。

鉴于纪录片是用镜头来记录现实和历史中的人物与事件，具有明显的故事性和叙事色彩，纪录片叙事研究也成为纪录片研究的重要课题。传统的纪录片叙事研究主要基于不同的题材类型，以文学叙事的研究范式，从叙事主题、叙述视角、叙事结构、叙事方式等视角探索纪录片叙事理论（李炳钦，2007；王婧，2021；卞祥彬，2021），挖掘纪录片的价值，包括人文价值、历史价值、文化价值和美学价值等（邓若蕾，2021；刘忠波、沈文瀚，2022；周怡帆、徐若瑄，2022）。基于话语与叙事根深蒂固的内在关系，从跨学科的视角研究纪录片叙事是纪录片叙事研究的另一个主要路径。比如，有关纪录片话语与叙事空间的建构（戴辛夷，2017），有关具象性话语表达与文化品牌的建设（王丹谊，2019）；基于新媒体背景，探究纪录片话语和故事叙述的主题思想及其国际传播范式（中恒，2022）；基于对话理论的"自我"与"他者"对话，及其对中国纪录片的国际话语建构的意义（王庆福、陈巧巧，2018）等。

综上所述，纪录片的传统叙事研究既有基于文学叙事的研究范式，又有基于影像语言的研究范式，也有从社会话语互动的角度开展研究的。无论哪个研究范式，其研究目的都大同小异，都是为探究和挖掘纪录片的最佳叙事方式，以实现其更大的社会、文化和美学价值。研究者本人的专业背景和学术背景决定了其选择哪个研究范式和相应的理论进行新的理论探索或对具体的纪录片作品进行分析、评价，意图从理论上和实践上实现创新。从总体来看，纪录片叙事的传统研究基本上已经超越了经典叙事研究的范畴，更注重结合现实语境，将纪录片作品放置于具体的社会环境中，探究其叙事特点、叙事原理及对现实的影响。

二、纪录片的多模态话语叙事研究

多模态话语分析和批评话语分析本身具有跨学科性和对不同理论的兼容性。进入 21 世纪以来，这两类话语分析成为话语研究的热门路径。近年来，也有学者开始从这两个视角研究纪录片（刘煜、张红军，2018；孙小孟 等，2020），纪录片的多模态话语叙事研究逐渐成为一个新的研究视角。需要说明的是，纪录片的多模态话语叙事研究与传统的纪录片的影像话语叙事研究不是同一个概念。纪录片的影像话语研究主要是分析镜头语言的使用及其对纪录片作品的影响。纪录片的多模态话语叙事研究则是把纪录片视为多模态话语（语篇），并使用多模态话语分析的相关理论和叙事学的理论来探讨纪录片话语的意义建构与表达、主题意蕴的呈现、叙事结构与策略、纪录片的价值与传播等。

目前，纪录片的多模态话语叙事研究主要采用后经典叙事学的叙事理论与多模态话语分析理论来研究具体的纪录片作品。即在具体的社会语境中，探讨具体纪录片作品的形成、语篇的意义建构、不同模态的意义表征、叙事模式、叙述视角、故事讲述者—文本—受众的话语互动，以及叙事效果等。张志扬和杨海晨（2021）以电视纪录片《中国女排》为载体，为纪录片的多模态话语叙事分析构建了一个比较完整的分析框架。他们认为，语篇的多模态符号化是一个创造性叙事过程，通过图像、声音和文字等多模态符号的征用与互文，纪录片能够再现特定的媒介形象，再经多模态隐喻与转喻的交互诠释，建构了关于“社会身份、社会关系以及信仰体系”的核心叙事主题，在叙事时间、叙事素材、叙事交流模式和叙事视角的组织和串联下，搭建起以共克时艰、奋发图强为底色的“迎难而上”叙事框架。结合优秀传统文化与现代体育语境，他们认为该叙事框架在承续了家国情怀价值观念体系的同时，也释放了运动场域中独特的美学张力。并且，在官方“把关人”与社会文化的共同建构之下，《中国女排》激活、引导和召唤观众在客观再现的视听媒体中产生情绪体验和情感共鸣，进而反观与省思自身，最终实现从故事呈现到话语意义的生成。该分析框架在后经典叙事分析的基础上，结合了多模态话语分析的理论和要素，聚焦于电视文本的多模态符号的表征策略和叙事框架的意义生成机制。其主要贡献是为纪录片的多模态话语叙事分析提供了一个系统完整的分析框架。此外，他们尝试用“传受互动”的视角阐释叙事框架的社会文化基础与效应，为通过纪录片叙事传播来“讲好中国故事”提供了实现路径。

纪录片叙事的传统研究和纪录片的多模态话语叙事研究既存在共性，又存在差异。其共性体现在两者都采用叙事学的相关理论和符号学思想来研究具体的纪录片作品，以分析和评价作品本身的叙事效果和社会价值。不同的是，纪录片的多模态话语叙事研究考虑的因素更为多元，分析也更为细腻、系统。其最大的差异在于话语层面的分析。传统的纪录片叙事分析从符号的能指与所指出发，将影像话语的意义和理解视为一个自然存在的过程，没有从理论上给出意义建构和识解的依据，分析的主观性很强；对叙事过程的各个环节和要素，如叙述与接受、故事与话语、时间与空间等微观构成分析不够；在叙事分析上，也偏重于“策略技巧和创作理念”的经验主义层面的应用研究，而自觉地将叙事学话语纳入纪录片视域的理论性研究，包括纪录片叙事理论建构的研究还呈弱势（吴雨蓉，2016）；同时，已有的大多数理论成果仍然把研究视野禁锢于纪录片叙事的文本内部，没有将阐释语境和意义呈现真正纳入对文本的解读中，意识形态叙事和修辞维度带有阐释语境意味的叙事研究在我国学界还非常罕见。而纪录片的多模态话语叙事研究范式则很好地弥补了这些缺陷。纪录片的多模态话语叙事研究将纪录片视为一个动态语篇，基于纪录片拍摄的社会背景，从话语和叙事两个维度，借助功能语言学的社会符号学思想，为话语层面的叙事分析提供了理论依据；基于社会语境，结合创作背景，分析不同纪录片的话语建构逻辑、叙事理念及其反映的意识形态；将纪录片与现实紧密结合，超越纯文本范围内的叙述技巧和策略分析，更多关注纪录片叙述者和接受者之间的互动，以及纪录片的传播和具体的社会影响。因此，纪录片的多模态话语叙事研究更为科学、全面，也更具有现实意义。

第二节　多模态视域下中国故事的纪录片叙事

如果说电影叙事具有一定的虚构性，广告叙事具有一定的宣传色彩，纪录片叙事则具有明显的纪实性或真实性。从叙事传播的视角看，纪录片叙事更为适合讲故事和传播故事。首先，纪录片的题材广泛。从范围上看，上至天文，下至地理，中至社会各个层面、各个领域。既有人类社会各领域的题材，也有自然界万物的记录。在时间跨度上，既有几千年前的历史事件和人物记录，又有当下发生的事件的记录。其次，在全媒体时代，纪录片对技术的兼容性极强。如今的纪录片已不是“相机眼”式的、固定的记录方式了。AR 技术、史料的模拟还原、多模态媒介由文到图的转译、影视剧的穿插、同期声和解说等元素的共同参与，能够实现历史情景再现，营造叙事的现场感，使故事讲述更生动、形象、逼真。此外，纪录片的叙事模式非常灵活，根据事件发生的时间跨度或故事的复杂度，可以设置成单集的线性叙事，也可以是多集组合的块状叙事，还可以设置成历史、现实和未来的多线叙事，以体现事件和某种思想理念的发展变化，实现以史为鉴、继往开来的效果。从这一点来看，纪录片比电影和广告更适合讲故事。当然，在叙事视角上，纪录片也具有很强的兼容性，可以是宏大叙事、平民叙事或宏大叙事与平民叙事的交错融合。本节我们将基于纪录片的多模态话语叙事范式，探讨中国故事的纪录片叙事原理与机制，探索用纪录片“讲好中国故事”的路径与策略。

一、多模态视域下中国故事的纪录片叙事原理与机制

上文结合纪录片的叙事特点，说明了纪录片本身很适合用来讲故事。中国故事是由千万个小故事组成的整体概念，多模态视域下中国故事的纪录片叙事原理是怎样的呢？回答这个问题之前，我们要再次提到“讲好中国故事”的使命。“讲好中国故事”是以某些方式讲好有关中国的故事，并通过故事讲述来传递核心价值、思想理论和精神追求等抽象层面的文化内涵以及中国的发展理念、外交政策和国际担当等，让世界了解真实的中国。纪录片题材虽然广泛，但不是所有纪录片都适合讲好这样的故事。比如，以往的自然地理类纪录片是纯粹地介绍某一地区的地理概貌或自然状况，属于常识性的影像记录，没有人文要素的体现。这类纪录片不适合用来讲故事。但是，2020 年，由 Netflix 出品，克雷格·福斯特（Craig Foster）制作的南非自然纪录片《我的章鱼老师》就结合了自然和人文的双重视角，聚焦于人与章鱼跨物种互动的温暖故事，以个人经历为切入点，通过杂糅融合的叙事结构、个人微观的叙事角度以及故事化、情景化、人性化的叙述手法，巧妙地传达了生态美学和生态整体主义的思想和主题。这样的叙事范式符合“讲好中国故事”的需要。由此看来，同样题材的纪录片可以根据记录者或故事讲述者的需要，采用相应的叙事模式、叙事视角和叙事策略，以达到不同的目的。从总体来看，在理论框架上，中国故事的纪录片叙事同样要关注话语层和故事层，用多模态符号和修辞实现这两个维度的意义建构、表达、接收与互动。因此，中国故事的纪录片叙事原理主要包括以下几个方面：

在话语层面，纪录片用多模态符号来建构和表达意义。为了突出纪实性，多模态符号的征用基于具体的社会背景和情景语境，充分利用了相关影像资料、图像资料、音频资料。如有必要，还配合使用 AR 技术来还原事件现场，提高纪录片的真实性与可看性。毕竟，纪录片的叙事话语是一个架构在“真实客观的生活”之上的“伪真实”概念（周子棋，2021）。在纪录片的叙事话语中，对拍摄素材的再编辑和再创作的过程，就是对客观现实的再编辑和再创作的过程。从纯粹的客观现实出发，纪录片永远不可能与客观存在物保持一致。因此，纪录片的叙事主体对多模态符号系统进行了有效筛选和技术处理，使纪录片话语避免了广告话语所带有的那种明显的夸张和宣传色彩，使故事讲述在话语层面更具有真实性和可靠性。

在叙事层面，纪录片叙事可以兼容宏大视角与平民视角的交叉叙事，使国家和民族的故事叙述与人的故事叙述相契合，通过夹叙夹议的复调叙事技巧，使故事叙述有感染力，议论有深度，叙事有广度。而且，中国故事的纪录片叙事还可以借助解说词、人物访谈、人物独白等多个维度深入阐释，以多模态转喻的方式来传递特定的思想价值观念和精神特质。此外，纪录片的叙事结构的使用比较灵活，可以根据叙事主体和故事主题的需要，进行分层叙事，以层层递进的方式实现彼此呼应，使故事之间形成一个有意义的序列和有机整体，从而激发观众的情感，引起情感共鸣。“一带一路”主题纪录片就是以这样的叙事结构，通过几集联合的方式，实现主题的层层递进，把“一带一路”的建设理念和政策主张融入故事讲述中，互相印证、彼此呼应，共同阐释“一带一路”沿线国家（地区）和其他国家所关心的问题。它把一些宏大抽象的主题分解为具体的人物和实例，使故事讲述有血有肉，情感真挚，打动人心。

除了话语层和故事层之外，中国故事的纪录片叙事还涉及主客体互动。对外“讲好中国故事”不仅仅是政府的事情，也是全体人民的事情，中国故事的讲述也受到广大境外故事接收者的直接影响。根据多模态叙事传播的原理，在融媒体时代，纪录片的传播模式不是单向传播，而是交互式传播。中国故事的传播模式为：发送者（叙事主体）⟷故事⟷接收者。叙事主体虽然是故事本身的讲述者和提供者，叙事的客体虽然是由主体讲述出的故事本身，但客体会主动地制约主体的讲述行为。即，一方面，纪录片故事的叙事方式必须依照故事本身的特性采取相应的讲述策略；另一方面，观众也会以故事接收者的身份去制约故事讲述的策略和叙述过程（李炳钦，2007）。更有甚者，在融媒体语境下，用户可以随时在各种收视终端文本间建立链接，并对纪录片作品做即时评论、解读，甚至参与创作，把自己拍摄的视频素材也融入他人的纪录片片段中，从而构筑起一个由众多独立文本与分岔路径组成的文本矩阵，这种开放结构正是互联网传播过程中交互的结果。在此过程中，原有的故事会变得更加丰满，叙事结构更为开放、自由、多样，受众也可以发挥探索性与主动性对文本进行多元化解读，在交错中促进故事的更新和再传播。这种主客体互动式叙事和传播模式有利于整合中国故事的“自我讲述”和“他者讲述”，充分发动多元叙事传播主体，以实现最大范围传播中国故事的需要。

二、纪录片的社会文化价值对“讲好中国故事”的启示

纪录片具有一定的经济价值、美学价值和丰富的社会文化价值。在文化价值方面，首先，纪录片具有文化凝聚作用。纪录片可以通过多模态话语叙事，实现主流文化的具象表达与互动传播。主流文化传达主流价值，在整个社会文化格局中具有支配性，是“在社会生活中占据主导地位的、普遍流行的或者为公众普遍接受的文化”（江畅，2014）。纪录片通过主流文化的宣传来呼应主流意识形态，从而对特定文化群体进行思想观念等精神层面的宣传教育，提高民族文化的凝聚力。其次，纪录片能够激起现实力量的奋勇勃发（刘忠波、沈文瀚，2022）。这主要体现在社会现实纪录片和自然地理纪录片中。一方面，社会现实纪录片既能够展现鲜活的生活图景和多元化的生活风貌，也能够通过一些事件揭示某些议题背后的逻辑，引发人们深刻思考和反思；另一方面，如今的很多自然地理纪录片通过微观的叙事角度和人性化的叙述手法，配合多模态隐喻机制来传递生态美学和生态思想，不仅唤起观众的灵性，而且在平实的故事叙述中实现价值认同与共鸣，提高公共社会意识和环保意识，从而激发出改善社会现实的力量。再次，纪录片能够促进多元文化“美美与共”。纪录片通过多模态话语叙事，展示并阐释了不同文化群体的日常生活和社会实践，让观众体会到芸芸众生的情感和多元文化共存的必要性和必然性。代表不同文化群体的纪录片交互传播，从横向来看，平衡了不同层次的文化需求，搭建了多样性的文化格局；从纵向来看，传承和发扬了优秀传统文化和民族文化，使国家和社会充盈着多元文化“美美与共”的张力。最后，纪录片的文化多样性为国际传播提供了契机。能够客观呈现特定文化样态的纪录片在话语表达上往往也表现出一种文化包容性和对来自不同文化背景的受众的尊重，促使叙事者和接收者之间形成一个共同的意义空间，为跨文化交流提供了窗口。比如，有关民族独立、人民生活、生态保护等故事的纪录片《南京之殇》《中国人的活法》《行进中的中国》等就尊重了中外文化共同的意义空间，表现出显著的国际传播力。

综上所述，纪录片不仅能够凝聚民族文化力量，促进本民族文化的发展，还能够通过具有通约性的话语表达和客观平等的叙事态度表达出包容共存的文明发展理念，为文化传播和多元文化交流打开窗口。我们要充分

利用纪录片的这些社会文化价值，从社会生活中提炼具有代表性的中国故事，将其拍成纪录片，创造性利用多模态话语叙事将中国故事淋漓尽致地展现出来，实现利用纪录片来对外“讲好中国故事”，树立好中国形象，传播好中国文化的目标。

三、实例分析

近年来，纪录片开始参与“讲”中国故事。有宏大叙述视角的《大国重器》《一带一路》《中国春节：全球最大的盛会》《2019 大阅兵》等，有时代主题下微观叙述视角的《行进中的中国》《中国人的活法》《我的时代和我》《无穷之路》等。从本质上看，这些纪录片都是在“讲好中国故事”的大背景下，定位不同领域具有代表性的事件，采用适当的叙事视角和叙事策略，讲述有关中国的文化、科技、军事、民生、外交等领域的故事。我们以《行进中的中国》为例，从多模态话语叙事的视角探讨其故事的话语建构和叙事特点，分析其对“讲好中国故事”的意义。《行进中的中国》是 2021 年 2 月在全国脱贫攻坚总结表彰大会隆重举行之际，由上海广播电视台纪录片中心推出的中、英合拍的纪录片。该纪录片有两集，通过两位外籍主持人安龙和珍妮的他者视角，分别聚焦中国的脱贫攻坚工程和彼时的疫情防控常态化背景下，中国经济的快速复苏两大主题。这两大主题也是世界所关注的。中国作为世界上拥有 14 亿人口的最大发展中国家，让所有人彻底摆脱绝对贫困既是对中国政府的考验，也是对中国人民的考验。但是，中国做到了！同样，在疫情最为严峻复杂的情况下，世界经济受到了严重影响，甚至一些发达国家的经济也出现了倒退。中国经济却能保持相对平稳的增长。中国是怎么做到的？纪录片采用中、英联合拍摄的方式，以版块式叙事结构、他者的叙述视角、世界第一通用语言英语作为主持和解说语言，通过几个平凡、真实、鲜活的人物故事和案例，向境外观众展现了中国政府和人民如何应对疫情背景下的脱贫攻坚和经济发展所面临的重重考验，向世界提供了具有参考价值的中国方案和中国模式。此处，我们以第一集为例，具体分析其多模态话语叙事如何讲好中国扶贫攻坚的故事。

《行进中的中国》第一集主要围绕中国的脱贫攻坚工程这一主题而展开，分别讲述了中国西南部贞丰县布依族绣娘的手工刺绣如何让乡亲们摆脱贫困，并走进伦敦时装周，得到国际时尚界认可的故事；甘肃省古浪县的沙漠治理如何与互联网有效结合，发展当地经济，提高国人环保意识的故事；云南省普洱市的农民如何种植出高品质咖啡豆的故事；上海期货交易所与保险公司一起如何以一套金融保障方案精准扶贫橡胶产地的故事。我们选取前三个故事，分别从每个故事中截取几个镜头，分析其多模态话语叙事对故事的呈现和叙事效果。

图 9.1 中镜头 1 到镜头 3 是从第一个故事中截取的。手工刺绣是贞丰县的传统手艺，长期以来，妇女们依靠该手艺赚取微薄的收入补贴家用，却无法改变当地特别贫困的状态。时尚企业家夏华惊叹于绣娘们的手艺，请她们把精美的图案绣到真丝上，制成高档时装，最终这些刺绣随着时装走向了世界。镜头 2 显示了绣娘们带着她们的刺绣工艺，同国际名模同台亮相国际时装周的情景。国际名模穿着时尚华丽的服装走在台上，绣娘们穿着民族服装，坐在台上，进行着她们的手工刺绣。走动的名模与坐着刺绣的绣娘在信息上形成一种隐喻映射，传递了名模的华丽衣服来自绣娘之手的寓意。绣娘代表手工刺绣这一传统工艺，模特代表时尚，二者的同台也体现了优秀传统文化在与现代文化的结合中实现了创新性发展，这一创新性发展扩大了手工刺绣的规模，使之形成了产业，大大改善了当地的经济状况，帮助当地人走出了贫困。依文集团还把绣娘们的刺绣图案收集整理成一个数据库，并申请了专利（镜头 3），绣娘们可以从她们的图案设计中赚钱，这进一步提高了她们的生活水平。该故事以多模态话语叙事的方式向观众展示了中国优秀传统文化及其时代价值，并通过真实的案例，以故事中人物本身的微观视角与主持人的全知视角共同讲述了这一曾经不起眼的手工刺绣是如何走出大山，走向世界，为当地带来财富的。故事总共 7 分钟，多模态话语和简单的故事情节把手工刺绣从乡村走向国际的过程，布依族绣娘们的勤劳智慧以及现代时尚企业与传统手工艺相结合形成的非遗扶贫模式表达得淋漓尽致。

镜头1

镜头2

镜头3

图 9.1 《行进中的中国》第一集故事截图（1）

图 9.2 中镜头 1 到镜头 3 是从第二个故事中截取的。故事一开始就交替展现出以实景拍摄的中国各地旱涝灾害的画面，配合主持人的英文解说，向观众展现了气候恶化对中国和世界人民带来的生存困境。镜头 1 用大写的拼音和汉字组合这样的国际化表达方式告诉观众，在中国甘肃，最严重的时候有超过 19.5 万平方千米的面积沙漠化。土地耕种面积锐减，农民生活艰难。这种平实的讲述方式容易唤起集体记忆，引起观众的共情心和同理心。紧接着，主持人安龙给观众介绍了阿里巴巴公司如何让中国超过 5.5 亿使用手机支付宝账户的人，通过“蚂蚁森林”（镜头 2）功能与甘肃的贫困农民连接起来。支付宝账户使用者所做的任何绿色出行和绿色购物等环保行为，都会获得相应的绿色能量，这些能量累积到一定的值，支付宝账户使用者就可以在“蚂蚁森林”里选择一棵树，通过绿色能量来“浇灌”。虚拟森林里的树都会被阿里巴巴转换成现实世界里真实的树，由阿里巴巴公司相关项目负责人协调甘肃的贫困农民分春、秋两季在沙漠里种植。中国城市里的人以这样的方式和住在中国西北荒漠化地区的农民建立起了联系，共同为整治沙漠化土地，改善环境做贡献。当地的贫困农民也因此获得了经济效益，实现了脱贫。镜头 3 以故事中人物第一人称叙述方式告诉观众，该路径为当地人提供了可观的就业岗位，解决了当地的贫困问题，让故事叙事更具有真实性。该故事以多模态话语叙事的方式，通过主持人解说、文字、手机演示、人物采访等方式，综合全面地阐释了中国人如何利用科技将数以亿计的人连接在一起，共同为环保奉献力量，走生态扶贫之路，让境外观众大开眼界。

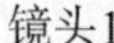

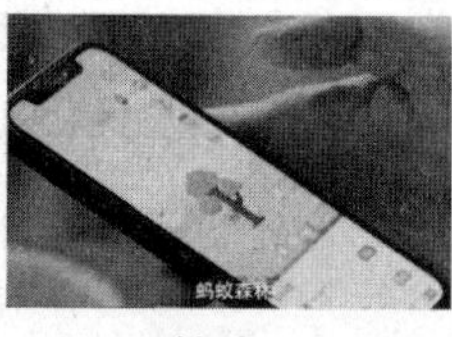

镜头1　　镜头2　　镜头3

图 9.2 《行进中的中国》第一集故事截图（2）

图 9.3 中镜头 1 到镜头 3 是从第三个故事中截取的。故事一开始以镜头实景拍摄配合主持人珍妮的解说，告诉观众近年来，喝咖啡在中国开始流行起来，受到很多年轻人的青睐。云南拥有适合种植咖啡豆的天然条件，但是由于咖啡属于外来物种，中国农民不善于种植，常年采用非科学

的种植方式，导致产量低，咖啡豆的味道也不佳，售价很便宜，甚至不能维持生计。世界咖啡巨头星巴克瞄准了中国市场，想利用中国云南的咖啡资源，为上海、纽约、巴黎等大城市的咖啡爱好者提供高品质咖啡。他们要在中国开拓咖啡产业，与云南当地政府联合，通过产业扶贫的方式来实现双赢。镜头 1 展示了星巴克的技术专家在为中国农民做咖啡种植的课程培训。镜头 2 则是技术人员在地里为农民做现场操作指导。镜头 3 则是农民用自己的话表达摆脱贫困后对现有生活的满意之情。该故事也是用多模态话语叙事的方式，采用全知视角和第一人称主人公叙述的方式讲述了产业扶贫的故事。

镜头1

镜头2

镜头3

图 9.3 《行进中的中国》第一集故事截图（3）

分析发现，这三个故事都是基于当今中国的社会背景，以普通中国人的日常生活为切入点，讲述中国当代的故事。这种题材的纪录片具有亲和力，并能释放出极大的收视潜力。在叙述视角上，《行进中的中国》采用中外联合拍摄出品的方式，由外籍主持人主持和解说，避免了自说自话的嫌疑，增加了故事叙事讲述的客观性，增强了故事的说服力。事实上，外籍主持人深入中国社会，用他者的视角审视中国的社会实践，述说发生在中国的事件，这也是近年来中国纪录片拍摄常用的方式。这种方式更贴近国际化话语和叙事逻辑，能够吸引更多观众。在叙事策略上，《行进中的中国》在每个故事的叙述中都使用了交互性叙事策略，即让故事中的不同人物参与故事叙述，使人物之间的对话形成互文性，有利于形成重复性叙事，聚焦故事主题，提高各环节之间的衔接性。在叙事结构上，纪录片用小人物的故事，将个人命运通过故事讲述与国家政策相关联，使微观叙事融入宏观背景，增加了故事叙事的张力，通过多模态话语和多模态隐喻展现了中国人民在面对难题与考验时所显示出来的勤劳、智慧、团结协作的精神。与此同时，在故事的讲述过程中，随着情节的发展，主持人将不同贫困地区因地制宜，采取何种方式摆脱贫困直接陈述出来，不仅增加了多模态话语叙事的连贯性，强化了观众的理解效果，更重要的是将中国有效的发展方案、发展模式和中国智慧通过他者之口，以国际性表达方式明确地表达出来，有利于提高中国纪录片的国际化传播效果，也为中国故事的国际传播开创了新路径。

第三节　中国故事的纪录片叙事与国际传播

在上文中，我们探讨了多模态视域下纪录片叙事的特点、文化价值、故事叙事及其对“讲好中国故事”的意义。要借助纪录片来实现对外“讲好中国故事”的目的，不仅要关注纪录片的题材、叙事结构、叙事视角和故事讲述效果，还必须关注纪录片的传播尤其是对外传播。以往，纪录片主要通过电视机来实现国内外传播，传播速度缓慢，传播范围也受到局限。在新媒体环境下，随着国内、国际互联网平台的兴起和连通，各大视频播放平台和播放链接应运而生，QQ、微信、微博、抖音在智能手机上的普及为纪录片的快速传播提供了技术和设备保障。本节我们将分析纪录片叙事传播的特点，探讨通过纪录片叙事实现中国故事最佳传播的策略。

一、纪录片叙事的国际传播

习近平总书记在十九届中央政治局第十二次集体学习时强调要“发挥好新兴媒体作用”“把握国际传播领域移动化、社交化、可视化的趋势，在构建对外传播话语体系上下功夫，在乐于接受和易于理解上下功夫，让更多国外受众听得懂、听得进、听得明白，不断提升对外传播效果”。如果说广告叙事因其明显的宣传性和一定的夸张色彩而受到部分观众的排斥，纪录片叙事则因其题材的多样性、纪实性、新奇性、艺术性和文化性等特点而受到观众的普遍欢迎。一般的中老年人喜欢通过电视机来观看纪录片，数字电视机与网络链接也为这类观众观看纪录片提供了更多的选择。对于年轻人而言，大多数年轻人喜欢通过电脑和智能手机来观看纪录片。腾讯 2020 年发布的数据显示，在其平台纪录片受众中，有 26%的用户是 90 后的年轻人，其中 95 后占比达 40%，Z 世代（互联网世代）用户总体占到了 66%，在 B 站的 Z 世代用户甚至超过了 80%，纪录片用户在一二线城市占比为 30%，而在三线及以下城市占比近 70%。可见，纪录片具有广泛的观众基础和多元化的传播路径。从总体来看，纪录片叙事传播具有以下优势：

一是纪录片叙事的国际化表达范式已经形成，为纪录片的国际传播奠定了基础。纪录片具有明确的主题，叙事视角多元，且一般按照事物发展的顺序，采用直陈式叙述方式来讲述故事，这与电影和广告叙事有明显不同。电影有时为了突出艺术效果而在情节的处理上“故弄玄虚”，广告叙事则因为时长的限制很难保证情节的完整性。而纪录片本身的目的就是要记录或还原事物的真相，多模态符号的使用、专业解说以及具体情节的铺陈、生活流的内容和新技术的赋能等大大提高了纪录片的表达效果。纪录片在语言使用和叙述视角上也可通过国际通用语言和他者视角来提高故事的国际化表达效果。比如，中外联合拍摄的纪录片甚至会让外国人作为纪录片的主持人和解说人，以英语为解说语言，通过他者的叙述视角来讲述中国故事，大大提高了故事的讲述效果和传播效果。在视角表达上，很多纪录片采用以小见大的选题策划，通过小视角、近距离跟拍的方式，透过小人物的生活点滴，讲述小人物朴素真实的故事，不刻意煽情，也不回避问题或美化故事，镜头好像就是观众的眼睛，指引观众在故事中了解异域的人文风情，拉近了传播距离。在叙事形态上，当前很多纪录片采用小微叙事的方式，以节奏快、信息密、轻量化、生活化的叙事形态为主，这种叙事形态更适应数字技术背景下信息的碎片化和移动化传播场景。

二是纪录片叙事兼容了文化共性与差异性，增强了故事的吸引力，具有跨文化传播的优势。纪录片的直接目的就是让观众了解事物的真相，在此目标的指引下，纪录片叙事往往具有文化兼容性。地处五湖四海的人类因为环境和发展过程的不同，而创造出各式各样的文化形态。但是，人类对真善美的判断标准具有共性，对亲情、友情、爱情的理解大同小异，对和平、发展、平等、自由、文明、和谐等价值观的追求是一样的。换句话说，地处不同国家的人在文化的核心问题上具有共性，对事物的认知也遵循类似的认知模式。因此，纪录片是人类文化和情感的交流方式。纪录片在题材选取上也往往选择能够与受众共享价值观的题材，如《舌尖上的中国》《无穷之路》《人生一串》《人类的记忆・童话世界九寨沟》等。这些纪录片通过饮食起居、个人发展、山水人情等人类共同的文化习俗和情感诉求，与观众形成了文化上、思想上和情感上的共鸣，能够引起观众的兴趣和认同。这些纪录片都实现了较好的跨文化传播效果。

三是融媒体技术支撑下的纪录片自带“网感”，能够促进新老媒体整合，形成联合立体的传播格局和多元化传播渠道，加速故事的国际化传播。纪录片的国际传播渠道主要有传统媒体、国际影视节、商业化投资合作和互联网新媒体等。在数字信息时代，纪录片已经不再是传统影视剧式的规划模式，即时长较固定，制播发行渠道有限。为了适应人们的碎片化阅读和观影习惯，单集纪录片的时长被压缩，有些甚至只有几分钟，又称为微纪录。这些纪录片可以通过新媒体平台发布的短视频系列、导演手记分享系列、直播主创分享会等路径实现多屏联动式传播。在此过程中，主流机构媒体和新媒体平台同时参与，发挥各自的优势，使同一纪录片实现贯通大小屏幕的融媒体化传播。在加快构建中国传播体系，提高传播能力的大背景下，中国纪录片在政策支持和平台建设等方面的条件已经非常优越，纪录片一经发行，便自带“网感”，具有互动性和易分享的特点。模块化和拼盘式的制作模式能够容纳多个独立的故事，实现高密度信息输出和自由切换播放，满足了观众的个性化观赏需要，能够持续吸引观众的注意力。并且，部分观众会利用媒体技术参与补充构建新的故事，并将其拼接到原有的纪录片里，再经过修改、删减，形成短视频或新的微纪录，最后通过各种平台进行多次转发，从而加速故事的传播。

二、通过纪录片叙事推动中国故事国际传播的策略

上文我们分析了用纪录片叙事讲好故事的原理以及纪录片的国际化传播优势。纪录片叙事的纪实性、国际化表达、多元叙述视角的兼容以及新媒体时代纪录片自带“网感”的特征，赋予纪录片“讲好中国故事”和“传播好中国声音”的能力。但是，要利用纪录片叙事“讲好中国故事”“传播好中国声音”，还需要自上而下地进行系统规划和策划，优化选题、叙事和传播，避免出现资源浪费、选题矛盾、传播受阻等情况。

（一）进行总体布局，开展创意策划

用纪录片“讲好中国故事”，要有总体规划。纪录片在创意融资、制播发行和衍生开发等环节中，涉及不同的部门。如果没有总体规划协调，势必造成资源分配不均，作品同质化、模式化严重等问题。政府管理部门要进行正确的引导和助力。第一，要统筹选题。各级政府管理部门要统筹协调，根据地方历史、文化、经济等方面的特色，因地制宜，进行选题策划，避免选题同质化，浪费资源。地方政府管理部门可以通过宣传、举办

活动、征集作品等方式，引导纪录片创作者关注一些“冷门”和“非遗”等项目，挖掘具有中国地方文化特色的故事题材，并采用鼓励原创、奖励优秀作品等方式引导纪录片尤其是微纪录片走出模式化的窠臼，创新创作思路和方法，丰富故事题材。第二，加强组织培训，提高纪录片的创作水平和传播能力。纪录片制作人应是拥有国际视野、精通专业领域知识的高端复合型人才。然而，目前中国本土精通国际纪录片制作和发行的高水平专业人才仍比较匮乏，这也是制约纪录片国际传播的瓶颈（甘雨旸，2021）。比如，央视传媒在与英国 BBC 合作拍摄纪录片《美丽中国》时，中方在国际化选题、专业化水准等方面与 BBC 仍有明显差距。可充分利用高校、科研院所、行业协会等部门资源，向纪录片创作者和拍摄者讲授纪录片创作的方法、拍摄技术、剪辑处理和网络传播技巧等，提升纪录片作品的质量，使其符合国际受众的收视习惯。此外，加强对纪录片创作者和制播发行者的专业培训，使其成为传播行业跨学科、跨领域的高端复合型人才，学会有意识地熟悉传播对象的文化，提升其国际化市场意识和国际传播能力。第三，要强化网络传播平台“把关人”的责任，使其从专业的角度关注、监督纪录片作品，避免纪录片内容不当或低俗化等问题出现。

（二）优化中国故事的纪录片叙事

要全面优化中国故事的纪录片叙事。尽管中国的许多优秀纪录片导演在拍摄水平、制作水准和故事讲述方式上已经非常出色，但是随着微纪录片的盛行，纪录片一定程度上脱离了传统媒体对节目时长的限制，以及对传播内容和作品质量的严格把控。大众化纪录片创作门槛变低，故事叙事质量也良莠不齐。毕竟，中国故事的纪录片传播需要在故事叙述上符合国际通行的表达逻辑。跨国团队联合制片的方式能够保证故事叙述贴近国际受众的认知方式以及审美情趣。但是，跨国团队毕竟是有限的，绝大多数纪录片需要我们本土的专业人士录制和传播。在此背景下，中国故事的纪录片叙事需要建构“他者”叙事和“自我”叙事的整体格局。第一，叙事视角上要以中叙事和小微叙事为主。大叙事的宣传性较强，离观众自身所熟悉的领域往往较远，容易与观众疏离，影响传播效果。而底层背景下的小微叙事往往贴近观众的熟知领域，更易引起观众的兴趣，并对其产生潜移默化的浸染效果，达到良好的软传播效果。第二，要尽量挖掘具有中外共性的故事。这里不是说要找到具有全球文化共性的故事，因为那是不可能的。但是，可以针对区域性和国别化的文化共性，专门打造具有区域或国别文化共性的故事。例如，我们与“一带一路”沿线很多国家都有历史和文化上的共性，以及各方面的密切合作关系，可以深挖历史和现实中中国人民与这些国家的人民在经贸、文化等各方面往来与合作的事件，利用历史文物、人物访谈、AR 技术和现有的其他资源，打造出沟通中外的历史故事。这类故事能够很好地兼顾故事讲述者和接收者的历史与文化共性，唤起共同的集体记忆，实现较好的接收和传播效果。对于文化存在较大差异的国别来说，则需要从自我的角度寻找文化形象里的文化特性与文化共性，在他者角度上考虑故事是否有吸引力和感染力，在叙事上尽量追求叙事美、形式美与体验美。对故事内容进行精确编排和剪辑，尽可能地使用能够代表中国文化特色的文化元素来参与故事叙事。比如，中国结、中国武术、汉服、对联、剪纸、饺子等一些很多外国人都熟悉的中国文化符号，具有中国特色的文化意象，有利于减少文化折扣，使外国观众比较容易理解。第三，采用多元化叙事视角和叙事风格，强化情感表达，消除文化隔阂。通过细腻的故事讲述，利用镜头和多模态符号实现情景再现，为观众营造在场感，以此激发移情效应和跨文化共鸣。情感上的联结能够在一定程度上超越文化上的差异，提高受众对故事的接收效果。在叙事风格上，要善于通过微观叙事来表达宏大的主题、抽象的思想精神和价值理念。微观的甚至真人秀叙事更趋向于普通受众的视角，并且使故事表达更具体生动，叙事焦点也更为明显和集中，观众对故事的接收效果也较好。需要注意的是，纪录片的故事叙事需要根据受众的变化进行调整，在故事取材和符号建构上要整合资源，多元覆盖，强化纪录片所承载的多元需求与功能期待。通过故事讲述实现与国际受众的平等沟通和情感联结，从而更有力地推动中国纪录片国际传播能力建设，以实现中国故事传播范围与效度的最大化。

（三）进一步拓宽中国故事的纪录片传播渠道

依据“讲好中国故事”目标，中国故事的纪录片传播分为国内传播与国际传播两种情况。无论是哪种情况，都需要技术赋能，拓宽传播渠道，提高传播能力。就对内传播而言，要鼓励互动传播。相关管理部门要赋予各网络平台转载纪录片的权利，促进纪录片在国内各传播平台上流通，提高纪录片在国内的传播速度和影响范围。随着自媒体的流行，一些摄影和视频剪辑爱好者自创微纪录片，或者修改、嫁接一些现有的纪录片，完善了原有的故事内容，或者形成新的故事内容，再发布到抖音、微博、微信等信息传播平台，实现故事的“跨屏”再传播。相关部门和信息平台要加强对这类纪录片作品的管理和审核，在确保其思想和意识形态符合主流价值观的前提下，采用适当方式鼓励这类纪录片创作、上传和转载。因为这类纪录片往往聚焦地方民俗民风，代表地方文化特色，故事贴近百姓生活或工作实况，具有较强的感染力，容易被接受和再次转发，实现多次传播。就对外传播而言，我国的主流机构媒体主要采用“借船出海”的方式，入驻他国平台，借助他国平台传播我们的纪录片作品，导致很多作品在审核时被限制。政府应扶持更多的中国互联网企业，支持其以市场为主导的技术落地，引导其走向境外参与竞争，加强平台建设，构建以技术创新为核心的“造船出海”模式，开辟新的自主可控的传播渠道，尽快形成以中国互联网企业为代表的国际新媒体矩阵，以实现增强自身话语权、形成有效传播的目的。也可以通过国际合作的方式，进一步打通纪录片的国际传播渠道。例如，可与制作传播目标国家合作，采取独立制作、委托联合制播、代理销售、版权分享等多种形式，准确找寻中外相通的关注点、认同点，找寻展现自身实际且受众接受认同的故事内容，实现有效传播。此外，要强化品牌意识，实现特色传播。优质精品纪录片内容能强化境外受众的忠诚度，进而从对纪录片品牌的认可延伸至对中国故事和中国文化的认同。可以依据纪录片的题材类型，着力打造部分品牌。通过创意策划、选题策划和形态策划，对纪录片故事内容、叙事语言和表现形式实现创新，打造中国故事纪录片品牌，在互动传播中联动创作者和观众，实现传播渠道的融合，提升中国媒体的影响力。同时，充分利用全球网络平台，传统媒体与新平台联动播出，努力使中国精品纪录片走向世界，增强中国纪录片产业传播力。

总之，单一媒体模式的信息传播活动无法有效突破传播边际。用纪录片来“讲好中国故事”和“传播好中国声音”，要加强媒体沟通，拓展传播形式，整合新老媒体、官方和非官方媒体、主流和非主流媒体，在中国故事的纪录片传播中建立全平台、全媒体的传播格局，构建适合纪录片传播中国故事的生态环境，增强传播效果；打造具有国际传播力的纪录片品牌，增加故事传播者与接收者之间的共享信息，尤其是共享价值，消弭文化冲突，缩短观众对纪录片认可和接受的过程；发掘潜在的新用户，鼓励互动传播，引导纪录片生态的多维建构，将故事传播的时效性与实效性有机统一。

本章小结

本章我们首先分析了纪录片叙事的传统研究和纪录片的多模态话语叙事研究。分析发现，纪录片叙事的传统研究主要基于文学叙事和影像叙事研究范式，探索纪录片叙事的相关理论、叙事特点和价值。纪录片的多模态话语叙事研究是近几年出现的新的纪录片叙事研究范式。该范式将多模态话语分析的相关理论和叙事研究的相关理论结合起来，基于具体的社会背景，分析纪录片作品的语篇建构、意义表达、叙事特点和价值意蕴。对比发现，传统的纪录片叙事分析主观性较强，偏重于对纪录片作品内部的叙事策略和创作技巧的探讨，一定程度上忽略了对纪录片作品的语境和意识形态的分析。纪录片的多模态话语叙事研究更为系统全面，多采用后经典叙事研究的路径，关注纪录片作品产生的社会情景，基于话语和叙事两个维度，采用相应的理论全面分析纪录片的故事叙述者、故事本身和故事接收者以及三方之间的关系，并关注纪录片的传播和社会文化价值。在第二节中，我们探讨了多模态视域下中国故事的纪录片叙事原理与机制。中国故事的纪录片叙事从话语层和叙事层两个维度共同建构故事，表达情感，传递思想精神和价值理念，并对观众产生影响。在全媒体和信息化时代，这种影响又反过来作用于纪录片的故事创新和传播。本节我们还结合实例探讨了多模态视域下中国故事的纪录片叙事方式和效果。在第三节中，我们结合纪录片叙事的话语表达、文化兼容和自带“网感”的特性，探讨了纪录片实现国际传播的条件，并从中国故事的纪录片规划、总体布局、具体叙事和传播渠道等方面探讨了通过纪录片叙事来实现中国故事广泛传播的策略。

总之，研究发现，相对于电影叙事和广告叙事而言，纪录片叙事在对外“讲好中国故事”中更具优势，也更容易被观众接受。要充分利用纪录片的纪实性和文化兼容性，优化故事选题和纪录片的多模态语篇建构，深挖各领域的故事题材，用多元化叙述视角、国际性话语表达和叙事逻辑，聚焦具体的中国故事和中外人民友好交流的故事；整合利用新媒体技术、AR 技术和人工智能等技术来还原历史事件，制造故事的真实感和临场感；综合开发和利用国内外传播平台和传播渠道，推动中国故事通过纪录片实现广泛传播。

第十章　短视频叙事与中国故事的国际传播

第一节　短视频叙事研究概述

短视频是在移动互联网时代，随着人们的社交需要和碎片化阅读盛行而催生出来的新的社交媒介形态，是近些年出现的一种新的视频类形式，本质上属于文化创意类产品，具有社会、文化和意识形体等属性（刘歆妍、李夫生，2022）。因其叙事和表达的灵活性与多样性，短视频的发展速度很快，已经从最初的视频日志发展为集新闻、电影、纪录片、广告等多种视频类节目于一体的内涵广泛的概念。短视频最大的特点是时长短，故又称为微视频。短视频的类型包括新闻类短视频、纪实类短视频、政务类短视频、知识类短视频、宣传类短视频等。由此可见，短视频的内容很杂，既有严肃的政治内容，也有丰富的文化知识，还有纪实性的个人故事等。这也从侧面说明了短视频潜在的丰富价值。短视频因具有强大的社交功能、信息传播、文化传承和经济价值而受到研究者们的广泛关注。从社会交际的角度看，短视频是一种动态语篇，具有多模态话语的形式和故事叙事的性质，短视频叙事也因此而成为学界研究短视频的重要视角。

短视频的叙事研究一般从其叙事特点、叙事视角、话语技术、传播逻辑、社交和文化价值等方面展开。从其叙事特点来看，短视频凸显了微故事的线性或非线性叙事，体现出广泛的大众参与性和民间叙事风格。在故事讲述上，短视频因其时间有限，没有典型故事所具备的开始、发展、高潮和结局等所有环节，取而代之的是由几个关键节点连接成的一个连贯的故事。在叙述视角上，一般是个体化的叙事视角和单线化的叙事线索（贺琳雅，2021）。即以用户为中心，采用体认式微观叙事的方式，不追求大、全、深的宏大叙事方式。即便故事的主题是宏大的，但在具体的叙事上也多采用以小见大的微观叙事方式，从小角度来讲大道理（马炳新，2019）。在话语表达上，短视频叙事的语言往往风趣活泼，具有网感化、口语化特点。在形式上，短视频采用多模态符号来表达丰富的含义；在语法逻辑上，短视频采用多模态符号和多模态隐转喻来建构和表达意义；在交际逻辑上，短视频通过感性的微场景制造和情感性话语表达来提升观众的共情能力，引发情感共鸣，促使观众对短视频进行点评和转发（刘涛、刘倩欣，2022）。在故事传播上，短视频用平民化叙事实现共情传播和隐性传播。其传播路径包括微信、微博、快手、抖音、B 站、腾讯视频等国内网络传播平台和 YouTube 等全球性视频网络平台。就其社会文化价值而言，短视频除了经济和商业价值以外，短视频叙事能够实现文化传承、知识传播、审美思维的传播和价值观念等抽象文化理念的传播（潘浩、王悦来，2020）。

从总体来看，从话语、叙事和传播的视角研究短视频及其社会文化价值是短视频叙事研究的热点。当然，并非所有类型的短视频都具有相同的叙事特点和社会文化价值。研究不同类型短视频的叙事特点、叙事视角、语言使用、传播逻辑和社会文化价值也是短视频叙事研究的一个分支。叙事理论、话语理论和传播学思想是短视频叙事研究常用的理论基础。短视频叙事研究主要基于后经典叙事研究范式，结合具体的社会语境，从语言、符号、故事、叙述视角、传播逻辑等几个维度分析具体的短视频作品，或者进行理论探索，以优化短视频的叙事效果。从文献梳理来看，虽然短视频是动态语篇，由多模态话语建构，但对短视频话语层面的分析，其落脚点并未基于话语的建构和意义表达机制，而是从视听符号的使用、语言表达风格、情感化、修辞性语言的介入以及互文性、跨媒介叙事对故事更新和传播的意义等方面综合阐释短视频的意义表达、叙事逻辑和社会价值。也就是说，短视频叙事在话语层面的研究除了分析作品语言的使用风格之外，更多地从媒介话语的视角，结合视听符号的使用，进行视听叙事分析。这样的分析是用经典叙事学的符号思想来分析镜头话语及其叙事意义，主观性较强，缺乏可靠的理论依据。

根据多模态话语叙事的原理，短视频属于多模态话语叙事的范畴。功能语言学的社会符号学思想和认知语言学的概念隐喻理论为多模态话语叙事分析提供了话语层面的理论依据和分析框架。此外，多模态话语叙事分析范式关注多模态语篇产生的社会背景和存在的具体情景，这与短视频基于现实并还原现实的话语逻辑和叙事逻辑不谋而合。多模态隐转喻理论也为更好地理解短视频跳跃性的情节建构和故事铺陈提供了认知机制和设计依据。因此，将多模态话语叙事分析范式引入短视频叙事分析能够弥补媒介话语视角下符号层面视听叙事分析的主观性，为更好地进行短视频叙事和进一步挖掘和利用短视频的社会文化价值奠定了基础。

第二节　多模态视域下中国故事的短视频叙事

短视频是一种叙事媒介，又是兼容性很强的叙事类型，可以表现为微电影、微纪录片、视频广告、微宣传片等，也可以是纯粹的个体视频录制，包括纪实性的、娱乐性和宣传性的。在叙事题材上，短视频可以涵盖生活、艺术、文学、科技、经济、天文、地理、文化、政务等一切题材。在叙事视角上，短视频往往采用个体化的小微叙事方式，通过一个小故事来反映一个道理、一种理念、价值或精神。在叙事结构上，短视频采用以大化小的方式来分解主题，通过几个故事片段来表达一个主题。在语言表达上，不同题材类型的短视频所使用的语言风格各异，从总体来看，短视频叙事以生活化、平民化、趣味性和情感性的语言，辅之以多模态符号来建构和表达意义。在传播上，短视频可以通过各种媒体平台实现互动和传播，微信、微博、快手、抖音、西瓜视频、QQ 视频、腾讯视频、B 站以及各种境外网站和视频播放平台都为短视频提供了便捷的播放、点评甚至转发路径。由此可见，短视频叙事具备了讲故事和传播故事的客观条件。在本节，我们将基于短视频的多模态话语叙事范式，探讨中国故事的短视频叙事原理与机制，探索用短视频来“讲好中国故事”和“传播好中国声音”的路径与策略。

一、多模态视域下中国故事的短视频叙事原理与机制

“讲好中国故事”的本质是通过讲述有关中国的故事让世界了解真正的中国，了解中国的历史、现实，尤其是中国的文化理念、核心价值观、精神追求等文化内核，以此来改善中国的国际形象，提高文化软实力和国际话语权。这一点，我们在第五章就强调过。我们还强调了，“讲好中国

故事”不仅仅是对外的问题，也有对内的问题。这就涉及文化自觉、文化自信的问题。中国文化博大精深，但是，在近现代史上，在长达 100 多年的时间内，中国屡遭外敌侵略，致使中国在经济、政治、文化等方面落后于一些国家。西方一些国家在经过工业革命、殖民统治和侵略掠夺之后，完成了资本积累，走上了资本主义霸权之路，并在文化上长期定义和塑造他国的形象，以凸显自身的优势。经过几十年的民族斗争，中国在取得独立之后，尤其是改革开放以来，中国的经济、军事、政治、科技、文化等综合实力快速提升。进入 21 世纪以来，中国已经成为全球第二大经济体，中国特色社会主义制度越来越显现出优越性。中国综合国力的提升让某些霸权国家感到不安。为了继续保持目前西强东弱的世界格局，一些西方发达国家利用自己强大的媒体系统来抹黑中国的国际形象，制造出“中国威胁论”“中国崩溃论”“黄祸论”等来贬低和抹黑中国形象尤其是中国文化，企图从根本上打压中国，破坏中国的国际形象，误导世界人民。在此情况下，中国的国际地位与综合国力不成正比，中国的文化软实力和国际话语权没有得到应有的提高。尽管随着媒介和通信技术的发展与普及，中国官方媒体利用各种方式不断对外传播中国文化、政治主张、外交理念和发展政策，企图重塑中国的国际形象，增强文化软实力，但是，官方的宣传在 YouTube、Twitter 等被发达国家控制的国际网络平台上经常被屏蔽，甚至被冠以“政府所属”的标志，并从舆论上诱导公众误解这些中国“政府所属”信息不具有真实性，致使我国媒体与境外民众之间失去沟通和对话的土壤，长期下来，中国的主流机构媒体陷入了资源调配失灵和传播话语失效的困局（史安斌、童桐，2020）。

短视频的个体性叙事特征则很好地回避了官方在意识形态上的潜在冲突，在国内外传播平台上没有受到刻意限制，具有良好的传播潜能。因此，短视频叙事在故事讲述和传播上都具有明显优势。短视频叙事属于多模态话语叙事，靠多模态符号、修辞和一定的叙事逻辑讲故事。依据短视频的话语和叙事特征，中国故事的短视频叙事机制包括以下几个方面：

在话语建构与表达上，短视频用多模态符号建构话语，用平民化、口语化的表达方式进行故事讲述，用多模态隐转喻来实现抽象意义的建构和表达。短视频是人们在碎片化时间内所进行的碎片化阅读或观看活动，往往发生在工作间隙、等车、乘车、走路、吃饭前后等短时间内。这种阅读或观看活动发生的场所和阅读者本人当时的状态往往不适合深度思考，更适合做一些具有休闲性、娱乐性的轻松阅读或视频欣赏活动。这也是短视频话语表达轻松、诙谐的原因所在。有些短视频是从一些纪录片、电影、电视剧等视频类节目截（节）选出来的，在情节上是断裂的、不连贯的。为了让观众能够快速理解视频内容和传递的思想，视频会被加上字幕，配上背景和情节解说，解说词也是直截了当，甚至会直接将视频所反映的思想、情感、价值等抽象层面的信息表达出来，帮助观众在最短的时间内理解视频所讲述的故事及其主题意蕴。由此可见，短视频的话语表达非常灵活，以帮助受众尽快理解故事内容和思想为目的。

在叙事逻辑上，微观的平民叙事是短视频叙事的最明显特征。这一方面是因为叙事主体本身是从个人的视角来讲述故事的，另一方面也是为了迎合观众的观赏习惯，即在最短的时间内，把故事讲述清楚，把思想完整地传递出来，也使故事讲述更真实，更有说服力，能够抓住观众的眼球。因此，短视频叙事还具有情景化叙事的特点，即在具体的故事空间内采用类似戏剧化的表达手法来建构故事情节，塑造人物形象，通过角色和情节来影响受众的情感、情绪，凭借观众沉浸到剧情中来产生共情效应，以此来实现影响和感染观众，达到共情传播的目的（魏加晓，2021）。此外，短视频往往采用平民化的叙事主体，聚焦于普通人物或低层人物，通过讲述老百姓的故事来串联和勾勒整个社会的发展轨迹。这样的叙事方式往往是在宏大叙事的框架下讲述小微故事，以个体的力量来书写集体记忆，唤起观众的集体记忆，达到互动传播的目的。为了实现最佳的叙事和表达效果，短视频以用户为中心，多采用体认式叙事，以内聚焦的方式，通过记者、当事人或目击者的视角来呈现事件场景，在叙事中渗透着叙述者的体验和认知，并以此带给用户具象和感受，引发体验或共鸣，使故事讲述和传播弥漫着人际传播的体温（黄海，2019）。

在叙事传播上，短视频的多模态故事叙事与传播表现出明显的一体性。短视频叙事与传播几乎同时依赖相同的媒介技术和媒介渠道。一部智能手机和网络即可以直播的形式或录播的形式完成故事叙事和传播。短视频在传播平台和传播方式上表现多元。短视频在国内的传播主要依靠多样化的传播平台，基于一定的算法来推荐，也需要“用户 — 用户”的分享行为来传播，在境外的传播主要依靠高效畅通的媒介渠道。当然，叙事和传播主体的不同会影响故事的叙事传播方式和渠道的使用。我国对外传播的主体主要有三类：一是代表国家意志的主流机构媒体；二是拥有专业视频内容生产素养，以公司化进行运营的自媒体；三是分享生活或工作片段的普通用户。主流机构媒体拥有强大的资源，从宏观视野进行重大主题的定性与建构；自媒体运营公司从中观视野演绎具体的文化理念和文化思想；普通的个体用户则以日常生活故事为宏观建构与中观视点提供中国故事的内容池。融媒体的发展使网络社交平台的圈层区隔逐渐模糊，使不同空间内的信息要素互通成为可能，从而在空间接轨与交替的基础上加速了人际交流，在社会上形成以人为本的微循环，使短视频在用户与用户的互动、用户与创作者的互动上更为及时、便捷，形成了一种去中心化的叙事传播模式。这种以用户为中心的传播逻辑使短视频生产者和参与者的空间界限逐渐隐退，二者兼备了叙事者与体验者的身份，由此缩短了短视频的内容生产与传播链。在此过程中，短视频生产者可以根据短视频的点赞率和转发率适时地调整视频主题、多模态话语表达和叙事方式。

综上所述，短视频在话语表达上兼顾了不同文化语境受众的认知特点，在叙事上兼容了不同层次的叙事框架，在叙事传播上形成了全面、立体、去中心化的叙事传播模式。这些特征满足了全面、立体地“讲好中国故事”和“传播好中国声音”的需要。因此，利用短视频的多模态话语建构和表达特征、平民化叙事风格和去中心化的传播逻辑来讲述和传播中国故事既具有现实的可操作性，也具有巨大的时代意义。

二、短视频的文化价值对“讲好中国故事”的启示

短视频涉及的行业和领域非常之多，有政治、经济、文化、教育、科技、环保、艺术等各领域的多个主题，而且是通过全覆盖传播的方式实现国内外传播，受众面之广，影响范围之大，都是其他视频类语篇所不及的。就其价值而言，短视频主要通过多模态话语叙事和传播来进行宣传，影响受众的思想和行为，进而影响其社会活动，对社会产生影响。比如，对外传播类短视频会影响受众的意识形态，主要是对其思想政治和价值观念产生影响；文化类短视频会影响受众的文化理念和文化思想；经济类短视频会影响一部分受众的经商理念和经营思维；教育类短视频会影响受众的教育观念和教育方式；艺术类短视频会影响受众的审美思维；知识类短视频能够改善受众的知识结构，丰富其知识储备……可见，短视频的社会文化价值主要是通过影响和改变受众的思想和行为来实现的。其中，最为明显的是文化价值，短视频通过讲故事的方式传递的是一种价值观念、一

种精神追求、一种生活态度、一个哲学思想、一种文化思维、一个精神境界等文化深层内涵的抽象概念，对于展示文化形象，塑造国家形象，强化文化自觉，提高文化自信和文化软实力具有重要意义。

短视频话语表达诙谐易懂，题材范围广泛，录制方便，转发便捷，传播平台和渠道多元，体现出广泛的大众参与性和民间叙事风格。中国的短视频用户已超过10亿人，10亿人的参与意味着短视频在中国已经成为一个全民互动交流的网络。来自全国各地的叙事和传播主体，带着他们的“故事”，向彼此展现各自的地方文化特色、生活习俗、审美追求和思维方式。中华民族“大家庭”中的56个“小家庭”因为短视频而连接在一起，在思想观念、价值理念、思维方式和精神追求等方面相互影响，对于中华民族共同体建设和中华文化建设具有深远影响。文化是一个民族的灵魂，文化建设是社会和国家建设的重要组成部分。价值观念是文化的核心（闫文培，2007），文化建设的根本是观念体系的建设。只有在正确的价值体系的引导下，在科学的思想观念的武装下，社会主体才会建构出更合理的制度体系和规范体系，形成良好的行为风尚和精神面貌，提高民族和国家的文化形象。短视频讲述的是特定文化语境中的故事，通过多模态话语叙事把文化语境中优秀的思想观念、价值理念和精神追求表征和传递出来。在对内传播中，短视频通过唤起集体回忆或共情传播来影响10亿受众的思想价值观，规范其社会行为，增强其文化自觉和文化自信，在实践中积极参与文化建设。在对外传播中，短视频通过多模态故事叙事所塑造的人物形象和文化形象实现国家形象的自塑和重建，提高我国的文化软实力。

综上所述，可以通过短视频的多模态故事叙事和传播从文化最根本的精神层面去影响人们的意识形态和价值观念，使其从精神、心理和行动上继承、践行和发扬优秀的思想价值理念，提高国家和民族的文化形象。需要注意的是，短视频的平民化叙事与互动也有弊端。叙事和传播门槛的降低不仅能激发更多人参与，促进思想交流和进步，激发文化活力，也会有低俗化、过度娱乐化和同质化的问题出现。有些叙事和传播主体在商业化利益的诱惑下，编造一些庸俗的、作秀的、炒作的故事题材来吸引公众眼球，反而有可能误导公众的思想观念和审美取向，不利于文化形象的塑造。因此，要利用短视频“讲好中国故事”需要对短视频进行规范化管理，保证视频题材和内容符合主流价值观，能够代表中国文化特色，反映中国优秀文化底色，充满正能量。在利用短视频对内讲述中国故事的过程中，需要加强对各传播平台的管理，阻止低俗、庸俗和过度同质化的短视频的流通与传播，鼓励和促进优秀短视频的传播与互动，使充满正能量的短视频能够实现最大的社会文化价值。在利用短视频对外讲述中国故事时，要鼓励并帮助优秀的视频制作者和传播者选择更具有中国文化特色的故事题材，优化故事叙事和话语表达，拓展对外传播平台和传播渠道，以实现短视频境外传播中国故事的最大价值。

三、实例分析

前文我们结合短视频的话语和叙事逻辑以及传播的优势，发现短视频非常适合用来讲述中国故事。近年来，很多短视频也确实发挥了“讲好中国故事”的功能，最为突出的是李子柒的短视频。她的短视频就是从个体叙事的视角，讲述中国优秀传统文化的故事，不仅在国内引起巨大反响，在国际上也受到广泛关注，甚至在全球影响力最大的视频网络平台YouTube上也一度成为被广泛关注的宠儿，拥有来自世界各国的订阅用户1 700多万，视频累计点击量10多亿次，高居YouTube中国区排行首位，荣获YouTube银牌奖。李子柒的短视频成为用短视频的方式“讲好中国故事”的典范。她的短视频作品也受到来自不同学科诸多学者的关注（潘皓、王悦来，2020；黄瑛，2020；姚志奋，2021；冯薇 等，2022）。学者们主要从文化传播和美学价值等方面研究李子柒的短视频，研究视角以交际模式和文化符号为主。从话语和叙事层面来研究的文献还不多见。下面我们从多模态话语叙事的视角分析李子柒的短视频，探讨其建构、表达和传播中国故事的方式和意义。

制作中国地方美食是李子柒短视频中的重要题材。李子柒是中国四川省的一个90后姑娘，她在自己的很多视频中都记录了四川美食的制作流程。拍摄过程经常包括了一种植物从种植到变成美食的整个过程，包括从食材的种植到收获，再到利用收获的食材进行各种美食制作的整个流程。因此她的短视频有时候以“××的一生”来命名，如“小麦的一生”“土豆的一生”等。而且，她的美食类视频不仅仅是向海内外观众呈现中国的美食，更多的是通过美食制作来反映中国的优秀传统文化，包括饮食文化、孝文化、生态文化等。

图10.1中镜头1到镜头3是从她的短视频《土豆的一生》中截取下来的。镜头1是她用自己种植的土豆做成的土豆饼和土豆丸子等美食。她

就地取材，用棕叶包好土豆饼和土豆丸子，放进有中国文化特色的竹桶里，还从自家院子里摘了些桃子，一起送给邻居品尝（镜头 2）。临走时，邻居大哥送她一竹笼龙虾，邻居大嫂让她顺路在自己院里摘些李子回去（镜头 3）。尽管他们是用地道的四川话来交流的，同期声的音量也比较小，很多中国人和几乎所有的境外观众都听不懂他们在说什么，但是，通过人物的动作和表情，观众就很容易明白他们在说什么和做什么。这则短视频讲述的是土豆的故事，呈现的是用土豆制作美食的过程。如果仅仅停留在这个层面上，这样的视频与其他美食类视频节目无异，不可能获得数千万的点击量，也不可能吸引境内外观众反复观看。事实上，这则视频用多模态话语叙事，借助美食制作讲述的是中国礼尚往来、互帮互助、和谐相处的邻里文化，传递的是中国农民最朴素的世界观和价值观。视频里没有特效和包装，一切都是那么自然，质朴的衣服、随意的对话、简单的动作传递出邻里间的友爱、平等和最纯朴的情感。短视频低层化的叙事方式和低语境化的表达方式既降低了文化折扣，又具有很强的代入感，能够引起海内外观众强烈的情感共鸣和情理认同。

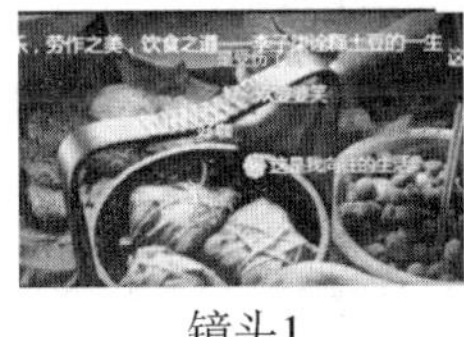
镜头1

镜头2

镜头3

图 10.1 《土豆的一生》视频截图

图 10.2 中镜头 1 到镜头 3 是借助美食制作来传递一种生活态度和孝文化。李子柒的厨房案板边上永远放着时令鲜花。虽然农村的劳作很辛苦，但她总不忘在劳作结束后，从地里或者院子里采几束鲜花回来，插进花瓶里（镜头 1）；然后赏着鲜花，闻着花香，开始准备美食（镜头 2）；之后和奶奶一起分享美食，而且每次都是把准备好的美食先递给奶奶吃（镜头 3）。这则短视频凸显出一种苦中作乐的生活态度。虽然视频中几乎没有语言表达，却用动作、表情和音乐表达出哪怕工作再累、劳作再辛苦，也要利用现有的条件去发现美和创造美，给平淡的生活增加一抹亮丽的颜色，让心情也愉悦起来的情怀（态度）。每次吃饭先敬奶奶吃这一动作映射的是一种孝文化，即儿女要尊敬长辈、孝敬长辈。这也是中国优秀传统文化

中的重要一条。该条视频用多模态话语叙事和简单的情节设置，呈现出普通人生活中应有的温馨和可以拥有的美好情调，能够成功地将观众带入故事情景中，引发观众反思自己的生活、工作和对待父母的态度。

镜头1

镜头2

镜头3

图 10.2 《李子柒自制蛋黄酥》视频截图

图 10.3 中镜头 1 到镜头 4 是从短视频《棉花的一生》中截取的。该视频通过棉花的种植、采摘和加工来呈现中国的传统手工艺——弹棉花。棉被是中国人自古以来都在使用的日用品，也是中国人冬天用来保暖的必备品。然而，在当今的工业化时代，我们所看到的棉被大都是工厂加工好的商品。很多人都对弹棉花这一非物质文化遗产不熟悉，甚至不知晓。千百年来，中国人民用手工弹棉花的方式来制作棉衣、棉被，用它们来御寒保暖。弹棉花是我们老祖宗的智慧，在现代社会也有其应用价值。一些农民仍使用手工弹棉花的方式来制作棉被，一些农村小镇上也有这样的小作坊，用这种传统的方式加工或翻新棉被。但绝大多数城里人看不到这种传统的加工棉花的方式。李子柒在视频里从棉花的育苗、种植、采摘（镜头 1）到使用传统手工制作的设备来弹棉花（镜头 2），去掉棉籽，使棉花蓬松、均匀，然后用线交叉拉网，包裹住铺放均匀的棉花，再进行手工局部缝制、定位、加固，最后用特制的磨具按压、打磨（镜头 3），使其成为一床厚实、坚固、厚度均匀的被芯。再套上被套，就是一床温暖、舒服的棉被了。李子柒甚至用多余的棉花，给小狗做了一床小被子（镜头 4），使其在严寒的冬夜不再受冻。整则视频几乎没有语言和文字字幕，作者采用线性叙事的方式，用镜头记录下整个过程，连续的几个场景形成一个连贯、完整的小故事——棉被的故事。观众通过该视频认识了棉花的采摘过程、加工过程和棉被的制作过程，也体会到了中国人民自力更生、艰苦朴素的品质及创新精神和生活智慧。这一点让海内外观众大开眼界，隔着屏幕似乎都能闻到大自然的味道，感受到天然棉被的舒适和温暖。在镜头 4 中，李子柒给小狗盖被子、爱抚它的动作和表情折射出爱护动物，将小狗视为家

人的情感。这一点与很多国家人民对待狗（宠物）的态度非常一致，能够引起情感共鸣，形成文化认同。

镜头1

镜头2

镜头3

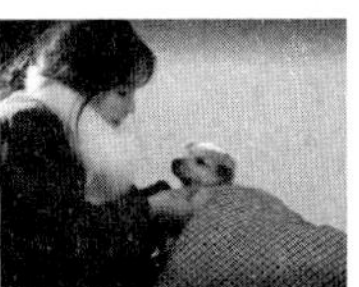
镜头4

图 10.3 《棉花的一生》视频截图

这几则短视频采用多模态话语，用线性叙事的方式通过讲述美食和棉被的故事，来传播中国的美食文化、介绍中国的非物质文化，并通过情节设置和概念隐喻来传递中国人民的邻里观、生态观、审美观、亲子观和积极向上的生活态度。极具真实性的故事叙事甚至不需要语言，观众基于切身体验、多模态符号构建的生活场景、动作、表情和概念隐喻等表意和认知机制便能理解故事的内容和主题，丝毫不受语言障碍的影响。短视频以多模态话语叙事的方式结合网络传播平台的点评、弹幕、转发等互动功能，让观众能够进行跨语言和跨文化沟通。各网络传播平台上的数据显示，即便李子柒停止更新短视频长达 500 余天，海内外观众还是会反复点击、观看、评价和讨论她以往的视频。在网红竞相出现，信息快速更新的时代，李子柒的短视频能如此长久地吸引观众，靠的就是故事和情感的真实性，以及传递出来的优秀文化理念和思想精神的普适性，能够获得来自不同文化背景的观众的理解与认同，并与他们形成文化共识和情感共鸣。李子柒的短视频不仅仅是“讲好中国故事”、传承中国文化的成功案例，也是与世界各国的各阶层人士进行沟通的绝佳媒介，有利于提高中国的文化形象，增强中国人的文化自信和文化自觉。国家应大力鼓励制作这样的短视频。李子柒只是中国四川的一个普通女孩，一个讲述中国地方故事和文化的叙事个体。中国是一个多民族的国家，应鼓励各民族的短视频爱好者进行类似的短视频制作，充分挖掘中国的民间故事，传播不同民族的优秀文化，对内服务于中国特色社会主义文化建设，对外让世界了解真实、立体的中国，改善中国的国际形象，提高中国的文化软实力和国际话语权。

第三节　中国故事的短视频叙事与国际传播

上两节我们分析了中国故事的短视频叙事原理与机制，探讨了短视频的社会文化价值，并结合实例分析了短视频如何借助多模态话语叙事讲述中国故事，以及借助故事讲述来呈现中国的优秀传统文化，表达和传递抽象的文化思想、价值观念和人文精神。短视频通过多模态话语叙事，在小微故事中传递出来的价值观念、道德伦理和精神境界具有普适性，能够引起观众的情感共鸣。由此可见，短视频在讲述中国故事方面具有自己的特点和优势，要利用短视频来“讲好中国故事”，还需要关注短视频的传播。2022 年末，中国有 10 亿多短视频用户，短视频在国内的传播非常便捷。但是，能够传播与传播得怎么样是两回事。本节我们将进一步探讨短视频叙事传播的特点，探索通过短视频叙事来“讲好中国故事”和“传播好中国声音”的策略。

一、短视频叙事传播

相对于电影传播和纪录片传播而言，短视频更具备多元传播的潜质，主要表现在三个方面：一是短视频的题材选取更为丰富，叙事也更为灵活并贴近现实，说服力很强，更易吸引观众。二是短视频的叙事和传播主体更为多元，包括各个领域的各层次人士，其故事叙事的风格也各有千秋，能够满足不同背景观众的需要。三是短视频的传播更为便捷，传播速度更快。下面，我们具体分析短视频这三方面特性及其对传播的影响。

（一）短视频题材丰富，叙事灵活，多模态话语表达通约性强，为其广泛传播奠定了基础

上文我们以李子柒的短视频为例，分析了其平民化的叙事特点和朴素的故事叙述风格。她的短视频属于优秀传统文化主题下的乡村文化呈现，能与具有乡村背景的观众形成情感共鸣，也能激起城市市民对恬静生活的向往，其反映的积极生活态度、道德伦理和人文精神符合不同文化背景观众的感性和理性期待。也正因为如此，她的短视频在海内外传播，取得了巨大的成功。当然，短视频的类型和题材丰富多样，除了李子柒的这种文化类短视频之外，还有政务类、知识类、经济类、自然地理类、生活类等

诸多领域各种题材的短视频。这些短视频包含一定的专业知识以及与之相关的行业理念、行业规则、行业道德，能够满足对应行业人士的专业需要。即是说，不同领域、不同题材的短视频所对应的传播对象不一样，使短视频具备了广泛传播的可能。此外，短视频的多模态话语叙事具有通约性。李子柒的短视频里几乎没有语言，所有的意义建构和表达几乎全靠多模态符号和多模态隐喻在故事叙事中传递。这种意义建构和表达方式具有低语境传播的特点，能够降低文化折扣，适合海内外广泛传播。其他类型的短视频也用多模态话语叙事，只不过其多模态符号的运用和叙事风格根据故事题材和主题而定。总之，根据短视频的叙事逻辑，短视频用微观的故事叙事，通过软传播的方式来传播宏观意义上的价值理念和思想精神，避免了硬宣传在意识形态上可能存在的直接冲突，保证了其跨文化传播的效果。

（二）短视频的叙事和传播主体多元，叙事风格各异，能够满足各种文化背景观众的需求

短视频可以是个体叙事，也可以以机构和组织为主体，通过微观叙事来讲述个人的故事、组织的故事、民族的故事甚至国家的故事。叙事风格也因题材类型和叙事主体的不同而不同。比如，政务类短视频的叙事一般以组织或机构为单位，以代表组织的个人及其事件为叙事对象，讲述组织或机构的故事，宣传某种思想理念或组织文化。这类短视频的宣传性较强，适合进行对内传播。当然，如果是以企业或公司为叙事主体，讲述企业或公司发展、运营的故事，宣传某种经营理念、发展模式和发展策略，则这类短视频具有对内和对外传播的双重特质。还有一些对外宣传类短视频，以全知视角讲述国家和民族的故事，传播一国所秉持的核心价值、发展理念、外交思想和政策主张等。这些观念、思想和主张对世界有一定影响，用故事叙事的方式来传播，更易被他国受众理解和接受。当然，从总体来讲，短视频本身也不是一个严格意义上的明确的语篇或话语类型。它可以包括很多种时长较短的视频类叙事，如微纪录片、微宣传片、微新闻等也属于短视频的范畴（黄海，2019）。这又丰富了短视频叙事的体裁和叙事主体，使之能够深入各种媒介和各种渠道进行传播。总之，短视频的种类繁多、体裁多样、题材丰富，且都是用多模态话语叙事来讲故事，多元化叙事主体又具有多种叙事风格，能够满足各层次、各专业和文化背景的人的需要，具备了广泛传播的有利条件。

（三）全媒体和数字技术为短视频的裂变式传播提供了技术上的支撑

相对于纪录片和电影而言，短视频在传播上更具优势，主要体现在以下几个方面：第一，互动与分享传播行为具有便捷性。网络平台会基于算法来推荐点击率高、评价好的一些短视频类型，促使一些类型的短视频能够快速传播。“用户 — 用户”的分享式传播是短视频最为独特、有效的传播方式。不同类型的短视频会因用户的共同兴趣而形成自己的传播圈，有些短视频也因用户的多元兴趣和跨圈层互动而实现跨圈层传播。试想，对于国内传播而言，10 多亿的短视频用户每天频繁点击、评论和分享一些短视频，使短视频的传播形成裂变式、立体传播模式，极大地加快了优秀短视频的传播速度。对于境外传播而言，优质的短视频能够通过 Facebook、YouTube、Twitter、TikTok 等国际网络传播平台向世界传播，影响范围更大。李子柒的短视频在境外传播的成功就是一个典型的案例。第二，全媒体技术使短视频传播具备了联动多网多端的跨平台传播优势。短视频能够通过抖音、快手、QQ、微信、微博、小红书、火山小视频、西瓜视频、腾讯视频和各类视频网站进行播放，并通过电脑和智能手机实现储存、修改、再叙事和转发，真正地实现全网传播和裂变式传播。第三，短视频传播是社交活动的需要。在移动互联网时代，情感关系成为传播的重要元素（魏加晓，2021）。短视频用多模态话语对现实进行模拟，创建能够传情达意的情景，并在故事讲述中，通过角色和情节来影响受众的情感和情绪，将观众带入其营造的情景中，为观众营造沉浸式的情感体验，激发其对故事所传递的思想情感和文化内涵的认可，为短视频获得点评、修改和转载提供了可能。

二、通过短视频叙事推动中国故事国际传播的策略

上文我们分析了短视频所具备的传播潜质。但是，短视频自身也存在一些问题，会影响观众的接收和传播效果。例如同质化问题。李子柒的乡村叙事获得了巨大成功，就有人模仿她的叙事风格，创作一些与之类似但文化价值不高的短视频进行传播，受到观众抵制，也对同类高质量短视频的传播造成了一定影响。再比如，有相当一部分短视频过度娱乐化和庸俗化。一些网红为了博得观众眼球，获得商业利益，会拍摄一些表演味浓重，明显作秀，看似搞笑却没有思想和文化价值的纯娱乐性短视频。这类短视频会误导观众的审美取向，甚至对其思想和价值观带来负面影响，也

干扰了优质短视频的传播。因此，要利用短视频来“讲好中国故事”，实现最佳传播效果，还需要采用一定的传播策略，充分挖掘短视频的传播潜能。这需要从短视频的总体规划、叙事和传播策略等方面进行综合考量。

（一）加强对短视频的总体规划和监管

短视频的类型多，但并不是都适合用来讲中国故事。而“讲好中国故事”是一个系统工程，要利用好短视频来“讲好中国故事”和“传播好中国声音”，需要对短视频行业进行规划，加强对一些类型短视频的监管。从传播主体来看，我国的对外传播主体有代表国家意志的主流机构媒体、公司化运营的自媒体以及普通的个体自媒体。这三者在对外传播中扮演的角色和叙事风格具有明显差异。代表国家意志的主流机构媒体往往从宏观视角进行宏大故事叙事，通过重大主题，对外宣传中国的发展道路、发展理念、外交政策和对国际事务的看法及主张等。“大咖说中国”等栏目下的短视频大都属于这一类。公司化运营的自媒体拥有具有专业视频生产素养的专业人士和公司化运营体系，通常通过中叙事，讲述某一地区、某一领域的中国故事，传递某一领域或行业的文化样态、文化理念与文化思想。李子柒的短视频就属于这一类。普通用户的短视频往往用日常生活叙事来记录自身的生活状态和生活趣事，在文化价值和审美高度上远不及前面两类短视频。但是，这些日常生活叙事可以为从宏观建构和中观视点诠释文化语境提供培根铸基的内容池（周勇、周梦雪，2022）。因此，要系统规划不同层次的叙事主题，按照宏观、中观和微观进行划分，对不同类型的叙事传播主体进行培训，加强对普通个体用户所拍摄的短视频的监管，以协调不同层次的叙事主题与其相对应的叙事主体在故事叙事、主题呈现、文化表征和传播上的相互关系，使其相互协调、配合，在互动中“讲好中国故事”和“传播好中国声音”。

（二）优化中国故事的短视频叙事

短视频的类型及其所能覆盖的题材范围非常广泛，这是短视频的一大优势。“讲好中国故事”是一个系统工程，既需要全面规划，又需要具体策划和落实。用短视频来“讲好中国故事”最终要落实到短视频的叙事和传播上来。因为短视频本身不是一个具有明显概念界限的视频类型，在叙事上也没有特定的模式、策略和风格。用短视频来“讲好中国故事”要根据视频类型及主题来确定叙事模式、叙事策略和叙述视角。在反映国家的主流价值、外交政策和国际主张的时候，叙事和传播主体经常是国家领导人、专家学者、政界人士等精英话语的代表者。他们在讲述中国故事的时候通常从宏观视野定性一国的文化理念和政治主张，所选用的案例也是国家或国际层面的事件，叙述视角上一般用第三人称全知视角，以呈现故事叙述的客观性和真实性。以公司化运营的短视频一般定位于文化的某一方面或民族文化特色，选择相应的主题和题材，从中观视野，通过中观或微观叙事，讲述能够代表共同体和独特性双重属性的故事，以唤起集体记忆和文化认同。那些代表普通短视频用户的叙事个体往往用自己的日常生活叙事来提供一些事实碎片，反映的是一种单维度的生活标记，但大都带有原生态的语境和真实美感，能够一定程度地沟通不同的意识形态和文化属性，又能以多模态文化符号凸显出特定的文化标志和文化理念，在垂直门类短视频的受众圈层中沉淀为碎片化的文化图谱，并通过社交平台的人际互动逐渐缝合成一张完整的文化地图，使受众看到一个整体的文化形象。可见，不同的叙事主体及其所代表的文化层次和所要传播的文化内涵需要有合适的故事题材和叙事方式。那些重大主题的对外宣传类短视频在叙事上要兼容宏观和微观的双重叙事模式，以具体的事件和多元叙述视角来表达故事内容，传递宏大主题和主流价值，避免硬宣传可能造成受众的心理抵制和传播障碍。公司化运营和普通个体的短视频要避免为了追求商业利益而淡化短视频的文化价值，导致本末倒置，使短视频失去广泛传播的根基。因此，不同叙事主体要从短视频的主题和文化价值出发，充分了解和考虑受众的文化背景和心理期待，选定故事题材，以恰当的叙事模式和方式讲述中国故事，提高故事的可看性。

（三）推动更多优质短视频进入境外网络传播平台

利用短视频来“讲好中国故事”最终要落实到短视频的传播上。目前，国内用户所使用的抖音、西瓜视频、微信、微博、腾讯视频等多种传播媒介为短视频的国内传播提供了丰富的传播渠道。国内 10 亿多的短视频用户有着类似的文化环境、共同的语种背景，在对国内短视频的理解上可以说是无障碍的。移动网络、电脑和智能手机的普及为不同平台上的短视频实现跨平台传播搭建了桥梁。因此，优质的短视频能够在国内实现快速传播。但是，受语言不同、文化差异、网络屏障和平台技术等方面因素的限制，短视频要实现广泛的对外传播并非易事。短视频的制作门槛低，内容庞杂，但有些国外网络传播平台对视频的类型和性质设有限制，并且，当前，除了李子柒、办公室小野、滇西小哥等部分网红的短视频在境外

YouTube 等有影响力的平台上取得了不错的传播效果之外，国内相当数量的短视频在国外传播都受到这样或那样的局限。有文化方面的原因，也有技术上和视频制作本身的原因，还有运营策略和市场公关等方面的原因。因此，要加强短视频的国际传播，必须从内容布局、运营策略和市场公关等方面做出优化调整。要事先对受众所在地的文化习俗做充分了解，在视频制作中规避不当素材的使用等风险因素。要利用新技术在媒介应用与产品形态上开拓疆域，实现制作模式和智能传播的思维更新与自我更迭。通过嵌入虚拟现实、人工智能等技术满足受众对于真实感、临场感、参与感的功能诉求。发挥自媒体、流媒体平台等主体的功能，在媒介场景中激发世界范围内的互动云交流。大力发展新媒体平台，搭建完整多元的新媒体矩阵，满足受众碎片化、个性化的信息需求与媒介期待，赢得境外巨大的流量空间。目前，孵化网红的主要平台仍在微博，要利用微博现有居住在境外的博主资源，通过微博国际建立出海网红与当地博主的关系网，进行经验分享或组成师徒模式，以提高中国短视频网红出海的成功率。同时，要进一步扩大现有的境外市场，增加境外用户的数量和黏性，从而帮助中国网红建立境外推广的机会和平台，扩大中国短视频在境外的传播范围，提高中国故事在境外的传播效果。

本章小结

本章我们首先介绍了短视频的内涵，探讨了短视频的叙事特点和多模态叙事原理。从根本上看，所有类型的短视频都是多模态话语叙事，用适当的话语逻辑和叙事逻辑，采用恰当的话语和叙事策略来讲故事。其最突出的特点是，短视频能够以平民化叙事的方式，通过个体叙述视角，借助实景拍摄，呈现朴素、真实的故事场景，通过多模态符号的运用和场景的切换，在自然流动中创建贴近现实甚至还原现实的故事情节，使故事讲述极具说服力和吸引力。在此基础上，在本章的第二节，我们从话语建构、叙事逻辑和传播方式三个方面，具体探讨了多模态视域下中国故事的短视频叙事传播原理。短视频的话语表达非常灵活，可以是官方的严肃话语表达，也可以是个体的平民化、口语化表达。在叙事逻辑上，短视频通常采用线性化叙事模式，以微观叙事、情景化叙事、平民化叙事和体认式叙事为主要叙事特点。短视频采用以用户为中心的传播逻辑，使视频生产者、传播者和观众同时具备了叙事者、体验者与传播者的角色，在融媒体、自媒体和网络传播平台的支持下，实现立体化、交互式传播。这些特点为中国故事的短视频叙事与传播奠定了基础。我们结合短视频的题材和主题及其对观众的影响，探讨了短视频的社会文化价值。短视频的故事讲述能给观众带来视觉、情感和心理上的舒适感受，影响其思想观念和行为规范，对文化传播和文化建设具有现实意义。我们还结合实例分析了短视频建构、表达和传播中国故事的方式与意义。我们在第三节分析了短视频的传播潜质。其丰富的题材类型和主题、多模态话语建构、多元化叙事和传播主体在全媒体、多平台和数字技术的支持下，形成了具有情感联系的互动传播模式，使短视频具备了广泛传播中国故事的条件。我们还结合当前短视频传播中存在的问题，从短视频的规划与监管、中国故事的短视频叙事方式和境外传播平台与传播网络的建构等方面探讨了通过短视频叙事推动中国故事国际传播的策略。

研究发现，短视频叙事在对外“讲好中国故事”中具有自己的优势，其贴近现实的故事情景、多元化的话语表达和叙事逻辑很容易被观众理解和接受。短视频的传播路径和平台多样，传播方式更具互动性和立体性。要充分利用短视频的文化价值，根据故事主题和视频类型，确定多模态话语叙事方式，优化话语建构、表达和故事叙述，避免内容空洞、硬宣传和过度娱乐化倾向。整合利用先进的数字技术、网络传播平台和融媒体技术，优化优质短视频与国内市场的匹配，深化短视频的国内传播，提高中国故事的对内传播效果。通过 YouTube 等成熟的境外网络传播平台建立更多账号，通过微博国际等媒介建立中国故事的境外传播网络，提高中国故事的短视频境外传播效果。

第十一章　文化类节目叙事与中国故事的国际传播

第一节　文化类节目叙事研究概述

文化类节目既包括在特定场合举行的文化类表演活动，也包括以电视机、电脑、手机屏幕等为媒介所播放的录制式文化类节目，即视频类文化节目。视频类文化节目最初以电视机为媒介，通过电视频道进行播放。后期，随着网络、电脑和智能手机等媒介平台的出现，播放渠道逐渐丰富。但是，其本质上都属于电视文化类节目，只是播放媒介和平台随着融媒体技术的发展而得到了延伸。电视文化类节目发轫于20世纪80年代后期，最初一般以宣传文化知识、弘扬科学精神为主要内容，力求激发观众对文化知识的热爱，并尝试探索如何使节目兼具知识的专业性和大众能够接受的观赏性。进入21世纪，益智类节目和带有文化色彩的综艺类节目版块陆续出现。在这一时期，电视机的频道数量增加，频道的专业化特色愈加明显，且“收视率”成为评价各频道节目质量的重要标准。这一时期的文化类节目表现出较强的娱乐性，一定程度上是对文化类节目文化主体地位的消解。加之，随着信息全球化进程的推进，大量来自境外的“娱乐至上”的电视节目出现在中国的电视机荧屏上，致使一段时间内，以文化知识和人文思想为主体的文化类节目被充斥着同质化、低俗化、明星效应的综艺类节目所遮蔽。直到2013年湖南卫视播出了《文字英雄》，以汉字、成语为主要文化元素，兼具知识性、文化性和一定的娱乐性，受到大众的喜爱。随后，多元化的文化主题类节目相继诞生，有书信题材类的《朗读者》《信中国》，综艺类的《国家宝藏》《典籍里的中国》《经典咏流传》

《环球综艺秀》《故事里的中国》，语言类的《汉语桥》《快乐汉语》，服饰类的《衣尚中国》，诗词类的《中国诗词大会》《诗书中华》《诗中国》，文化旅游类的《外国人在中国》《远方的家》《奇妙游》等。中国电视文化类节目迅速崛起，掀起了一阵电视文化的热潮。这也是我国文化类节目进行本土化改造与变异的结果，不乏具有原创性、知识性、娱乐性的经典节目，受到观众的广泛欢迎，具有良好的社会效应和文化效应。

这些文化类节目包含有语言、艺术、影视、科技等多领域的元素，也受到来自语言、话语、文化、传播、艺术、影视等各领域学者的广泛关注。排除艺术维度的研究，叙事和话语是文化类节目研究的重要维度。根据话语的定义，文化类节目是一种多模态话语形式或话语活动，在话语活动中进行故事叙事和意义传递，并通过对观众的影响来实现其社会文化价值。因此，从叙事和话语的层面研究特定文化类节目的意义建构、叙事方式、故事内容、主题意蕴及其对观众的影响，是文化类节目叙事研究的主要内容。在具体的研究视角上，有从多元叙事主体与其功能定位方面探究书信题材文化类节目的叙事创新方式（张步中、李晨，2018），有从叙事结构和叙事场域的建构探讨服饰文化类节目对传统美学价值的建构与表达（李天语，2021），有从叙事话语建构与表达风格的转向探讨文化类节目的文化价值和影响力的提升（石长顺、吴龙胜，2019），有从融媒体科技与叙事技巧的融合探讨科技赋能对实现文化的创新性表达与传播策略的影响（马雅楠，2022），有从叙事主体、叙事方式、叙事风格和叙事技巧等方面探讨文化类节目的创作特色及文化传播价值（张步中、李晨，2018），有从叙事和传播的视角探讨文化类节目讲述和传播文化故事的方式与策略（张步中、蓝梓铭，2021），有从叙事特征与话语表达方面探讨文化类节目的文化品格及其强大的社会影响力与感召力（乔羽，2021）等。

笔者通过文献梳理发现，围绕电视文化类节目的叙事传播研究主要涉及节目的叙事主体、叙事结构、叙事方式、叙事场域、话语模式、话语表达、话语修辞、故事主题、故事空间、文化内涵、文化传播及其影响力等要素以及媒体技术的赋能效应。就其叙事研究来讲，多从视觉叙事的视角研究节目的叙事各要素及其所呈现的主题意蕴和效果；就其话语研究来讲，主要从媒介话语的各要素来探讨节目的话语建构和意义表达方式与效果。综合来看，这些研究采用的是符号意义上的媒介话语和视觉叙事分析法来研究文化类节目的意义建构与表达、叙事特点、叙事方式以及叙事效果和文化价值，没有用话语分析和故事建构的相关理论分析文化类节目的故事讲述和意义传递的根本原理与机制。因此，这些分析在一定程度上缺乏理论根基，也带有主观性，且分析思路存在明显的局限性，不能超越视觉叙事的窠臼，也不能从故事本身的建构、意义表达、认知机制和对观众的影响方式等深层次挖掘文化类节目的故事讲述机理及其文化价值产生或存在的具体依据。

根据多模态话语叙事的原理，文化类节目属于多模态话语叙事的范畴，那么，适用于多模态话语分析的视觉语法、概念隐喻、概念整合等理论也同样适用于电视文化类节目分析。电视文化类节目也是一种故事叙事方式，通过多模态话语和视听叙事的方式来讲述历史和现实中的文化故事，传递文化信息；通过多模态隐转喻来表征故事中所蕴含的抽象的文化内涵、思想精神和价值理念。这些都是电视文化类节目实现其文化主体性的主要方式。也正因为如此，电视文化类节目才得以以综艺的外壳凸显文化的内核。因此，将多模态话语叙事分析范式引入文化类节目叙事分析能够为其提供深入分析所需要的理论依据、全面的分析视角和更为适用的分析方法，弥补媒介话语视角下符号层面视听叙事分析的主观性和局限性，也为更好地进行文化类节目故事叙事和进一步挖掘和利用文化类节目的社会文化价值奠定了基础。

第二节　多模态视域下中国故事的文化类节目叙事

文化类节目题材多样，主题丰富，将文学、艺术、历史、习俗等文化资源作为核心内容进行挖掘，结合竞赛、访谈和影像资料等诸多环节，融朗诵、歌舞、戏剧、演讲等多种艺术元素于一体，通过多种叙事技巧来讲述文化故事，体现文化特色和时代特征。在故事叙事上，文化类节目通常采用多重叙事表达，共同呈现、创造、转变甚至修改共享文化。在此过程中，文化类节目采用多模态话语的方式，通过话语互动来观照历史与当下，通过视觉语法和多模态隐转喻来表征文化精髓，通过舞台设计、AR技术和人物活动搭建叙事框架，演绎故事情节，呈现故事主题。在话语建构与表达上，多模态话语是所有文化类节目共有的话语方式，节目形式不同，采用的话语策略也各异。书信类、语言类和诗词类的文化节目以文字、口头解说、朗读为主要话语方式，结合文字背后的故事阐释来表征历史事件和文化意义。综艺类的文化节目则更倾向于用舞台表演如戏剧、舞蹈、演唱等方式来演绎故事情节，呈现文化意象，表达文化内涵。文化旅游类节目用类似纪录片的方式，通过跟踪采访和镜头记录，将人物的语言、活动与真实具体的事件记录下来，是最为典型的故事讲述方式。在故事受众与传播上，毋庸置疑，文化类节目以其丰富的题材和多样的节目类型，吸引了各个年龄段、各种文化背景的观众，并在融媒体技术普及的背景下，实现快速广泛传播。由此可见，文化类节目本质上是通过舞台上的多模态话语活动或现实生活实践，结合一定的艺术元素来讲述文化故事，传播文化知识，并具备了广泛传播故事的客观条件。本节我们将基于文化类节目的多模态话语叙事范式，探讨中国故事的文化类节目叙事原理与机制，探索用文化类节目来“讲好中国故事”的策略。

一、多模态视域下中国故事的文化类节目叙事原理与机制

文化类节目从形式上看主要是舞台活动，是一种带有艺术性、娱乐性和知识性的表演类活动，但其根本属性是文化性，是通过多模态话语实践和叙事来建构和表达文化故事，实现社会文化价值，其最大的特点是融入了艺术元素，以艺术美来提升节目的吸引力，让观众在享受美感的过程中，了解文化故事，提升文化品格和人文素养。文化是一个民族的灵魂，优秀文化是民族发展与进步的根基。文化也是不断发展和变化的，任何文化都有精华与糟粕的成分，取其精华，发扬光大，使其随着时代的发展而历久弥新，为民族的发展提供精神力量，这是文化建设的意义所在。中国拥有 5 000 多年的文明史，中国文化博大精深。讲好中国的文化故事是“讲好中国故事”的重要组成部分。通过讲好中国文化故事来传承和发扬中国优秀传统文化，是文化类节目的责任与使命。文化类节目具有娱乐性和艺术美，对观众具有广泛的吸引力，为文化故事的传播奠定了基础。文化类节目实现其文化价值的关键在于文化故事的讲述上，涉及话语和叙事策略的问题。多模态视域下中国故事的文化类节目叙事原理也主要在于话语的多模态表达和故事的叙事方式上。

在中国故事的话语建构与表达上，文化类节目主要靠多模态话语建构故事内容、表达故事意义。无论是书信类节目《朗读者》、诗词类节目《中国诗词大会》，还是综艺类节目《国家宝藏》，都是用多模态话语来建

构具体的故事和事件。书信、诗词、文物本身是历史文化故事的载体，是某一历史时期，特定文化背景和时代背景的产物，以文字和文物的形式保存下来。但是，仅仅通过文字来建构和表达故事具有明显的局限性。一些具有文化价值的书信、古诗词和古文物对观众的认知能力和文化素养要求很高。中等及以下学历的人很难读懂一些书信和多数古诗词的内涵，更别提其背后的文化故事。要读懂古文物背后的历史文化故事几乎不可能，需要专业人士讲解。文化类节目通过书信朗读、诗词朗诵、戏剧表演和嘉宾解说等话语方式，配合音乐和影像资料、AR 等技术还原历史场景，使故事的讲述生动形象。这些多模态元素的搭配使用能够创新话语编码，不仅能形成立体、沉浸式的和超次元的视听空间，实现古今联动，而且有助于削弱教化氛围，提高故事的可接受性。文化类节目的多模态话语形式还使节目具有了“文化+综艺”的娱乐话语形态（石长顺、吴龙胜，2019），促进了更多文化类自主原创节目的诞生，使文化类节目走向具有开创性的中华优秀传统文化的具象表达之路。

在叙事维度上，中国故事的文化类节目叙事通常包括四个维度：故事的内容维度、表达维度、思想维度和技术维度。文化类节目通过多模态话语、修辞、叙事手段和媒体技术来建构故事内容，表达故事意义，传递思想情感，实现跨屏互动传播。在具体的故事叙事上，文化类节目用多模态符号实现故事的创新性多重叙事方式，表现在以下几个方面：一是叙事主体的多元化叙事方式。同一故事的不同叙述者因其角色和身份的不同，其叙事视角和目的各异，使故事的叙事形态更为丰满、多元（胡连利、陈婧薇，2019）。文化类节目的叙事主体通常包括主持人、嘉宾、参赛者或表演者以及原文本中的故事讲述者等。这些叙事主体根据故事主题进行互动叙事，通过语言表达、舞台表演、点评阐释等话语方式形成了多元、立体的复调叙事，增加了叙事链，丰富了故事内容，提高了叙事效果。二是叙事方式和视角灵活多样。文化类节目既可以通过多模态微观叙事，讲述和表达历史人物个人的故事和情感，也可以通过小切口叙事推进宏大叙事，将发生在历史人物身上的个人事件与时代背景和国家命运相结合，实现民族叙事或国家叙事，讲述民族和国家的故事。三是在叙事逻辑上，中国故事的文化类节目叙事通常起于文本阐释和故事讲述，终于时代启发。即首先通过多模态话语叙事阐释故事来源和故事内容，再通过多模态隐转喻机制强调故事寓意，在古今联动中实现文化传承、更新和对外传播等现实文化价值。四是在叙事结构上，单期文化类节目通常讲述一个复杂的故事或两个以上的小故事（依据文化类节目类型的不同而异），用多元叙事主体和不同的多模态话语形式进行多线式或点状式叙事，最终产生集群效应，深化对故事主题的诠释。有时候，为了增强故事的吸引力和叙述效果，节目还会采用嵌套式叙事结构，设置一定的悬念，在整个大的叙事框架中形成多级的叙事分层，或采用主题并置的多空间叙事方式，借助多模态元素实现时空交错、虚实结合、夹叙夹“艺”的叙事效果，增强故事的吸引力。

二、文化类节目的社会文化价值对“讲好中国故事”的启示

文化类节目兼有文化性、娱乐性、艺术性等多重属性，每种属性都有其相对应的价值，如文化价值、娱乐价值和美学价值等。不同类型和题材的文化类节目具有不同的价值导向。娱乐身心和美感享受是所有文化类节目共有的价值。在文化价值方面，不同类型和题材的文化类节目表现出差异性。综艺类文化节目如《经典咏流传》《典籍里的中国》等重在以现代化的多模态表达方式阐释或演绎优秀传统文化，实现优秀传统文化的创新性表达和发展，促进优秀传统文化的传承。《国家宝藏》则是通过多模态话语叙事讲述我国国宝文物的历史故事，让人们了解文物背后的历史、科技、政治、宗教等文化不同维度的发展历程。诗词类文化节目如《中国诗词大会》《诗书中华》则注重通过多模态话语互动叙事讲述古诗词背后的故事，传承诗词文化，激发更多人热爱诗词，提高人们的文学素养。书信类文化节目如《朗读者》《见字如面》是通过朗读书信、嘉宾点评、主持人引导等多重话语叙事，在互动中讲述中国历史上某一个有代表性的人物的故事，传承和发扬某种品格、精神、思想、价值观念等。同时，通过共情效应，唤起人们对有关亲情、友情、爱情的思考，实现道德和伦理上的价值。语言类文化节目如《汉语桥》《快乐汉语》等是对外国人设置的文化类节目，主要通过答题、点评、阐释等环节，在多模态话语叙事中讲述汉字背后的故事，以此让外国朋友进一步了解中国的文字史、文学史以及相关的优秀传统文化和文化精神，实现对外传播中国文化的价值。文化旅游类文化节目如《外国人在中国》《奇妙游》等也是以外国人为叙事主体的，通过他们之口和他们在中国的亲身经历来讲述他们在中国的故事，表达他们的所见、所闻、所感、所想，以第三人称叙述视角介绍真实、立体

的中国，实现中国文化对外传播和中外文化交流等文化价值。服饰类文化节目如《衣尚中国》主要通过服装展示、舞台表演、解说等方式讲述中国服饰的故事，在故事讲述中传递中国人民的勤劳与智慧、情感与寄托，并从中国优秀传统文化当中体现人民的创造性与民族的包容性，实现优秀传统文化的传承和创造性发展等价值。此外，还有主题类文化表演，如奥运会开（闭）幕式、新中国成立70周年庆祝晚会等。这些文化类节目主要通过舞台表演和带有艺术美的多模态元素来讲述中国人民的故事和中华民族的故事，通过多模态隐转喻来表征中国的文化思想和核心价值。这些文化类节目在多模态话语叙事中实现情感共鸣，唤起集体记忆，使人们坚定文化自信，增强文化自觉，实现文化建设的价值。

综上所述，文化类节目具有丰富的文化价值，这也是近些年各种文化类节目盛行的根本原因。“讲好中国故事”需要讲好中国文化的故事，包括物质文化故事和精神文化故事。精神文化故事是中国文化的精神内涵、核心思想和价值观念等抽象层面的意义。此外，还涉及有关法律、制度、伦理、道德等制度层面的意义。这些精神层面和制度层面的文化内涵具有一定的抽象性，通过文字文本来传递可能会存在认知和传播渠道上的局限性。文化类节目兼容文化、娱乐和艺术之美。多模态话语、舞台设计、VR和AR技术的使用、音乐、影像镜头、字幕等多模态元素构建了多重叙事空间和具体的物理空间，将节目受众带入预设的心理空间和心理状态中，以最大限度地建构节目与受众心理层面的联结和共识（范玉明、杨晓茹，2020），不仅提升了节目的黏性和观众对故事所蕴含的文化内涵的理解效果，更重要的是，使观众在真实的、生动的或有趣的故事讲述和话语互动中实现情感共鸣和心灵震撼，以此进一步提高了文化类节目的价值。因此，要利用文化类节目在文化价值上的明显优势来讲好中国文化、历史等相关领域的中国故事，增强文化自信和文化自觉，促进文化建设，改善文化形象。为此，需要从以下方面努力：

一是平衡文化类节目的娱乐性和文化性，防止过度娱乐化。一些文化类节目为增加观众流量，融入了太多娱乐性表演元素，减少了故事化叙事元素的运用，使节目的故事化程度不够，也降低了节目的文化属性。要在既定的题材范围内，深入挖掘故事，灵活利用多模态话语叙事来建构故事情节，实现故事的创新性话语叙事，突出节目的文化主体性。

二是丰富故事的叙事模式。一些同类的文化类节目，如书信类文化节目，在叙事模式上较为单一，都是以人物故事为载体，以访谈的形式呈现，故事的叙事流程也大同小异，使故事的叙事水平难以提高。要调整故事的悬念、冲突和人物等元素的排列组合，创新中国故事的叙事模式，提高故事的吸引力。

三是避免泛故事化倾向。有些文化类节目热衷于讲故事，却忽略了故事背后的文化意义，具有泛故事化倾向。要知道，讲故事只是手段，通过故事来传递文化内涵，实现文化传承等，才是讲好中国文化故事的目的。要在故事讲述中，灵活使用多模态隐转喻机制和叙事策略，使抽象的文化内涵具象化，具有更为普遍的可理解性。

四是深度挖掘中国文化中有价值的元素，创新和丰富文化类节目叙事形式。文化类节目从早期的纯讲解式的《百家讲坛》到如今的兼容讲解、舞台表演、虚拟故事场景、影像展示在内的多元化、多模态话语叙事的《故事里的中国》《经典咏流传》等，在故事题材、话语表达和故事叙述上发生了巨大变化，题材更为丰富、叙事效果更佳、受众面也更广。要继续从优秀传统文化和现代文化的各领域深挖有价值的题材，进一步丰富中国文化故事的内容和文化类节目的叙事形式，增强视觉化叙事比例，充分传递中国优秀文化的价值和优越性。

五是拓宽文化类节目的国际视野，提高故事的传播效果。截至目前，我国的文化类节目无论是内容的编排、语言的使用，还是表现形式的设计，大都以国内观众或华侨作为受众，在此基础上进行故事选题和节目设计，这更有利于中国故事的对内传播。只有《汉语桥》《快乐汉语》《非正式会议》《外国人在中国》等节目是从跨文化的视角来设计节目内容和叙事，具有一定的国际视野。要充分利用现有的跨文化资源，丰富跨文化类节目类型和叙事主体，拓宽文化视野和故事的叙述视角，在跨文化的故事讲述中“讲好中国故事”。

三、实例分析 1

前文我们探讨了文化类节目的文化价值及文化类节目讲述中国故事的原理。文化类节目以多模态话语叙事的范式，通过多重叙事、创新性表达、多模态隐转喻机制和文艺演绎等方式来表征和传递一些原本用文言文、文物、书信、散文、诗词等表达出来但普通人难以理解的文化内涵和文化故事。文化类节目所使用的多模态话语叙事范式具有表达上的直观性和理解上的通约性，适合普罗大众的认知水平，其所带有的娱乐性和艺术美又能够娱乐身心，给人带来美的享受，对广大群众具有普遍的吸引力。对外国观众而言，这样的叙事范式同样具有适用性。然而，毕竟讲述中国故事的主体是中国人，所使用的语言更多的是汉语。而且，绝大多数文化类节目主要通过电视机进行播放，对外传播渠道有限。因此，中央电视台和一些地方性电视台设置了一部分主要面向境外人士的文化类节目。这些文化类节目主要是汉语知识竞赛类、文化旅游类和以外国人为叙事主体讲述外国人在中国生活的故事类文化节目。这些节目旨在充分利用跨文化资源来讲述跨文化中国故事，实现故事的对外传播。本部分，我们将从多模态话语叙事分析的视角，分别举例分析文化类节目对内和对外“讲好中国故事”、传播中国文化的方式和意义。

《故事里的中国》是一档庆祝新中国成立 70 周年的电视文化类节目。该节目通过多模态话语叙事范式和多种艺术手法，讲述中国历史上多个时期发生在不同人物身上的故事。节目重点聚焦不同时代、不同身份的平凡英雄故事，在串联时代记忆的同时深度挖掘民族精神内核，旨在让故事照进现实，让世界品味中国，是用文化类节目的方式讲好中国故事的典范。我们以《故事里的中国》第三季即 2022 年出品的《樊锦诗》为例，探讨其叙事特征、故事内容和意义。樊锦诗在 20 世纪 60 年代毕业于北京大学考古专业，毕业后，她来到敦煌莫高窟，几十年如一日地守护着莫高窟。她以敦煌莫高窟为家，以保护、研究和弘扬敦煌文化为自己的使命，被誉为“敦煌的女儿”。节目采用主持人引介、图像展示、守护人阐释、戏剧表演等多个环节，采用多重叙事的方式，以多个故事叠加，共同构建一个大的主题故事，讲述敦煌文化的同时，传递出樊锦诗等老一辈敦煌守护者的坚守、奉献、担当和创新精神。

节目连线了现任敦煌研究院院长苏伯民，他介绍了敦煌研究院的前三代院长守护敦煌的大体情况。节目采用“口述+影像+字幕”的方式讲述了 20 世纪 40 年代至 60 年代敦煌文物保护研究事业开创初期时的三个代表人物及当时艰苦的工作条件。图 11.1 中镜头 1 是敦煌研究院院史陈列馆里面展出的国立敦煌艺术研究所（后改名为“敦煌研究院”）第一代所长（院长）常书鸿先生的办公室。常院长在 1942 年战乱时期特地从法国赶回来，放弃国外优越的生活，只身投入敦煌文物保护和研究工作中，结束了敦煌 400 多年无人看管的历史。“口述+影像”表达形成了更为直观的意义表达，唤起观众的集体回忆，将观众带入那段艰苦的历史岁月。1942 年二战尚未结束，中国内忧外患，到处战乱。常院长在那个时候能够回国开创敦煌文物的保护工作，其危险和艰难困苦可想而知。镜头 2 是第二代院长段文杰先生指导弟子临摹和保护莫高窟壁画的场景。节目采用戏剧表演的方式还原了故事场景。段院长采用临摹而不是摹印的方式来保存和传承莫高窟里面珍贵的壁画，在探索中不断提升文物保护和传承技术。这种戏剧表演的方式不仅将“临摹”与“摹印”的区别生动地体现出来，而且在故事讲述中传递出早期敦煌人对文物的珍爱之情和创新性保护与传承的思想。镜头 3 以樊锦诗院长同事“口述+相片”的方式讲述了樊院长在 1963 年自北京大学毕业至今，60 年如一日地守护敦煌的感人事迹。口头表达“行履匆匆，朝气蓬勃”与相片上那张年轻而充满活力的笑脸相互映射，不禁让观众充满遐想。20 世纪 60 年代的北京大学毕业生，一个柔弱的女孩子，因为一次实习而对敦煌情有独钟，心驰神往。在那样的艰苦条件下，能够坚守敦煌，为创新性保护和传承敦煌文物奉献终生，这体现了何等的担当与奉献精神！

镜头1

镜头2

镜头3

图 11.1 《樊锦诗》视频截图（1）

图 11.2 中镜头 1 采用 AR 技术、道具和人物表演的方式创造故事场景，配合音乐，还原了 20 世纪 60 年代莫高窟那艰苦的工作环境。干旱缺水、风沙肆虐、尘土飞扬都阻挡不了敦煌守护者们保护敦煌的行动。守护者们一边被风沙呛得不断咳嗽，一边逆着风沙，弯着腰，费劲地扶着小树苗，给小树苗培土、浇水。这一情景与樊院长的话“植树筑墙是保护莫高窟的基础性工作”形成了映射关系。在风沙里植树筑墙似乎与保护文物、传承文化艺术的知识分子不应有直接联系，但这确实是当时知识分子们真实的工作环境和工作内容之一。视听模态所形成的映射关系构成了一种创新性隐喻，表征了他们为保护和传承敦煌文化而具有的不畏困难、勇于斗争、吃苦耐劳、甘愿奉献的精神。镜头 2 用 AR 技术构成了虚拟背景，并以此为背景进行了戏剧表演，演绎了老年时期的樊院长为利用数字技术保

护和传承敦煌文化，减少因游客太多而对敦煌文物带来的巨大压力，亲自指挥工作人员筹建数字展览中心的故事。一方面，要满足更多人瞻仰敦煌文化，发扬传统艺术的热情；另一方面，要尽力保护古老的敦煌文物，减缓敦煌消失的速度。樊院长不得不与时间赛跑，创新性使用数字技术，全面地规划和筹备保护、传承和研究工作。她的事迹和精神在考古界具有巨大的影响力，感染着越来越多的人。一个女学生给樊院长写信（镜头3），表达了自己也要追随樊院长的足迹，投身考古事业，找到心灵的归处。镜头用真实的信件和文字传递出樊院长的精神价值。如今，她已经80多岁了，仍然奋斗在敦煌莫高窟里，为继续保护、探索、记录、研究敦煌其他石窟里的文物，以及用数字技术搜集流失境外的文物作品而努力。镜头4用文字“保护生态环境，传承莫高精神”和樊老在黄土高原上工作的姿态来表征和传递了保护性传承敦煌文化，“择一事，终一生”，为传承和弘扬中国优秀传统文化和保护艺术瑰宝奉献一生的精神。

镜头1

镜头2

镜头3

镜头4

图 11.2 《樊锦诗》视频截图（2）

节目的最后用戏剧演绎了2014年樊院长在敦煌莫高窟数字展示中心竣工启用仪式上讲话的情景（图11.3中镜头1）。数字展示中心是敦煌最大的实体研究成果，数字化技术为实现敦煌石窟的永久保存和永续利用提供了技术保障。这一创新性成果是樊院长多年不懈努力的结果，凝聚着敦煌人的智慧和辛苦。镜头2是樊院长本人亲自出镜，在线与主持人撒贝宁进行交流。她带领敦煌数字展示中心的工作人员，也是新一代的敦煌守护者，站在展示中心的大厅里。只见她拄着拐杖，头发几乎全白，但精神矍铄，表达清晰。她向主持人和观众口述了敦煌研究院的主要研究成果、数字技术的应用和未来的工作计划。敦煌研究院不仅要利用数字技术继续对现存文物进行预防性保护，还要用数字化技术把散存在十几个国家的敦煌文物实现数字化回归，这对敦煌学的深入研究具有很大意义。此外，她还引领新一代的敦煌守护者整合数字资源，推出“云游敦煌”小程序、短视频和直播活动，全方位地介绍敦煌石窟艺术，为实现敦煌文化和艺术瑰宝的广泛传播提供了新的创新性举措。从构图上看，镜头中的耄耋老人站在中间，她的两侧和身后站着年轻的敦煌守护者和研究者。老人在图中央，穿着红色的衣服，代表着领导和中心，两侧和身后的人代表拥护和追随。镜头以这样的方式，配合使用字幕和老人的声音模态，传递出新一代敦煌人将继承老一辈敦煌人坚守大漠、甘于奉献、勇于担当、开拓进取的莫高精神，让敦煌莫高窟这千年文明在新时代再创辉煌。节目的最后，主持人撒贝宁（镜头3）郑重地总结了这期节目："一代代敦煌的守护者勇担重任，守护着千年瑰宝，用奔赴、坚守、奋进的故事书写了无愧于时代的华章。在新时代，古老的中华文明必将书写出更加灿烂辉煌的全新篇章。"

镜头1

镜头2

镜头3

图 11.3 《樊锦诗》视频截图（3）

整个节目用多模态话语叙事，讲述了常院长、段院长和樊院长带领众人守护敦煌莫高窟、研究和传承中华优秀传统文化艺术的故事。节目采用主题并置的叙事结构，所有的故事线索都围绕保护和传承敦煌文化艺术展开。在叙事模式上遵循了由小微叙事实现国家叙事的模式。多模态符号、影像资料、戏剧表演等共同构建了多维叙事空间，还原了多个故事场景，并融合多种艺术表现手法，勾勒出一部真实展现几代敦煌人形象的故事图谱。多个来自不同背景和不同时代的叙述者构成了多元叙事主体，从多个视角讲述主人公的故事，塑造了立体生动的平民英雄形象。多模态隐转喻和话语叙事共同传递了莫高精神，不仅实现了对中华民族精神的挖掘与现实观照，也为电视文化类节目"讲好中国故事"提供了新思路。

四、实例分析 2

上述文化类节目《故事里的中国》的叙述主体是中国人，话语表达和字幕都是汉语，面向对象也主要是中国人，但是通过"敦煌小程序"和短视频，借助融媒体技术能够实现一定程度上的国际传播。要利用文化类节目更好地对外"讲好中国故事"，必须创新故事叙事，实现叙事主体的多元化和国际化，充分利用跨文化资源来"讲好中国故事"。《汉语桥》是湖南卫视创办的面向中外观众的文化类节目，以汉语言文化知识类竞赛的形式开展。主持人是中国人，嘉宾由中国人和外国人共同担任，参赛选手是来自世界各地的外国大学生。第一届《汉语桥》于2002年举行，至今已有20年的历史了。最初的比赛内容主要是汉语言知识，随着中国文化对外传播和汉语课程在更多国家的开设，以及中外文化交流的日益频繁，参加《汉语桥》节目的选手能力越来越强，参赛人数越来越多，节目的比赛内容也从汉语言知识拓展到中国历史、文化、科技等多个领域。每年，主办方还为来中国参加复赛和决赛的选手们举行各种主题、丰富多彩的文化活动。比赛形式也在不断创新，即使是在新型冠状病毒感染疫情期间，《汉语桥》也没有停止，并创新性地采用视频连线的方式在云上举办复赛和决赛，通过湖南卫视国际频道、央视网、中央电视台国际频道等传播渠道进行对外传播。《汉语桥》已经成为各国大学生学习汉语、了解中国文化和世界青年人心灵沟通的桥梁，也是各国进行文化交流与互动的重要平台。在新时代，《汉语桥》成为对外“讲好中国故事”“传播好中国声音”的国际平台。我们以第二十届《汉语桥》中文大学生比赛全球总决赛为例，分析其如何通过比赛的方式，在多模态话语叙事中“讲好中国故事”“传播好中国声音”。

图11.4中镜头1是比赛开始的时候，节目组通过AR、5G、跨屏等技术将参赛选手们的视频进行了拼接，形成了一个巨大的球状体。世界各国的参赛选手以这样的方式连接起来，构建了一个故事场域，世界青年汇聚在该场域内，进行汉语言学习、文化沟通与交流，推动了汉语和中国文化的全球传播。镜头2是主持人朱迅在主持节目，她的“口述+字幕”的表达“文明因交流而多彩”诠释了比赛的文化价值。镜头3展示了比赛现场通过跨屏方式将来自亚洲、美洲、非洲、大洋洲、欧洲五大洲参加决赛的选手们连接起来的场景，现场的屏幕组合被设计成弧形，主持人、评委、观众与屏幕上的参赛者可以面对面进行交流。来自世界各地的中国文化爱好者和中文学习者也齐聚云端，观看比赛。整个现场的设计最大化地制造了参赛者的在场感，缩小了云上交流的距离感。参赛者以流利的汉语回答问题，从跨文化的视角进行阐释，得到了评委们的高度赞扬。如同主持人所说的，“每一位选手既是参赛者，更是一个文化传播者”。在这样的比赛氛围下，《汉语桥》更像是一个文化交流的桥梁。

镜头1　　　　镜头2　　　　镜头3

图 11.4　第二十届《汉语桥》视频截图（1）

比赛有客观选择题和主观表达题两种题型，分别以视频选择题和定题演讲题的形式出现。视频题材和内容涉及中国三星堆的古文物及其所反映的古代中国文明、中国大熊猫的生活习性和环境、中国的航天工程及空间站建设等。视频本身以多模态话语叙事的方式呈现，通过第三人称来讲述一个小故事。在故事中蕴含着中国的古文明、文物保护、现代文明、科技发展、环保思想、饮食文化、风俗习惯、节日节庆等信息，题目也是基于这些具体的信息给出的。选手们可以直观地观看视频故事（图 11.5 中镜头 1），通过对视听模态的综合判断从故事中获取更全面的信息，不仅进一步了解了中国各领域的知识和发展理念，也目睹了中国各领域的发展现状。节目以这样的方式向世界讲述立体、全面的中国。在定题演讲比赛环节，选手们用汉语回答问题，字幕也同步呈现他们的语言表达（图 11.5 中镜头 2、镜头 3），他们甚至可以通过跨屏与评委“面对面”进行对话（图 11.6 中镜头 1）。定题演讲题目是“我与汉语桥”，选手们在两分钟内讲述自己与“汉语桥”的故事。恰逢《汉语桥》节目开办 20 周年，选手们讲述了自己对汉语和中国文化的热爱，讲述了自己与“汉语桥”的结缘过程。整个比赛现场更像是来自五大洲的人齐聚一堂，大家一起聊中国文化、讲中国故事。选手们甚至用镜头展示了自己演唱中国歌曲、跳中国舞蹈和练习中国武术的情景。若非疫情的原因，选手们本可以在线下适当地进行中国文艺表演，进一步拉近彼此的心灵距离，增进彼此友谊。

镜头1　　　　镜头3　　　　镜头3

图 11.5　第二十届《汉语桥》视频截图（2）

节目最后还邀请了部分以往的、来自不同国家的比赛冠军，他们在《汉语桥》20 周年之际，来到比赛现场，分享他们与“汉语桥”的故事，谈谈他们对“汉语桥”的感受。比赛场地的中央设计为圆形的舞台，八位前冠军获得者围在边缘，依次讲述自己与汉语桥的故事（图 11.6 中镜头 2）。这样的设计体现了平等与融合。选手们有感而发，情真意切，并特别强调了“汉语桥”给他们带来的巨大变化，包括了解了中国、开阔了眼界、提升了能力、丰富了知识、拥有了更多机会以及增强了跨文化意识和跨文化能力等。节目设计这一环节无疑进一步宣传了《汉语桥》的文化价值和现实意义。在文化类节目更新换代非常快的时代，《汉语桥》能够保持连续 20 年长盛不衰的原因，就在于其作为中国文化对外传播和不同文化间沟通的桥梁所发挥的重要作用。《汉语桥》的主办方是中国，选拔赛和初赛的比赛场地遍布世界各国，每年来自世界五大洲多个国家和地区的报名参赛者多达数十万人。在新时代，我们要利用好这规模庞大的比赛，创新比赛形式，丰富比赛内容，提升比赛的影响力，充分利用《汉语桥》来“讲好中国故事”，使其成为中国故事对外传播的桥梁。

镜头1

镜头2

图 11.6　第二十届《汉语桥》视频截图（3）

第三节　中国故事的文化类节目叙事与国际传播

上两节我们基于文化类节目叙事研究的现状，从多模态话语叙事的视角探讨了文化类节目“讲好中国故事”的原理，又从文化类节目现有的社会文化价值出发，探讨了文化类节目对“讲好中国故事”的启示。最后，结合具体实例，分析了文化类节目对内“讲好中国故事”和对外“讲好中国故事”的方式和意义。实现中国故事的有效对外传播是对外“讲好中国故事”的最后一环，也是关键一环。本节我们将分析文化类节目叙事传播的基本条件，探讨如何利用好文化类节目有效推动中国故事国际传播的策略。

一、文化类节目叙事传播

文化类节目具有文化性和娱乐性，能够满足人们的求知欲，也能愉悦身心，使人放松。其丰富的节目类型和文化主题，以及来自不同文化背景的多元叙事主体能够满足各类观众的需要。数字和融媒体技术的发展使文化类节目实现了更加通约性的话语表达和沉浸式传播。这一切都进一步扩大了文化类节目的观众基础，推动了节目的广泛传播。下面，我们具体分析文化类节目叙事传播的特点。

（一）文化类节目类型繁多，故事题材丰富，具备了广泛传播的内在条件

文化类节目源于博大精深的文化底蕴。文化类节目随着民族文化的发展、繁荣和媒介技术的进步而日渐丰富、形式多样。文化类节目的盛行也体现了人民群众对文化生活和精神文明的不断追求。尤其是进入21世纪以来，我国的文化类节目异彩纷呈，在节目类型和数量上不断增加，节目质量也不断提高。这是物质文明取得很大进步之后，人们对高质量精神生活渴求的结果。优秀传统文化是一个民族文化的根基，夯实、挖掘和弘扬优秀传统文化，使其在新时代实现创新性发展，是民族文化发展繁荣的基础。诗词、书信、散文、文学著作、文物等是优秀传统文化的重要载体。文化类节目最突出的优势在于能够将常人难以理解的文字和看起来令人一片茫然的文物用多模态话语的方式，通过故事叙述把其内涵意义表达出来，使普罗大众能在轻松愉悦的氛围下听得懂，看得明白，也悟得透其内含的文化精华。

《中国故事大会》《中国诗词大会》《经典咏流传》《国家宝藏》《朗读者》《见字如面》《阅读·阅美》《图鉴中国》《中国成语大会》《诗书中华》《信·中国》《一本好书》《典籍里的中国》《诗·中国》等都属于这些类型的文化类节目。这些节目题材丰富，用戏剧表演、比赛、专家解说、故事场景的多模态创建与还原等方式将蕴藏在古诗词、古文、信件、文物背后的故事演绎出来，将其中优秀的传统思想精神和价值观念表达出来，观众在节目欣赏中不知不觉了解并学习了大量中国优秀传统文化知识，吸收了大量中国传统文化的精华。此外，还有《七夕奇妙游》《衣尚中国》《舞千

年》《故事里的中国》等节目，它们用多模态话语叙事的方式，用跟踪纪实、舞蹈、戏剧、专家解说与点评等方式演绎和讲述了中国传统节日的故事、服装的故事、文艺的故事、典型人物的感人故事等，在故事演绎和讲述中，利用多模态话语和多模态隐转喻等表达和认知机制传递中国传统文化精华，实现抽象性思想理念和精神内涵的具象性表达、娱乐化呈现和沉浸式传播。《平"语"近人》是中国优秀传统治国理念、价值体系、人文精神在当代的创新性发展和现实表达，对于如何理政，如何做人，如何处理个人与个人、个人与集体的关系，以及在艰苦的条件下，想要成功所必备的精神等，用多模态话语叙事演绎得淋漓尽致，具有普遍的价值和传播意义，受到社会各界人士的欢迎。可见，文化类节目本身承载着人类文明之精华，能够满足提升个人文化素养，促进社会文明进步的需要，因而具备了广泛传播的内在条件。

（二）文化类节目故事题材多样，叙事主体多元，能够满足不同群体观众的需求

文化类节目不仅本身类型多样，其叙事主题和叙事主体也极为丰富多元。文化是由人类创造的，文化故事就是人的故事。文化类节目的本质是以不同的节目类型，基于各种文化主题，利用不同的故事题材，最后通过多模态话语的方式，在故事讲述中表达特定的文化内涵，传递文化精神和思想价值，实现各种社会文化价值。中华民族 5 000 多年的文明史是由祖祖辈辈的华夏儿女创造的，中华民族优秀文化的建构和赓续是世世代代无数仁人志士集体努力的结果。中国故事的题材来源于漫长的民族史。无数思想家、史学家、诗人、作家、政治家、艺术家、博学家和物质文明的创造者以文字和文物的形式记载和表达了个人的故事和民族的故事。文化类节目就是以更为直观和愉悦的方式把古人的故事讲述出来，把古人创造的优秀文化成果呈现出来，把优秀的文化思想和精神价值表达出来。这本身就意味着可以选择和利用的故事题材非常丰富，也需要多元叙事主体和话语主体共同演绎、表达和传递文字、文物、节日等背后的具体故事及其内含的抽象文化思想和文化精神。而且，不同文化层次、专业背景和年龄段的人对节目类型和故事题材的偏好不一样。有人对诗词文化感兴趣，有人想了解文物背后的故事，有人爱好古代歌舞，有人喜欢文学作品，有人热衷于地方文化习俗，有人想知道民族艺术的发展史，还有人想了解发生在历史上特定时期的事件真相或特定人物身上的故事……观众对文化和历史

故事的不同偏好催生了各种类型、题材丰富的文化类节目。因此，文化类节目以民族文化为依托，悠久的传统文化题材和丰富的社会文化题材在民族共同体内有着广泛的认同，极易引发观众在认识和情感上的共鸣。在民族共同体外也有一定的观众基础，能够满足观众心理和情感上的需求和对异域文化知识的好奇心，这些都为文化类节目的广泛传播奠定了基础。

（三）数字和融媒体技术的不断发展为文化类节目的广泛传播提供了必要条件

相较于专业老师在课堂上，通过教科书向有限的学生讲解文学作品的文化知识，讲述其背后的故事和人物，或者考古学家、文物工作者在博物馆等场所面向游客讲解文物背后的故事和文化而言，以文化类节目为载体的多模态意义表达和故事呈现范式，不仅在意义传递上更为直观、更易理解，传播渠道也更为多元。在网络、电脑和融媒体技术出现之前，文化类节目主要通过现场表演和电视机播放的方式进行传播，电视机是其传播的主要渠道。卫星、网络和数字电视机的发展进一步丰富和拓宽了电视文化类节目的传播渠道和传播范围。很多国家都有相应的国际频道，用于对外播放和转播电视节目。我国电视台现有的国际传播频道已经有几十个。这些国际传播频道常年面向国内外播放和定期转播具有中国特色的文化类节目，在国内外具有一定影响力。随着智能手机和5G网络的出现，以及数字和融媒体技术的进一步发展，文化类节目的传播范式已经由点式传播转向跨平台规模化传播。电视文化类节目注重发挥台网联动传播的效应，以台带网、以网促台，电视频道、视频网络、官方微博、微信公众号等实时发布节目看点，同步播放节目。同时，在社交媒体中汇聚明星转发，群体信息共享，构建了跨平台、跨屏的传播矩阵（乔羽，2021），为文化类节目实现更大范围的跨文化传播提供了技术保障。

二、通过文化类节目叙事推动中国故事国际传播的策略

前文我们分析了文化类节目叙事所应具备的广泛传播的内在条件、观众基础和媒介保障。然而，一些文化类节目的定位和故事叙事本身还存在一些问题，不利于扩大传播范围和提高传播效果。如我们在本章第一节所总结的那样，当前我国的部分文化类节目文化性不足，娱乐性过之；在故事的叙事模式上存在明显的单一性和同质化现象；也有些文化类节目的故事化倾向严重，忽略了对故事背后文化意义的挖掘；现有文化类节目的国

际视野较为狭窄，不利于跨文化传播。因此，要利用文化类节目来“讲好中国故事”并实现最佳的对内和对外传播效果，还需要从节目规划和故事叙事等方面进一步完善，以提高传播效果，丰富和拓宽国际传播渠道。

（一）加强文化类节目的总体规划，丰富优质节目类型，突出地方特色

文化类节目本身存在一定的娱乐性，在表现形式上与普通的综艺类节目有一些共同点，比如竞赛、舞蹈、歌曲等演艺形式既出现在文化类节目中，也是普通综艺类节目常用的形式。这些节目形式有一定的趣味性、竞争性和艺术美，能够激发观众的兴趣，增加节目热度和传播效果。这些形式本身也是多模态话语的使用方式，使意义表达和故事叙事在愉快或紧张的氛围中进行，让观众始终保持兴奋的状态，也有利于其对节目内容和故事的理解。因此，对文化性和娱乐性的平衡就成为文化类节目首先要注意的问题。如处理不当，会使文化类节目与综艺类节目出现鱼目混珠、混淆不清的局面，也会大大降低文化类节目的文化价值。因此，要厘清文化类节目与综艺类节目的本质区别，加强对文化类节目的总体规划。

首先，增加优质文化类节目类型。语言类、诗词类和部分文化类的综艺节目，如《经典咏流传》《国家宝藏》等是近年比较成功的文化类节目类型。它们成功地将文字和文物所承载的历史和人物故事及其文化内涵以多模态话语叙事的方式演绎和表达出来。这些节目以国内观众为主要对象，在对内“讲好中国故事”方面能够发挥重要作用。要增加面向国际受众的文化节目类型，进一步丰富优质文化类节目类型，使文化类节目在对外“讲好中国故事”中发挥更大作用。

其次，避免节目的同质化现象。语言类和诗词类节目具有很大的文化价值，受到各年龄段观众的喜爱。多家电视台相继播出类似的文化类节目，如《汉语桥》《汉语世界》《快乐汉语》都是面向国际受众的语言类节目，《朗读者》《见字如面》等属于书信类节目，《中国诗词大会》《诗书中华》属于诗词类节目。这些同类别的节目迎合了观众对中国文化知识、文学知识和了解典型人物故事的需要，但在节目形式、叙事模式和节目内容上存在一定的同质化现象。在对节目进行规划和设计的时候，要避免内容和形式上的同质化现象，深入挖掘新的故事题材，丰富节目内容，以降低资源浪费和观众的审美疲劳，提高节目收视率。

最后，突出地方性文化节目特色。上面所说有些节目存在同质化的问

题，主要是因为这类节目受观众欢迎，单一的节目在某个频道定时播出，不能满足不同省份多数观众的需要，一些地方电视台便自行推出类似的节目，以满足地方观众的需要。如由山东广播电视台牵头，沿黄九省（区）广播电视台联合制作、共同播出的大型文化综艺节目《黄河文化大会》，节目深入挖掘沿黄九省（区）的黄河文化、黄河故事、黄河人物，展现黄河文化的深厚底蕴与独特魅力，通过竞赛答题的形式，深入挖掘黄河文化所蕴含的时代价值，用情用力“讲好黄河故事”。自 2022 年 10 月开播以来的三个月内，节目在全网各平台斩获热搜 496 个，全网话题阅读量和视频播放量破 7. 98 亿次。节目在润物细无声中让黄河文化深入人心。由此可见，同类的文化节目本身有其存在的价值。在设计这类节目时，地方电视台要注意突出地方文化特色，挖掘地方性优秀历史文化和人物故事题材，将其融入节目设计和内容中，这样既能避免节目的同质化问题，又有利于全面地“讲好中国故事”，促进节目的跨区域传播。

（二）优化中国故事的文化类节目叙事

故事叙事关系到故事的讲述、接收和传播效果。文化类节目的叙事效果直接影响观众数量，进而影响故事传播。在叙事结构上，文学的叙事结构就是情节安排，电视文化类节目的叙事结构则体现为讲故事的具体安排方式（石蓉蓉、杜银转，2022）。单一线性的故事叙事适合短视频使用，文化类节目要在一个人为搭建的舞台或讲台上，通过多个环节和话语形式来讲述复杂的故事，单一线性的叙事结构或单个叙事主体都无法实现。比如早年流行的《百家讲坛》，主讲人虽然有深厚的文化底蕴，熟知历史典故，能用生动、精确的语言来表达故事内容、叙述故事情节，但是单一的叙事主体、叙事模式和叙事视角使节目本身缺乏趣味性，而且严谨、专业的讲座更适合对历史和传统文化本身有一定了解的观众。这也是早期《百家讲坛》节目受众面狭窄、传播面有限的根本原因。近年推出的《经典咏流传》和《国家宝藏》等节目采用多模态话语，通过多元叙事主体、多个叙述视角和戏剧式段落结构来增加叙事张力和话语表达效果，使古诗词和文物背后的故事内容和文化内涵以更为直观、生动、通俗易懂的方式演绎和表达出来。视听元素和舞台艺术的结合创造了愉悦的氛围，增强了叙事张力，实现了沉浸式传播，也获得了较好的传播效果。在具体的叙事方式上，多元叙事主体的复调叙事、夹叙夹“艺”的嵌套式叙事和多线式群像化叙事等是现有文化类节目常用的叙事方式。在叙事策略上，当前的文化类节目以文化内核指引节目叙事，通过“穿越古今”“今昔对话”的叙事创新，实现对历史故事和文化内涵的有力诠释和有机延展（曾祥敏、翁旭东，2021），使节目得以从内到外形成合力，在对故事及其文化价值的不断反思与重塑中强化节目的传播力。未来，应进一步创新文化类节目的故事叙事，拓宽视角，放大格局，以小微叙事推进宏大叙事，以小主题弘扬大主题，将个人故事讲述与时代背景和国家命运紧密结合，突出故事背后的家国情怀和时代启发，以此强化观众的民族文化共同体意识，增强其在讲述中国故事、传播中国文化中的使命与责任。

（三）进一步拓展文化类节目的境外传播渠道

当前，我国的文化类节目主要通过各电视台及其官方网站、爱奇艺视频、腾讯视频网络播放平台、优酷视频、B 站等媒体渠道播出，部分文化类节目开通了抖音等短视频账号、官方微博、微信小程序或公众号等，以实现广泛传播。从总体来看，电视文化类节目在国内形成了规模化传播，节目通过媒介间的多渠道共振，以台带网、以网促台，并在社交媒体中转发，实现群体信息共享，形成了媒介间的联通效应，构建了中国故事和中华文化传播矩阵。中华优秀传统文化和中国故事在国内传播方面，实现了现象级传播。以往经典和高雅的文化瑰宝和文化故事不再是只属于精英文化阶层的“阳春白雪”，而是以通俗易懂的多模态话语叙事方式演绎和表达出来，通过电视机、手机和网络媒介“飞入寻常百姓家”，对于优秀传统文化的传承和创新性发展以及中国特色社会主义文化建设具有重要意义。然而，要借助文化类节目更好地实现中国故事和中国文化的国际传播，必须加强国际传播建设，进一步丰富和拓展文化类节目的国际传播渠道。

其一，要进一步丰富文化类节目类型，增加跨文化主体的参与数量。现有的电视文化类节目大都以中国人作为叙事主体和受众主体来讲述故事、传播文化，使中国故事的对内传播效果优于对外传播效果。要进一步丰富文化类节目类型，增加跨文化类节目，让更多外国人参加节目，成为中国故事的叙事和传播主体。除了经典的、针对外国人创办的《汉语桥》《快乐汉语》等文化类节目，近几年中央电视台和一些地方电视台国际传播频道还出品了《汉语世界》《中国缘》《外国人在中国》《非正式会谈》《远方的家》《环球综艺秀》等语言类、文艺类、旅游类文化节目，叙事主体既包括中国人，也包括外国人，更多的是以外国人为主。节目通过各种节目形式的多模态话语叙事方式，借外国人之口，讲述外国人在中国的故事，凸显中国的经济、文化、历史以及中外友好交流的故事。这类节目的参与者主要是来自世界各国的知识分子和更了解中国的外国人，节目通过他们之口来讲述和对外传播中国故事、中国文化，传播和接收效果更好。而且，这些节目还能吸引更多爱好和了解中国文化的外国人参与其中。来自各国的参与者要通过在本国举行的汉语言文化类选拔赛或直接来中国参与复赛、决赛或其他类型的文化节目，这一过程本身就是一种跨文化活动，涉及海内外多个部门、多种媒介和媒体渠道，有利于扩大中国故事和文化的对外传播范围。因此，要继续创新文化类节目类型，充分利用现有的跨文化素材和资源，带动更多跨文化主体参与讲述和传播中国故事和中国文化。

其二，要增加文化类节目面向全球播出的国际频道和网络媒介数量，拓展文化类节目的国际传播渠道。当前，我国已有20余个国际频道，遍及多个省份。这些国际频道通过多种节目包括文化类节目对外传播中国故事。要充分利用好这些国际频道，进一步开发和优化文化类节目，使其能够满足国际化观众在理解和审美上的需求。同时，增加国际频道的数量，加强国际传播合作。在充分了解传播对象的政治文化背景的基础上，开展文化类节目创办、制作和传播上的合作，使节目同时在中国和对象国落地传播，尤其是要增加节目在对象国的传播渠道。此外，要进一步拓展文化类节目的网络传播平台，加强与国外网络平台的合作建设，整合媒介、艺术、科技、通信等方面的资源，拓展中国文化类节目的境外网络传播渠道。

本章小结

本章我们首先梳理了我国文化类节目的发展轨迹以及学术界对文化类节目进行的叙事研究，明确了文化类节目的传统叙事研究存在的问题以及用话语分析和故事建构的相关理论分析文化类节目的必要性。在此基础上，提出了将多模态话语叙事分析范式引入文化类节目叙事研究的命题。本章第二节结合文化类节目的话语和叙事特点，探讨了多模态视域下中国故事的文化类节目叙事原理，从文化类节目的社会文化价值出发，提出了文化类节目对“讲好中国故事”的启示。进而，结合具体实例，从多模态话语叙事的视角分析了文化类节目“讲好中国故事”、传播中华文化的方式和现实意义。本章第三节分析了文化类节目的传播优势和特点。其一，文化类节目类型繁多，故事题材丰富，叙事主体多元，能够满足各种文化群体的需要，具备了广泛传播的自身条件。其二，数字、AR、VR、5G 和融媒体技术的发展为文化类节目的广泛传播提供了必要条件。本节还结合现有文化类节目叙事传播中存在的问题，从节目规划、故事叙事和传播渠道等方面分析了通过文化类节目叙事推动中国故事国际传播的策略。

研究发现，文化类节目叙事在讲述和传播中国故事方面具有自身的优势，其多样的节目形式、具象性的多模态话语表达、多线式点状叙事结构、灵活的叙事视角和多元叙事主体能够将发生在历史和当下的文化故事和人物故事演绎出来，还原故事原貌，并以通俗易懂的话语表达和叙事方式将故事中蕴含的优秀传统文化思想、价值观念、人文精神和美学意蕴表征和传递出来，实现沉浸式理解和传播的效果。因此，要充分利用文化类节目来“讲好中国故事”。丰富节目类型，深入挖掘历史故事题材，将中国传统文化精华在历史、人物和文化故事的演绎中传递出来；提高跨文化类节目的叙事比例，让更多外国人参与节目叙事；加强国际传播合作，拓展文化类节目的境外传播渠道和传播平台，不断提高文化类节目讲述中国故事的效果，扩大其传播中国故事的范围。

第十二章　结论、启示与建议

第一节　结论与启示

本研究得出的基本结论是：多模态话语叙事是多模态话语和视听叙事的统一体。电影、视频广告、纪录片、短视频和文化类节目本质上都是多模态语篇，用多模态话语叙事来讲述和传播故事，具有丰富的社会文化价值。从多模态话语叙事的视角来研究各类动态的多模态语篇，有利于深化多模态话语叙事研究，优化各类动态语篇的故事叙事，丰富其社会文化价值。我们由此得到的启示是：要超越传统上从符号学视角研究电影、视频广告、纪录片、短视频、文化类节目的叙事特征和意义，要从跨学科视角，整合多模态话语分析理论、叙事理论、传播理论来分析和利用这些多模态语篇，使其更好地服务于"讲好中国故事""传播好中国声音"、加强我国的国际传播能力建设等目标。下面我们结合本研究的发现，阐释具体的研究结论与启示。

一、研究结论

（一）多模态话语叙事具有广阔的研究前景

话语与叙事都以语言学和符号学为渊源，二者都源于语言学和符号学有关意义的建构与表达。只不过在后期的发展过程中，叙事多被用于文学研究，并发展为叙事学。话语从语言学领域拓展到社会实践，成为各学科建构自身学术体系和话语体系的基础。随着后经典叙事学和话语研究的发展，二者再次出现交汇点。后经典叙事学的研究对象不再限于对文学文本的叙事研究，而是将电影、音乐、图画、戏剧表演等都视为叙事形式，并对其进行叙事研究。话语的内涵也不断延伸，从句子以上的较大语言单位拓展到由语言或非语言符号建构的绘本、影视作品、漫画、音乐、戏剧、电视新闻等多模态语篇。即是说，电影、音乐、绘本、视频类节目等既被视为动态的叙事文本进行叙事研究，又被视为多模态话语进行多模态话语分析。同时，后经典叙事学将话语与叙事同时纳入各种叙事文本进行研究，并厘清二者之间的关系。简单来说，叙事就是用话语讲故事或叙述事件。影视作品、视频类节目、连环画等就是用话语进行叙事的作品。叙事学中的叙事视角、叙事方式、叙事结构等概念和相关理论，以及多模态话语研究中的话语功能、概念隐喻、概念整合等理论可以同时被用来分析这些叙事作品。而叙事视角、叙事方式等各要素都以话语的使用为前提。因此，话语成为叙事研究的核心，对叙事作品要从话语和叙事的双重维度进行分析，也可称之为话语叙事分析。

随着影像、数字和媒介技术的发展，话语和叙事的研究范畴不断扩展，多模态话语和多模态叙事研究成为学界炙手可热的研究话题。电影、电视广告、纪录片、短视频、文化类节目等，既是多模态话语的载体，也是多模态叙事作品。将多模态话语分析与视听叙事分析相结合，便成为多模态话语叙事分析。从叙事的角度看，上述这些多模态语篇采用的是多模态话语叙事范式来建构故事情节、塑造人物形象、表达故事主题等。在理论上，多模态话语叙事研究整合了话语的功能理论、认知理论、互动理论，以及视觉叙事和听觉叙事理论等，深化了多模态话语和多模态叙事研究，是多模态语篇和多模态叙事作品的有效研究范式。在实践上，多模态话语叙事为电影、纪录片、电视广告、短视频、电视新闻、文化类节目等多模态叙事作品的设计和优化提供了理论指导和思路参考，有利于提高这些作品的叙事效果，丰富其社会文化价值。

多模态话语叙事的一个明显特点是故事叙述与传播的连续性与交融性。在故事叙事上，多模态话语叙事既可以表现为原创的叙事作品，也能改编原叙事作品的形式、叙事方式甚至故事情节和故事内容，形成新的作品形式。在传播上，多模态故事叙事有力地克服了单模态文本叙事传播在时间和空间上所受到的局限，大大提高了故事的传播速度和传播效果。尤其是在数字、信息和融媒体技术高速发展的新时代，多模态故事叙事与传播几乎可以同步进行，故事在讲述中实现即时性传播。即是说，在融媒体技术和社交媒体环境下，多模态话语叙事使故事实现了讲述→传播→改编→再传播→再改编……的循环，故事内容也在循环中实现创新与裂变式传播。这一过程提高了故事的影响力，丰富了其社会文化价值。因此，多模态话语叙事具有巨大的研究价值和广阔的研究前景。

（二）多模态话语叙事是“讲好中国故事”的重要叙事范式

正如叙事的本质就是讲故事一样，多模态话语叙事即是用多模态话语的方式建构和表达故事，并通过电视机、网络播放平台等媒介渠道实现故事传播。多模态话语叙事还能够将故事所蕴含的抽象的价值理念和思想精神具象化，以通俗易懂的、直观的方式表征和传递出来，以此来感染并影响受众的价值取向、思想理念、精神诉求、审美倾向和行为模式等，从而实现其社会文化价值。这与“讲好中国故事”的目标一致。“讲好中国故事”就是通过讲故事的方式，向世界展示立体、全面的中国，更好地传递中国秉持的核心价值主张、外交理念、发展模式以及全球治理理念和方案等，以提高中国的文化软实力和国际话语权，为世界和平发展和构建人类命运共同体提供智慧。可见，“讲好中国故事”既包括要用听得懂和易接受的方式讲述中国各领域的故事，又强调了要通过故事讲述传递其内含的核心价值观念、思想精神和政策主张。因此，“讲好中国故事”具有时代使命、文化和政治意义。多模态话语叙事既具备了用生动的话语方式和叙事逻辑讲述中国故事的条件，又具备了通过多模态隐转喻机制和叙事传播策略来表征和传播中国故事所蕴含的文化内涵、人文精神和价值理念的特质。在当今错综复杂的国际环境和局势中，中西方文化、话语体系和意识形态上的差异使语言文本类信息的互通和理解存在较大误差甚至误解。多模态话语叙事在理解上具有极强的通约性，意义不易被误解，同时又具有一定的娱乐性和美学价值，能够感染和吸引更多受众。在信息技术的加持下，故事的传播速度和传播效果能得到极大提高。因此，多模态话语叙事是“讲好中国故事”的重要叙事范式，对“讲好中国故事”“传播好中国声音”，促进我国的传播能力建设具有重要意义。

（三）多模态语篇是用多模态话语叙事讲述中国故事的重要叙事载体

既然多模态话语叙事是讲述中国故事的重要叙事范式，那么，电影、纪录片、视频广告、短视频、视频类新闻、电视文化类节目等三元以上多模态叙事语篇和绘本、漫画、带插图的教科书、宣传海报和手册等二元模态叙事语篇都可以被用来讲述中国故事。鉴于我们正处于一个数字电视机、智能手机、网络和视频播放平台普及的时代，本书第五章我们以几类由三元以上模态构建的动态多模态叙事语篇为例，介绍了其所讲述的中国故事和文化价值，并在第七章至第十一章分别梳理了电影、纪录片、广告、短视频和文化类节目的叙事研究，基于它们各自的语篇建构、叙事特点和目的，探讨了这些不同话语类型的多模态语篇讲述中国故事的原理和传播中国故事的路径与策略，并结合现有的真实案例，分析了这些不同话语类型的多模态叙事作品所讲述的中国故事及其对加强文化建设、促进文化传承、对外传递中国智慧、呈现中国的真实形象、提高我国的文化软实力和国际传播能力等方面的意义。研究证明，这些不同话语类型的多模态语篇或叙事载体是讲述中国故事的重要载体，对内，有利于传承和发扬优秀传统文化，增强文化自觉和文化自信，促进文化建设；对外，有利于让更多人直接了解真实、立体、全面的中国，传播中国智慧，提高中国文化形象、文化软实力和国际话语权，加强中国的国际传播能力建设等。

二、研究启示

研究表明，相对于单模态话语叙事而言，多模态话语叙事能够全面地“讲好中国故事”，更直观地还原和呈现中国的历史和现实，具象性地表征和传递故事中蕴含的抽象理念、思想理论和精神。多模态话语叙事研究在理论上有益于深化话语研究和叙事研究，在实践中有益于改善多模态叙事作品的话语建构和叙事设计，提高多模态叙事作品讲述和传播中国故事的效果。由此，我们得到以下研究启示：

（一）深化多模态话语叙事研究

多模态话语叙事研究是集多模态话语研究和叙事研究为一体的新的话语和叙事研究范式，属于相近学科的交叉研究。该研究范式完善了多模态话语分析和叙事分析，在理论和实践上都有明显的研究价值。后期，话语研究者和叙事研究者要深化多模态话语叙事研究，积极开展跨学科研究。当前，视觉叙事分析采用的视觉语法理论已比较成熟，对具体叙事作品的设计和分析具有明确的指导意义。听觉叙事依赖听觉感知，具有更强的抽象性，要在对声音的节奏、旋律、节拍、音色等有充分认识的基础上，结合实践，探索用于听觉叙事分析的可靠理论体系。目前，用于听觉叙事分析的理论框架基本形成，但还处于尚待进一步探索与验证的阶段，需要声学、叙事学、符号学等各科学者们的有效合作，共同建构。此外，多模态话语分析在具体的分析逻辑和分析模式上也有待进一步完善。多模态话语叙事分析并非简单的话语分析+叙事分析，话语和叙事彼此既有独立性，又相互交叉、相互影响。要基于二者之间的关系，建构和完善多模态话语叙事分析的理论框架和分析工具，使之更好地指导多模态叙事作品的设计，更有效地分析多模态叙事作品，进一步利用好多模态叙事来讲述故事，实现其更多的社会、文化、政治等方面的功能。

（二）充分利用不同语篇类型的多模态话语叙事特点和优势来“讲好中国故事”

不同类型的多模态语篇具有各自的叙事特点和优势，也有其不足之处。比如，电影的故事性强，情节丰富，往往设有悬念，且具有娱乐性，能够影响观众的情绪、情感。但是，电影的类型繁多，有些故事纯属虚构，脱离现实。为了追求票房收益，电影的情节设置有时会充满暴力、玄幻或过于复杂，故事叙事的内在意义甚至会被影像的暴力情节所遮蔽。视频类广告以说服和让公众接受广告所宣传的产品、服务、理念等为目的。广告叙事的节奏较快，意义表达明确，直指故事内涵，但也存在因时长限制或商业目的而使故事讲述不够具体，情感带入性不强，宣传性过强等问题。纪录片的纪实性强，故事叙事更具有真实性和说服力，故事题材也更为丰富，但有时叙事主体为了保持事件的完整性和真实性而容易使叙事泛故事化，忽视了对故事或事件背后的思想内涵和价值意义的表征。短视频的进入门槛较低，叙事主体更为多元，叙事视角也更灵活，话语表达更亲民，但有时存在低俗、夸张和过度娱乐化的问题。文化类节目叙事能充分利用现代技术还原发生在古代的事件，叙事主体、叙事结构和话语表达多元化，能够将传统的文化精华以通俗易懂的方式表征出来。但文化类节目也容易出现泛故事化、过度娱乐化和同质化的问题。可见，不同种类的多模态叙事作品在故事叙事方面都有其自身的优势，也存在一定的短板。并且，这些不同语篇类型的多模态叙事作品涉及不同领域的专业知识，具有一定的专业性。要利用多模态叙事作品来“讲好中国故事”，既需要政府相关部门进行整体规划、培训和审核，也需要话语界、影视界、艺术界、文学界和传播界的研究者实现跨界合作，扬长避短，充分利用各种多模态叙事作品的叙事和话语优势，开拓和完善各种传播平台和传播渠道，“讲好中国故事”“传播好中国声音”。

（三）充分开发和利用好数字技术、网络技术、视频播放平台等媒介实现中国故事的广泛传播

“讲好中国故事”既包括“讲中国故事”，也包括“传播中国故事”，中国故事的有效传播是“讲好中国故事”的关键环节。中国故事的传播包括对内传播和对外传播。在对内传播方面，我国的电视台和互联网基本实现了全覆盖。智能手机、数字电视机、影院和腾讯视频网站、爱奇艺网站、B站、微信、微博、QQ、快手、西瓜视频等各种视频播放平台和播放媒介能够实现电影、短视频、视频广告、新闻、纪录片、文化类节目等三元以上多模态叙事作品和各类二元模态叙事作品的快速、广泛传播。在对外传播方面，受技术、地缘政治、意识形态等方面的影响，中国故事的对外传播受到一定的局限甚至阻力。尤其是以官方为叙事和传播主体的纪录片、宣传片等多模态叙事作品在有些国家和地区受限明显。为此，一是要统筹对外传播格局，根据传播对象的政治文化背景，优化故事叙事，因地制宜地传播中国故事。二是丰富和扩大中国故事的境外传播渠道和传播平台，创建更多国际传播品牌，加强中国的互联网企业建设及其与国际传播界的合作，在国外主流媒体平台上开设更多账号，拓展本国媒体的境外覆盖面等。此外，不同种类的多模态叙事作品往往使用不同的传播机制，要优化其各自的传播机制，使中国故事在数字、网络和媒介技术的加持下，实现交互性、多元化和裂变性传播，以达到最佳传播效果。

第二节　进一步研究的建议

一、研究局限

局限一：本研究旨在基于话语、故事和叙事的相互关系，从跨学科的视角研究中国故事的多模态话语叙事与传播，探索和优化中国故事的多模态话语叙事与传播机制。研究涉及语言学、文化学、传播学、艺术学等多个学科的相关概念和理论。由于笔者的主要研究特长为语言学和文化学，对艺术学和传播学等领域的有些知识掌握有限，有关分析可能不够深入。

局限二：“讲好中国故事”是一个非常宽泛的范畴，包含丰富的内容。本研究明确了“讲好中国故事”的内涵和涉及的主要研究内容，从多模态话语叙事的视角研究了如何“讲好中国故事”，并予以举例分析。然而，

中国故事包括中国的政治、经济、文化、历史、科技、外交等多领域的故事，内含中国的核心价值观、发展理念、外交政策等思想理论和人文精神。本书主要结合不同话语类型的多模态话语叙事作品，举例分析了一些中国故事的多模态话语叙事与传播，研究所涉及的故事领域、故事数量和多模态语篇类型数量都比较有限。

局限三：本研究基于话语、叙事、多模态话语分析之间的关系，明确了多模态话语叙事的内涵和多模态话语叙事分析的理论依据，并建构了基本的分析框架，希望对提高中国故事的多模态话语叙事与传播效果起到抛砖引玉的作用。但是，不同话语类型的多模态叙事语篇分析需要使用不同的分析理论和分析工具，并对多模态话语叙事分析的总体框架进行调整和修改。在具体的分析过程中，笔者对话语理论与叙事理论的整合运用以及分析框架的调整方面可能存在一些有待完善之处。

二、研究展望

结合研究过程中存在的问题和研究发现，笔者认为，多模态话语叙事研究今后可以从以下几个方面进行深入拓展：

一是进一步开展跨学科研究。整合语言学、话语分析、叙事分析等所涉及的理论，优化和完善多模态话语叙事分析理论和分析框架。

二是加强理论与实践的结合研究，使多模态话语叙事更好地服务于社会实践。在完善多模态话语叙事分析理论的基础上，优化不同话语类型多模态叙事作品的分析与设计，丰富其社会文化功能。

三是深化多模态叙事传播研究。本研究探讨了中国故事在电影、视频广告、纪录片、短视频、文化类节目等三元以上多模态叙事作品中的叙事原理及传播机制和路径。今后，要扩大研究对象的范围，进一步研究海报、宣传册、漫画、绘本、连环画等二元模态叙事作品讲述和传播中国故事的原理、原则。

参考文献

一、中文文献

[1] 巴尔特·罗兰. 符号学原理 [M]. 王东亮，等译. 北京：生活·读书·新知三联书店，1999.

[2] 巴赫金. 陀思妥耶夫斯基诗学的问题 [M] //钱中文. 巴赫金全集：第 5 卷. 石家庄：河北教育出版社，1998.

[3] 伯杰. 通俗文化、媒介和日常生活中的叙事 [M]. 姚媛，译. 南京：南京大学出版社，2000.

[4] 卞祥彬. 具身、隐身、去身：文学纪录片叙事主体的多元复现 [J]. 当代电视，2021 (2)：72-76.

[5] 蔡海波. 短视频的民间叙事与本真表达 [J]. 青年记者，2022 (16)：96-98.

[6] 常江，杨奇光. 国家叙事中的世界图景：基于对 2014 年《新闻联播》"国际联播快讯"的内容分析 [J]. 新闻记者，2015 (3)：48-54.

[7] 陈小娟，陈先红. "西游"之思：银幕叙事话语与文化价值观研究 [J]. 电影评介，2019 (6)：56-60.

[8] 陈先红，宋发枝. "讲好中国故事"：国家立场、话语策略与传播战略 [J]. 现代传播（中国传媒大学学报），2020，42 (1)：40-46，52.

[9] 程瑾涛，刘世生. 广告语篇中的多模态隐喻：认知叙事研究视角 [J]. 中国外语，2021 (4)：32-39.

[10] 崔鹏，王峰. 当前我国国际传播面临的问题与思考 [J]. 对外传播，2020 (9)：14-15.

[11] 崔小娟 . 2018 年央视春晚公益广告叙事浅析 [J]. 传媒，2018

(12)：60-61.

［12］戴辛夷. 纪录片有声语言建构的叙事空间［J］. 青年记者，2017（6）：69-70.

［13］邓若蕾. 中华优秀传统文化纪录片的价值与传播［J］. 文化产业，2021（31）：157-159.

［14］邓丽君. 多元化场景的叙事模式探究：以文化类节目主持传播主体为例［J］. 电视研究，2019（10）：74-76.

［15］丁秋玲，张劲松. 融媒体视域下对外讲好中国故事的叙事建构［J］. 学习论坛，2020（12）：12-19.

［16］董璐. 传播学核心理论与概念［M］. 北京：北京大学出版社，2010.

［17］杜春娥，孙会. 电视广告叙事中的聚焦分析与美学建构［J］. 当代传播，2015（0）：85-86.

［18］段淳林，林泽锟. 基于品牌叙事理论的中国故事体系建构与传播［J］. 新闻与传播评论，2018（2）：71-84.

［19］范玉明，杨晓茹. 文化类电视综艺节目叙事空间的多重建构［J］. 电影评介，2020（21）：97-100.

［20］方兴东，钟祥铭. 国际传播新格局下的中国战略选择：技术演进趋势下的范式转变和对策研究［J］. 社会科学辑刊，2022（1）：70-81.

［21］冯薇，任华，吴东英. 短视频时代怎样向世界讲好中国故事：李子柒在 YouTube 平台上的跨文化传播策略研究［J］. 传媒，2022（16）：65-68.

［22］费尔克拉夫. 话语与社会变迁［M］. 殷晓蓉，译. 北京：华夏出版社，2003.

［23］冯德正. 多模态隐喻的构建与分类：系统功能视角［J］. 外语研究，2011（1）：24-29.

［24］冯德正. 视觉语法的新发展：基于图画书的视觉叙事分析框架［J］. 外语教学，2015（3）：23-26.

［25］冯樨. 论《追忆似水年华》中的声音景观［J］. 江西师范大学学报（哲学社会科学版），2019（2）：42-48.

［26］伏尔泰. 哲学词典［M］. 王燕生，译. 北京：商务印书馆，1991.

［27］傅修延. 先秦叙事研究：关于中国叙事传统的形成［M］. 北京：

东方出版社，1999.

［28］傅修延. 中国叙事学［M］. 北京：北京大学出版社，2021.

［29］傅修延. 论聆察［J］. 文艺理论研究，2016（1）：26-34.

［30］傅修延，刘碧珍. 论叙述声音［J］. 江西师范大学学报（哲学社会科学版），2017（3）：110-119.

［31］傅修延，邱宗珍. 因声而听、因听而思和因听而悟：试论闻声之作的三重境界［J］. 江西师范大学学报（哲学社会科学版），2019（2）：33-41.

［32］傅修延. 幻听、灵听与偶听：试论叙事中三类不确定的听觉感知［J］. 思想战线，2017（3）：99-110.

［33］高尘镁，刘泽溪. 科幻电影中智能主体的形象建构和话语转向［J］. 电影文学，2022（7）：65-69.

［34］甘雨旸. 中国纪录片海外传播效果制约因素及提升路径［J］. 青年记者，2021（20）：111-112.

［35］格雷马斯. 结构语义学［M］. 蒋梓骅，译. 天津：百花文艺出版社，2001.

［36］官春余. 我国公益广告叙事特征及传输效果研究：以2016—2020年中国公益广告黄河奖金奖作品为例［J］. 电视研究，2022（6）：62-65.

［37］汉斯-格奥尔格·加达默尔. 真理与方法：哲学诠释学的基本特征［J］. 洪汉鼎，译. 上海：上海译文出版社，1999：385.

［38］贺琳雅. 情境与知觉：纪实短视频视听叙事的艺术符码［J］. 电影评介，2021（13）：7-12.

［39］黄瑛. 短视频传播与东方生活美学的回归：以李子柒为例［J］. 传媒，2020（17）：44-46.

［40］黄立鹤. 基于多模态理论的大学英语拓展学习体系研究［J］. 语言教育，2014（3）：11-16，21.

［41］黄升民，刘珊. “互联网思维”之思维［J］. 现代传播（中国传媒大学学报），2015（2）：1-6.

［42］黄会林，罗军. 话语体系与文化形象：“第三极文化”论丛［M］. 北京：北京师范大学出版社，2015.

［43］黄露. 外资品牌汽车广告的跨文化传播策略［J］. 新闻与写作，2013（12）：41-43.

[44] 黄海. 移动互联时代新闻短视频的话语与叙事分析 [J]. 新闻与传播评论, 2019 (5): 120-128.

[45] 胡连利, 陈婧薇. 电视语境下传统文化叙事形态创新 [J]. 青年记者, 2019 (15): 69-70.

[46] 胡智锋, 杨乘虎. 引领力: 中国影视文化软实力的核心诉求 [N]. 光明日报, 2015-06-29.

[47] 胡岑岑. 个体视角下的短视频叙事与国家形象建构: 以北京冬奥会中的短视频为例 [J]. 当代电视, 2022 (4): 19-26.

[48] 江静之. 电视全球暖化新闻之多媒体分析初探: 以 TVBS "抢救地球" 特别报道为例 [J]. 新闻学研究, 2014 (120): 47-78.

[49] 江畅. 主流文化存在的三种样态及我们的战略选择 [J]. 湖北大学学报 (哲学社会科学版), 2014 (1): 18-23, 148.

[50] 姜小凌, 张昆. 话语·故事·价值: 国际传播视阈下抗战电影的叙事维度 [J]. 现代传播 (中国传媒大学学报), 2020 (10): 43-49.

[51] 赖玉钗. 图像叙事之跨媒介转述与阅听人美感反应初探: 以绘本改编动画之 "互媒" 历程为例 [D]. 高雄: 义守大学, 2015.

[52] 雷·埃尔顿·赫伯特. 取悦公众 [M]. 胡白精, 等译. 北京: 中国传媒大学出版社, 2014.

[53] 李天语.《衣尚中国》: 服饰文化类节目的创新叙事表达 [J]. 电视研究, 2021 (8): 65-67.

[54] 罗兰·巴特. 叙事作品结构分析导论 [M] //张寅德. 叙述学研究. 北京: 中国社会科学出版社, 1989.

[55] 廖冠智, 薛永浩. 多向文本与故事基模: 小学学童述说科学发明故事之历程探究 [J]. 设计学报, 2013 (3): 41-61.

[56] 李玉平. 互文性: 文学理论研究的新视野 [M]. 北京: 商务印书馆, 2014.

[57] 李炳钦. 从比较视角看纪录片的叙事特质 [J]. 现代传播 (中国传媒大学学报), 2007 (3): 137-138.

[58] 李勇忠. 话语叙事中的喻性思维 [M]. 北京: 中国社会科学出版社, 2017.

[59] LANGER. 情感与形式 [M]. 刘大基, 傅志强, 周发祥, 译. 台北: 商鼎文化出版社, 1991. (原书: LANGER S K. Feeling and Form [M].

New York：Scriber，1953.）

［60］刘涛，刘倩欣. 新文本・新语言・新生态："讲好中国故事"的数字叙事体系构建［J］. 新闻与写作，2022（10）：54-64.

［61］刘瑞生，王井."讲好中国故事"的国家叙事范式和语境［J］. 甘肃社会科学，2019（2）：151-159.

［62］刘婷：影像叙事［M］. 北京：中国传媒大学出版社，2006.

［63］刘芳. 微电影广告的营销化叙事［J］. 当代传播，2015（2）：87-88.

［64］刘忠波，沈文瀚.2017—2021年中国纪录片创作题材类型、美学表达和社会价值［J］. 当代电视，2022（2）：20-28.

［65］刘煜，张红军. 政论纪录片塑造国家形象的多模态话语分析［J］. 现代传播（中国传媒大学学报），2018（9）：118-122.

［66］刘歆妍，李夫生. 后疫情时代我国短视频业态情状及其叙事策略［J］. 文艺论坛，2022（3）：78-82.

［67］蔺叶坤."讲好中国故事"的叙事逻辑及实践路径［J］. 传媒，2022（7）：59-61.

［68］林长洋. 广告话语的批评分析［J］. 江西社会科学，2012（3）：234-237.

［69］林隆强，李子叶. 国际话语传播中的新媒体化叙事：《中国正在说》传播方法分析［J］. 中国广播电视学刊，2021（12）：101-102，111.

［70］马军英. 媒介变化与叙事转换［M］. 上海：世界图书出版社，2011.

［71］马婷. 叙事与话语［M］. 北京：中国社会科学出版社，2017.

［72］马炳新. 短视频传播及其影响分析［J］. 中国广播电视学刊，2019（12）：58-60.

［73］马雅楠. 河南卫视"奇妙游"系列节目的融媒叙事与传播策略研究［J］. 视听，2022（8）：9-11.

［74］米歇尔・福柯. 知识考古学［M］. 谢强，等译. 北京：生活・读书・新知三联书店，2007：53.

［75］莫里斯. 符号、语言和行为［M］. 罗兰，周易，译. 上海：上海人民出版社，1989.

［76］潘艳艳，李战子. 国内多模态话语分析综论（2003—2017）：以

CSSCI 来源期刊发表成果为考察对象［J］. 福建师范大学学报（哲学社会科学版），2017（5）：49-59，168-169.

［77］潘艳艳. 多模态视阈下的国家安全话语分析：以中美警察形象宣传片的对比分析为例［J］. 外国语文，2019（1）：78-87.

［78］潘艳艳. 战争影片的多模态转喻批评分析［J］. 外语教学，2020a（2）：13-18.

［79］潘艳艳. 多模态认知批评视阈下的中美征兵平面广告对比研究［J］. 浙江外国语学院学报，2020b（1）：61-71.

［80］潘皓，王悦来. 短视频叙事与中华文化国际传播：以 YouTube 平台李子柒短视频为例［J］. 中国电视，2020（10）：90-93.

［81］佩里·诺德曼. 说说图画：儿童图画书的叙事艺术［M］. 陈中美，译. 贵阳：贵州人民出版社，2018.

［82］祁芬芬. 多模态话语分析下我国原创绘本中传统艺术的视觉叙事研究［J］. 出版科学，2022（3）：43-50.

［83］乔羽. 媒介融合与文化共享：论文化类节目的叙事特征及意义［J］. 中国编辑，2021（4）：73-76，81.

［84］钱中文. 巴赫金全集：第 2 卷［M］. 晓河，等译. 石家庄：河北教育出版社，1998.

［85］秦勇，丁建新. 社会符号、音乐话语和意识形态：多模态批评视角［J］. 山东外语教学，2019（3）：11-21.

［86］屈雅利. 当代广告审美教育的转向［J］. 当代传播，2014（3）：92-94.

［87］热拉尔·热奈特. 叙事话语/新叙事话语［M］. 王文融，译. 北京：中国社会科学出版社，1990.

［88］索绪尔. 普通语言学教程［M］. 高名凯，译. 北京：商务印书馆，1980.

［89］孙小孟. 话语的多模态互动分析新路径：《多模态理论与方法：互动与身份分析》介评［J］. 外文研究，2023（2）：43-46.

［90］孙小孟. 影视作品的多模态文化隐喻及价值传承［J］. 电影文学，2019（20）：62-64.

［91］孙小孟. 多模态隐喻视阈下央视公益广告之文化隐喻识解［J］. 外文研究，2020（2）：9-14，105.

［92］孙小孟，贺川. 影视话语的文化隐喻与文化建设：以华语功夫片《叶问》四部曲为例［J］. 长沙大学学报，2020（6）：57-61.

［93］孙保国. 中国电视节目形态通论［M］. 北京：中国传媒大学出版社，2011：104.

［94］孙鸿菲，漆亚林. 国际传播视角下讲好中国故事的“无语别”策略：基于《与世界说》的文本分析［J］. 当代电视，2022（5）：48-52.

［95］邵华冬. 广告创意中的品牌视觉叙事［J］. 新闻与写作，2019（3）：113.

［96］佘双好，郭维. 习近平讲好中国故事的三重维度：话语体系、思想逻辑和价值意蕴［J］. 南昌大学学报（人文社会科学版），2022（3）：5-13.

［97］申丹，王亚丽. 西方叙事学：经典与后经典［M］. 北京：北京大学出版社，2013.

［98］石蓉蓉，杜银转. 文化传播视域下地方卫视文化类节目的叙事创新：以河南卫视《舞千年》为例［J］. 兰州文理学院学报（社会科学版），2022（2）：104-111.

［99］石安伶，李正忠. 双重消费、多重愉悦：小说改变电影之互文/互媒愉悦经验［J］. 新闻学研究，2014（118）：1-53.

［100］史安斌，童桐. 世界主义视域下的平台化思维：后疫情时代外宣媒体的纾困与升维［J］. 对外传播，2020（9）：4-7，1.

［101］石长顺，吴龙胜. 审美、叙事与娱乐话语：中国文化电视60年［J］. 现代传播（中国传媒大学学报），2019，41（1）：82-87.

［102］施旭. 什么是话语研究［M］. 上海：上海外语教育出版社，2017.

［103］唐士哲. 重构媒介？“中介”与“媒介化”概念爬梳［J］. 新闻学研究，2014（121）：1-39.

［104］田香凝，曾祥敏. 媒体深度融合背景下我国主流媒体的国际传播平台建设［J］. 中国编辑，2022（7）：23-28.

［105］王扬，向恩白. 中外汽车平面广告多模态隐喻表征类型研究［J］. 外国语文，2016（2）：85-92.

［106］王正，张德禄. 基于语料库的多模态语类研究：以期刊封面语类为例［J］. 外语教学，2016（5）：15-20.

[107] 王敦. 听觉文化研究：为文化研究添加“音轨”[J]. 学术研究，2012（2）：154-158.

[108] 王彦宏. 印度电影叙事的民族特性对讲好中国故事的启示 [J]. 民族学刊，2021（11）：105-111，133.

[109] 王义桅. 讲好中国故事是时代使命（专家解读）[N]. 人民日报（海外版），2016-09-28.

[110] 王欣欣，王鸿洁. 隐喻视角下对爱森斯坦蒙太奇理论的阐释 [J]. 电影评介，2015（22）：80-82.

[111] 王凯. 公益广告的“叙事传输”机制：以央视三则公益广告为例 [J]. 中国广播电视学刊，2019（6）：15-19.

[112] 王丹谊. 文化类纪录片的现代表达与文化品牌构建：以《如果国宝会说话》为例 [J]. 中国电视，2019（7）：103-106.

[113] 王庆福，陈巧巧. 与“他者”对话：重构“中国故事”的叙事话语 [J]. 电影评介，2018（16）：8-11.

[114] 王婧. 交互纪录片：媒介融合语境下的纪录片叙事策略与方法 [J]. 当代电影，2021（4）：100-105.

[115] 王娜. 电视广告故事性叙事的逻辑、价值与策略 [J]. 传媒，2018（5）：76-78.

[116] 魏加晓. 短视频对优秀传统文化的共情传播 [J]. 青年记者，2021（20）：81-82.

[117] 吴旭. 西方为什么误读中国 [M]. 北京：五洲传播出版社，2017.

[118] 吴雨蓉. 我国纪录片叙事研究的框架及取向 [J]. 电视研究，2016（2）：42-44.

[119] 习近平. 携手构建合作共赢新伙伴 同心打造人类命运共同体：在第七十届联合国大会一般性辩论时的讲话 [N]. 人民日报，2015-09-29.

[120] 习近平. 习近平在全国宣传思想工作会议上发表重要讲话 [N]. 人民日报，2018-08-22.

[121] 习近平. 讲好中国故事，传播好中国声音 [EB/OL]. https://politics.gmw.cn/2021-06/03/content_34896196.Htm.

[122] 西摩·查特曼. 故事与话语 [M]. 徐强，译. 北京：中国人民大学出版社，2013.

［123］夏慧言，傅钊. 广告话语对中国女性社会身份的构建：批评的视角［J］. 河北大学学报（哲学社会科学版），2014，39（5）：55-58.

［124］谢柯，刘安洪. 传播学视阈下的旅游翻译研究［M］. 北京：外语教学与研究出版社，2014.

［125］徐占忱. 讲好中国故事的现实困难与破解之策［J］. 社会主义研究，2014（3）：20-26.

［126］徐敬宏，袁宇航，巩见坤. 中国国际传播实践的话语困境与路径创新：基于文化语境的思考［J］. 中国编辑，2022（7）：10-16.

［127］姚志奋. 国家形象对外"转文化"传播的理论重构与实践选择：以辜鸿铭与李子柒的文化传播为例［J］. 理论导刊，2021（10）：96-101.

［128］杨晓红. 公益广告《打包篇》的叙事结构和叙事传输机制［J］. 当代电视，2015（4）：80-81.

［129］杨雪梅. 电视广告中女性形象的美学解读［J］. 新闻与写作，2015（9）：101-103.

［130］闫文培. 全球化语境下的中西文化及语言对比［M］. 北京：中国科学出版社，2007.

［131］曾斌. 无所不在的叙事与叙事学研究的范式创新［J］. 江西师范大学学报（哲学社会科学版），2019（6）：48-54.

［132］曾祥敏，翁旭东. 重塑文化主体性：电视文化类节目创新实践探寻［J］. 电视研究，2021（6）：22-25.

［133］兹维坦·托多罗夫. 从《十日谈》看叙事作品语法［M］// 张寅德. 叙述学研究. 黄建民，译. 北京：中国社会科学出版社，1989.

［134］赵志明，朱丽萍. 后现代语境下短视频的叙事特征分析［J］. 传媒，2021（6）：58-60.

［135］赵秀凤. 多模态隐喻构建的整合模型：以政治漫画为例［J］. 外语研究，2013（5）：1-8，112.

［136］赵秀凤. 能源话语研究的体系与范畴［J］. 天津外国语大学学报，2018（3）：63-77，160.

［137］张超. 主流媒体海外社交平台讲好中国故事的提升路径［J］. 中国编辑，2022（8）：29-33，40.

［138］张德禄. 多模态话语分析综合理论框架探索［J］. 中国外语，2009（1）：24-30.

[139] 张德禄. 多模态学习能力培养模式探索 [J]. 外语研究, 2012 (2): 9-14.

[140] 张德禄, 郭恩华. 多模态话语分析的双重视角: 社会符号观与概念隐喻观的连接与互补 [J]. 外国语, 2013 (3): 20-28.

[141] 张德禄, 王正. 多模态互动分析框架探索 [J]. 中国外语, 2016 (2): 54-61.

[142] 张雅洁. 以“共情叙事”讲好中国故事: 城市广电探索国际传播新路径 [J]. 中国广播电视, 2022 (9): 99-101.

[143] 张志扬, 杨海晨. 讲好体育故事:《中国女排》电视纪录片的多模态话语分析 [J]. 体育与科学, 2021 (3): 82-88.

[144] 张步中, 李晨.《信·中国》: 书信题材文化类节目的叙事创新: 与《见字如面》的对比分析 [J]. 中国电视, 2018 (8): 35-38.

[145] 张步中, 李晨. 叙事学视角下《国家宝藏》创作特色探析 [J]. 电视研究, 2018 (4): 41-43.

[146] 张步中, 蓝梓铭. 央视文化类综艺节目的精进之道: 以《典籍里的中国》为例 [J]. 中国电视, 2021 (10): 24-26.

[147] 郑博月, 马海燕. 新世纪主旋律电影中的核心价值体现 [J]. 电影文学, 2017 (17): 27-29.

[148] 周怡帆, 徐若寒. 冰雪运动题材纪录片: 文化表征、多维传播与人文价值 [J]. 中国电视, 2022 (8): 108-112.

[149] 周勇, 周梦雪. 叙事视频化与跨文化话语调适: 国际传播的“和”“美”破局 [J]. 当代传播, 2022 (3): 4-8.

[150] 钟书能, 李丹婷. 网络视频广告多模态隐喻与转喻的认知构建 [J]. 山东外语教学, 2014 (4): 35-39, 53.

[151] 中共中央党史和文献研究院. 习近平关于社会主义文化建设论述摘编 [M]. 北京: 中央文献出版社, 2017.

[152] 仲恒. 纪录片《人民的选择》: 宏微观融合视域下的叙事话语与传播范式 [J]. 电影评介, 2022 (12): 85-88.

[153] 周子棋. 语境·叙述·交互: 中国纪录片叙事话语新篇 [J]. 电影评介, 2021 (20): 97-100.

[154] 朱永生. 多模态话语分析的理论基础与研究方法 [J]. 外语学刊, 2007 (5): 82-86.

[155] 朱新梅. 统筹国内国际两个市场 加快国际传播能力建设 [J]. 中国广播电视学刊, 2021 (9): 16-21.

二、外文文献

[1] ADOLPHS S, R CARTER. Spoken Corpus Linguistics: From Monomodel to Multimodel [M]. New York: Routledge, 2013.

[2] BANACH D. Tolstory on arts [EB/OL]. http://www.Anselm.edu/homepage/dbanach/h-tolstoy-banach.htm.

[3] BARBARA MUELLER. Dynamics of international advertising: Theoretical and practical perspectives [M]. 2nd ed. New York: Peter Lang Publishing, 2010.

[4] BEARGRANDE R, DRESSLER W. Introduction to Text Linguistics [M]. London: Longman, 1981.

[5] BIRD S E, DARDENME R W. Rethinking news and myth as storytelling [M] // K WAHL-JORGENSEN, T HANITZSCH. The Handbook of Journalism Studies. NewYork: Routledge, 2009.

[6] BOOTH, WAYNE C. The Rhetoric of Fiction [M]. Chicago: University of Chicago Press, 1961.

[7] CHATMAN, SEYMOUR. Story and Discourse: Narrative Structure in Fiction and Film [M]. Ithaca: Cornell University Press, 1978.

[8] COOLEY C. Social Organization [M]. New York: Scriber, 1909.

[9] CRAGAN J F, SHIELDS D C. Symbolic theories in applied communication research: Bormann, Burke, and Fisher [M]. Cresskill, New Jercy: Hampton Press, 1995.

[10] DAN SHEN. Defense and Challenge: Reflections on the Relation Between Story and Discourse [J]. Narrative, 2002 (10): 422-443.

[11] FAIRCLOUGH N. Discourse and Social Change [M]. Oxford: Blackwell, 1992.

[12] FAUCONNIER G. Mapping in Thought and Language [M]. Cambridge: Cambridge University Press, 1997.

[13] FORCEWILLE C. Pictorial Metaphor in Advertising [M]. London/New York: Routledge, 1996.

[14] FORCEVILLE C. Nonverbal and multimodal metaphor in a cognitive framework: Agendas for research [C] // GITTE KRISTIANSEN, MICHEL ACHARD, RENE DRIVEN, FRANCISCO RUIZ DE MENDOZA IBANEZ . Cognitive Linguistics: Current Applications and Future Perspectives. Berlin & New York: Mouton de Gruyter, 2009.

[15] FORCEVILLE C, URIOS-APARISI E. Multimodal Metaphor [M]. Berlin/New York: Mouton de Gruyter, 2009.

[16] FORCEVILLE C. The strategic use of the visual mode in advertising metaphors [C] //EMILIA DJONOV, SUMIN ZHAO. Critical Multimodal Studies of Popular Culture. New York: Routledge, 2013: 55-70.

[17] FOUCAULT M. The Archaeology of Knowledge and the Discourse on Language [M]. New York: Pantheon, 1972.

[18] GEE J P. An Introduction to Discourse Analysis: Theory and Method [M]. Beijing: Foreign Language Teaching and Research Press, 2000.

[19] GRISHAKOVA M, RYAN M-L. Intermediality and storytelling [M]. Berlin: Walter de Gruyter GmbH & Co, 2010.

[20] GUMPERZ J J. Discourse Strategies [M]. Cambridge: Cambridge University Press, 1982.

[21] HALLIDAY M A K. Language as a Social Semiotic [M]. London: Edward Arnold, 1978.

[22] HODEGE R, G KRESS. Social Semiotics [M]. Cambridge: Polity Press, 1988.

[23] HOLSANOVA J. Reception of multimodality: Applying eye tracking methodology in multimodal research [M] //C JEWITT. The Routledge Handbook of Multimodal Analysis. Abingdon, Oxon; Milton Park, Oxfordshire: Routledge, 2014: 287-298.

[24] HYMES D. Models of the interaction of language and social life [C] // J GUMPERZ, D HYMES. Directions in Sociolinguistics: The Ethnography of Communication. New York: Holt, Rinehart and Winston, 1972: 35-71.

[25] JESPERSEN O. Essentials of English Grammar [M]. New York: Holt, 1933.

[26] JENKINS H. Convergence culture: Where old and new media collide

[M]. New York: New York University Press, 2006.

[27] JOHNSON M. Moral Imagination. Implications of Cognitive Science for Ethics [M]. Chicago: Chicago University Press, 1993.

[28] KNIGHT D. Multimodality and Active Listenership: A Corpus Approach [M]. London, New York: Continuum, 2011.

[29] KRESS G, T VAN LEEUWEN. Reading Images: The Grammar of Visual Design [M]. London: Routledge, 1996.

[30] KRESS G, T VAN LEEUVEN. Reading Images: The Grammar of Visual Design [M]. London: Routledge, 2006.

[31] KRESS G, T VAN LEEUWEN. Multimodal Discourse—The Modes and Media of Contemporary Communication [M]. London: Arnold, 2001.

[32] KRESS G. A Social Semiotic Approach to Contemporary Communication [M]. London: Routledge, 2010.

[33] LABOV W, WALETZKY J. Narrative analysis: Oral versions of personal experience [J]. Journal of Narrative and Life History, 1997 (7): 3-38.

[34] LAKOFF G, M JOHNSON. Metaphors We Live By [M]. Chicago, London: University of Chicago Press, 1980.

[35] LEMKE J. Textual Politics Discourse and Social Dynamics [M]. London: Taylor & Francis, 1995.

[36] NERLICH B, ELLIOTT R, LARSON B. Communicating Biological Sciences: Ethical and Metaphorical Dimensions [M]. Farnham & Burlington: Ashgate, 2009.

[37] NORRIS S. Identity in (Inter) action: Introducing Multimodal Interaction Analysis [M]. Berlin, New York: Mouton de Gruyter, 2011.

[38] NORRIS S. Multimodal Theory and Methodology: For the Analysis of (Inter) action and Identity [M]. New York, London: Routledge, 2020.

[39] PAINTER C, J R MARTIN, L UNSWORTH. Reading Visual Narratives: Image Analysis of Children's Picture Books [M]. Sheffield: Equinox Publishing, 2013.

[40] PHILLIPS N, CYNTHIA HARDY. Discourse Analysis: Investigating Process of Social Construction [M]. London: Sage Publications, 2002.

[41] RYAN M-L. Avatars of story: Traces the transformation of storytelling

in the Digital Age [M]. Twin Cities, MU: University of Minnesota, 2006.

[42] SAUSSURE F. Course in general linguistics [M]. London: Duckworth, 1983.

[43] SCOLLON R. Mediated Discourse as Social Interaction: A Study of News Discourse [M]. London: Longman, 1998.

[44] SCOLLON R. Mediated Discourse: The Nexus of Practices [M]. London: Routledge, 2001.

[45] SCOLLON R, SCOLLON S W. Nexus Analysis: Discourse and the Emerging Internet [M]. London: Routledge, 2004.

[46] SCHEGLOFF E A. Repair after Next Turn: The Last Structurally Provided Defense of Intersubjectivity in Conversation [J]. American Journal of Sociology, 1992 (5): 1295-1345.

[47] SEMINO E. Metaphor in Discourse [M]. Cambridge: Cambridge University Press, 2008.

[48] SEYMOUR CHATMAN. Story and Discourse: Narrative Structure in Fiction and Film [M]. Ithaca, London: Cornell University Press, 1978.

[49] SOMMER R. The merger of classical and postclassical narratologies and the consolidated future of narrative theory [EB/OL]. http://www.diegesis.Uni-wuppertal.De/index.php/diegesis/article/view/96/93.

[50] STUBBS M. Discourse Analysis: The Sociolinguistic Analysis of Natural language [M]. Oxford: Basil Backwell, 1983.

[51] TALMY L. Toward a Cognitive Semantics [M]. Cambridge: MIT Press, 2000.

[52] TOOLAN M. Narrative Progression in the Short Story: First Steps in a Corpus Stylistic Approach [M]. Amsterdam: John Benjamins, 2009.

[53] UNSWORTH L. Reconstructing viewer stance in animated movie adaptations of literary picture books [R]. Plenary Speech at 7th International Conference on Multimodality, 2014.

[54] UNGERER F, SCHMID H J. An Introduction to Cognitive Linguistics [M]. Beijing: Foreign Language Teaching and Research Press, 2001.

[55] VAN DIJK T A. Discourse as Structure and Process: Discourse Studies: A Multidisciplinary Introduction [M]. London: SAGE Publications

Ltd, 1997.

[56] VAN LEEUWEN T. The critical analysis of musical discourse [C] // J FLOWERDEW, J E R RICHARDSON. The Routledge Handbook of Critical Discourse Studies. Abingdon: Routledge, 2018: 553-565.

[57] VERHAGEN A. Intersubjectivity and the Architecture of the Language System [C] // JORDAN ZLATEV, TIMOTHY P RACINE, CHRIS SINHA, et al. The Shared Mind: Perspectives on Intersubjectivity. Amsterdam: John Benjamins, 2008: 307-331.

[58] WERTSCH J V. The Narrative Organization of Collective Memory [J]. ETHOS, 2008 (1): 120-135.

[59] WEI RAN, PAN ZHONGDANG. Mass media and consumerist values in the People's Republic of China [J]. International Journal of Public Opinion Research, 1999 (11): 75-96.